Lexikon
Jungscher Grundbegriffe

VV

Lexikon
Jungscher Grundbegriffe

Mit Originaltexten von C.G. Jung

Herausgegeben von Helmut Hark

Walter-Verlag Olten und Freiburg im Breisgau

Alle Rechte vorbehalten
© Walter-Verlag AG, Olten 1988
Gesamtherstellung in den grafischen Betrieben
des Walter-Verlags
Printed in Switzerland

ISBN 3-530-52451-4

Inhalt

Wort an den Leser

Dieses Lexikon zur analytischen Psychologie C. G. Jungs wendet sich in zweifacher Form an seine Leserinnen und Leser. In einem kurzen Artikel werden die Grundgedanken des jeweiligen Begriffs in allgemeinverständlicher Sprache dargelegt und kurz erläutert. Zu den wichtigsten Aspekten des Begriffes können dann einige Zitate aus den Werken von C. G. Jung nachgelesen werden. Gleichzeitig wollen diese Texte zu dem Werk dieses großen Tiefenpsychologen hinführen.

Zahlreiche Begriffe der Jungschen Tiefenpsychologie, wie z. B. Archetypus, Anima und Animus, sind heute in vieler Munde. Jungs Anschauungen und Erkenntnisse über die Seele und das zumeist verborgene und unbewußte seelische Erleben sind vielen Menschen zu wichtigen Verstehenshilfen geworden. Die analytische Psychologie Jungs ist auf Ganzwerdung des Menschen und Heilung der Person ausgerichtet. Aus unzähligen Begegnungen und Erfahrungen in den letzten drei Jahrzehnten habe ich von vielen Menschen der verschiedensten Bildungsschichten und Berufsgruppen gehört, daß sie von der Jungschen Psychologie vielfältige Anregungen und Verstehenshilfen für persönliche Lebensfragen bekommen haben. Für viele gehört es zur Allgemeinbildung, über die Psychologie C. G. Jungs mitreden zu können. In solchen Gesprächen fallen dann sehr bald die genannten Begriffe: Anima, Archetypen, Individuation, Schatten und andere. Als kritischem Zuhörer bleibt einem nicht verborgen, daß häufig nur ein oberflächliches Wissen über das mit den Begriffen Gemeinte besteht. Diese Erfahrung brachte mich schon vor Jahren auf die Idee, für den Leser wichtige Zitate zu den Begriffen C. G. Jungs aus den verschiedenen Schriften zusammenzustellen und damit eine Grundlegung zu schaffen sowie Verstehenshilfen zu geben für seine immer populärer werdende Psychologie.

Dieses Lexikon erhebt nicht den Anspruch eines wissenschaftlichen Werkes, sondern wendet sich bewußt an weite Leserkreise, die in der Jungschen Psychologie Hilfen suchen für persönliche Lebensfragen und seelische Vorgänge, wie zum Beispiel Träume, Imaginationen und Phantasien. Aus der genannten Intention heraus werden die Begriffe auch nicht in ihrer historischen Entwicklung betrachtet und beschrieben oder mit anderen tiefenpsychologischen Modellvorstellungen verglichen. Es geht also vornehmlich um Verstehenshilfen für gegenwärtiges seelisches Erleben. Diese Konzeption des Lexikons entspricht auch zutiefst einem der Grundanliegen von C. G. Jung selber, nämlich den Menschen zu helfen, daß sie sich selbst besser helfen können und damit an ihrer Ganzwerdung und Individuation arbeiten.

Da nach Jung das Leiden an der Sinnlosigkeit bei vielen Menschen in die Neurose führt oder maßgeblich an deren Entstehung mitbeteiligt ist, werden damit auch religiöse Erfahrungen und die spirituelle Dimension berührt. Aus diesen Gründen wurden auch einige Grundbegriffe aus dem Grenzbereich zwischen Tiefenpsychologie und Theologie aufgenommen (z. B. das Böse, die Numinosität, das Gottesbild oder Religion). Ausdrücklich sei vermerkt, daß zu diesen Artikeln sowie zu Katholizismus, Protestantismus usw. keine theologische Definitionen oder glaubensmäßige Aussagen zu erwarten sind, sondern therapeutische Erfahrungen und tiefenpsychologische Erkenntnisse, die zum Weiterdenken anregen können.

Zum vertieften Verständnis der Jungschen Psychologie möchte auch ein wissenschaftliches Begriffslexikon beitragen, dessen Herausgabe in einigen Jahren geplant ist. Darin soll die historische Entwicklung der Jungschen Grundbegriffe, ihre systematische Differenzierung und die gegenwärtige Weiterentwicklung durch neuere Erfahrungen und Erkenntnisse diskutiert werden. Jungsche Kolleginnen und Kollegen, die an einer Mitarbeit interessiert sind, mögen sich an den Walter-Verlag in CH-4600 Olten oder an mich als Herausgeber wenden.

Vermerken möchte ich noch, daß Jung nach den «Gesammelten Werken» (GW) zitiert wird, die im Walter-Verlag, Olten – Freiburg i. Brsg., erschienen sind. Um das Auffinden der Zitate in anderen Auflagen zu erleichtern, werden die Seitenparagraphen angegeben.

Abschließend möchte ich folgenden Kolleginnen und Kollegen herzlich danken, die die einführenden Artikel kritisch gelesen und mir hilfreiche Verbesserungsvorschläge gemacht haben: Frau Erika Brunotte, Frau Mechthild Pouplier, Frau Anita von Raffay, Herrn Hans Gerhard Behringer und Herrn Christoph Wenzel. Auch dem Lektor des Walter-Verlags, Herrn Dr. Josef Metzinger, sei für die Beratungen und das besondere Interesse zur Herausgabe dieses Werkes herzlich gedankt.

Wenn Ihnen, verehrte Leserin oder Leser, bei den Erklärungen zu den Grundbegriffen ein wesentlicher Aspekt zu fehlen scheint oder ein für Sie wichtiger Begriff bisher nicht aufgenommen wurde, so schreiben Sie bitte an den Walter-Verlag, damit wir bei einer Neuauflage Ihre Wünsche prüfen und möglichst erfüllen.

Der Herausgeber: Dr. Helmut Hark

Alchemie

Wenn ich dieses Lexikon zu den Grundbegriffen der Analytischen Psychologie C. G. Jungs mit einem einführenden Artikel zur A. beginne, so hat dies neben der alphabetischen Anordnung noch einen tieferen Sinn für das Verständnis von Jungs Werk. Nach der allmählichen Ablösung von seinem Lehrer Freud (1911–13) folgte (bis etwa 1918) eine intensive Auseinandersetzung mit seinem eigenen Unbewußten und das Erkennen seines eigenen «Mythos», wie Jung es in seinen «Erinnerungen» nennt. Bei der Untersuchung der psychodynamischen Prozesse des Kollektiven Unbewußten, der → Archetypen sowie des Individuationsprozesses war Jung zu Erkenntnissen und Resultaten gelangt, die ihn tief verunsicherten.

Durch das Studium von alchemistischen Texten («Das Geheimnis der Goldenen Blüte», 1928) und durch die spätere systematische Erforschung der A. (ab 1934) entdeckte er das geschichtliche Gegenstück zu seiner entworfenen Psychologie des Unbewußten (1). Den gleichen Weg, den gegenwärtig Menschen zu ihrer Ganzwerdung und Individuation gehen, hat auch die A. gekannt und in den für sie eigentümlichen Bildern und Symbolen beschrieben. Jung hat dann bei beängstigenden Träumen und erschreckenden Phantasien seiner Patienten(-innen) häufig auf alchemistische Darstellungen zurückgegriffen und damit die geschichtlichen Wurzeln für derartige Erfahrungen aufgezeigt. Dies wirkte meistens beruhigend und zeigte dem Patienten seinen Platz im geistigen und psychischen Lebensstrom der Menschheit.

Aus der Fülle der Analogien und Beziehungen zwischen der A. und der Jungschen Psychologie habe ich folgende Aspekte ausgewählt, die von allgemeiner Bedeutung sein dürften:

a) Die auf den ersten Blick merkwürdig anmutenden Bilder und Begriffe der A. wurden von Jung als geistige und seelische Erfahrungen verstanden, die in die chemischen Stoffe und Prozeduren projiziert wurden. Jung erkannte, daß vielfältige Analogien bestehen zwischen den alchemistischen Symbolen und denjenigen des Individuationsprozesses.

b) Die in der A. genannten Schritte der Wandlung der chemischen Stoffe mit dem Ziel, das Gold zu finden, den Stein der Weisen oder die Herstellung eines «Seelenkindes» in der Retorte haben ihre Entsprechungen in den psychischen Prozessen in der Therapie, in der es um die Ganzwerdung des Menschen geht. Häufig wird in der A. von vier oder mehr Stufen des alchemistischen Prozesses gesprochen, die als Schwärzung, Weißung, Gelbung und Rötung bezeichnet werden. Die tiefenpsychologischen Entsprechungen sind die Unbewußtheit und die beginnende Auseinandersetzung mit dem → «Schatten», mit zunehmender Bewußtwerdung über die verborgenen Beweggründe des Herzens und des Handelns. Die Gelbung hat ihre Entsprechung in der zunehmenden Wahrnehmung der eigenen Inbilder und der Intuition sowie die Nutzung des Ahnungsvermögens. Die Rötung schließlich hat ihre Entsprechung in der Eröffnung der Wertebene in sich selber, mit dem positiven Zuwachs von Selbstwertgefühlen und dem Zuwachs von schöpferischen Kräften aus dem → Selbst. – Für die Beschreibung von Wachstums- und Wandlungsprozessen in der A. wird auch häufig die Symbolik des Lebensbaumes verwendet. Die daran festgemachten sieben Phasen der Wandlung werden wie folgt benannt: Das Enthaltensein im Mütterlichen und Materiellen, die Ablösung, die Umwandlung, das Empfinden der eigenen Körperlichkeit, weitere Differenzierungs- und Trennungsprozesse, die «himmlische Hochzeit» als Vereinigung der Seele mit dem Höheren Selbst, die «Ver-Wesung» im Sinne von Wesentlich-Werden.

c) Ein weiteres zentrales Thema der A. wie der heutigen Therapie ist die Vereinigung von Gegensätzen in der eigenen Person und im zwischenmenschlichen Bereich sowie die Heilung des neurotischen Zwiespaltes. Die Wege zu diesem Ziel und die Methoden sind damals wie heute recht vielfältig und vielgestaltig.

d) Schließlich hatte die A. noch eine kompensatorische Funktion in der geistigen Situation jener Zeit, indem sie die vom damaligen Christentum verdrängten und unterdrückten geistig-seelischen Kräfte (z. B. das Böse und Dunkle, Beziehungen zur Materie und Körperlichkeit) im kollektiven Bewußtsein bei vielen Menschen lebendig erhielt (2). Ähnlich hat auch die heutige Tiefenpsychologie für die Theologie u. a. Wissenschaften eine kompensatorische Funktion, indem sie das Bewußtsein und die Rationalität mit den psychodynamischen Wirkfaktoren in der Tiefenperson verbindet. (Zur Kompensation des Christentums → Religion, Katholizismus, Protestantismus u. a.).

(1) **Sehr bald hatte ich gesehen, daß die Analytische Psychologie mit der Alchemie merkwürdig übereinstimmt. Die Erfahrungen der Alchemisten waren meine Erfahrungen, und ihre Welt war in gewissem Sinn meine Welt. Das war für mich natürlich eine ideale Entdeckung, denn damit hatte ich das historische Gegenstück zu meiner Psychologie des Unbewußten gefunden. Sie erhielt nun einen geschichtlichen Boden. Die Möglichkeit des Vergleichs mit der Alchemie sowie die geistige Kontinuität bis zurück zum Gnostizismus gaben ihr die Substanz. Durch die Beschäftigung mit den alten Texten fand alles seinen Ort: die Bilderwelt der Imaginationen, das Erfahrungsmaterial, das ich in meiner Praxis gesammelt, und die Schlüsse, die ich daraus gezogen hatte. Jetzt begann ich zu erkennen, was die Inhalte in historischer Sicht bedeuteten. Mein Verständnis für ihren typischen Charakter, das sich schon durch meine Mythenforschungen angebahnt hatte, vertiefte sich. Die Urbilder und das Wesen des Archetypus rückten ins Zentrum meiner Forschungen, und ich erkannte, daß es ohne Geschichte keine Psychologie und erst recht keine Psychologie des Unbewußten gibt. Wohl kann sich eine Bewußtseinspsychologie mit der Kenntnis des persönlichen Lebens begnügen, aber schon die Erklärung einer Neurose bedarf einer Anamnese, die tiefer reicht als das Wissen des Bewußtseins; und wenn es in der Behandlung zu ungewöhnlichen Entscheidungen kommt, so melden sich Träume, deren Deutung mehr erfordert als persönliche Reminiszenzen. (Erinnerungen, S. 209)**

(2) ***Alchemie.*** **Die ältere Chemie, in der sich die experimentelle Chemie im heutigen Sinn mit allgemeinen, bildhaft-intuitiven, teils religiösen Spekulationen über die Natur und den Menschen vermischt fand. In das Unbe-**

kannte des Stoffes wurden viele Symbole projiziert, die wir als Inhalte des Unbewußten erkennen. Der Alchemist suchte «das Geheimnis Gottes» im unbekannten Stoff und geriet dadurch auf Verfahren und Wege, welche denen der heutigen Psychologie des Unbewußten gleichen. Auch diese sieht sich einem unbekannten objektiven Phänomen – dem Unbewußten – gegenübergestellt.

Die philosophische Alchemie des Mittelalters muß geistesgeschichtlich als eine vom Unbewußten ausgehende, kompensatorische Bewegung zum Christentum verstanden werden; denn der Gegenstand alchemistischer Meditationen und Technik – das Reich der Natur und des Stoffes – hatte im Christentum keinen Ort und keine adäquate Bewertung gefunden, sondern galt als das zu Überwindende. So ist die Alchemie eine Art dunkeln, primitiven Spiegelbildes der christlichen Bilder- und Gedankenwelt, wie Jung in «Psychologie und Religion» anhand der Analogie zwischen der alchemistischen Zentralvorstellung des Steines, des «lapis», und Christus nachweisen konnte. Typisch für die Sprache der Alchemisten ist das symbolische Bild und das Paradox. Beides entspricht der unfaßlichen Natur des Lebens und der unbewußten Psyche. Darum heißt es z. B., der Stein sei kein Stein (d. h. er ist zugleich ein geistig-religiöser Begriff), oder der alchemistische Mercurius, der Geist im Stoff, sei evasiv, flüchtig wie ein Hirsch, denn er ist ungreifbar. «Er hat tausend Namen.» Keiner drückt sein Wesen ganz aus – wie auch keine Definition das Wesen eines psychischen Begriffes eindeutig zu umreißen imstande ist. (Erinnrungen, S. 408)

Amplifikation A. ist die Erweiterung des Trauminhaltes durch die Anreicherung und Ergänzung der Traumbilder mit Symbolen der Märchen, Mythen, Religion, Kunst und allen kulturellen Überlieferungen der Menschheit. Während durch die Assoziationen die persönlichen Fäden zu einem Traum «gesponnen» werden, werden durch die A. Verbindungen zu universellen Vorstellungen und Symbolen der Menschheit hergestellt. Durch diese Parallelen wird der Traum in einen größeren Zusammenhang gestellt, und damit werden weitere Aspekte seiner Bedeutung erhellt. Wichtig ist, daß nicht beliebiges Vergleichsmaterial ausgewählt wird, sondern «stimmiges», in dem der Träumer sich und seine Wahrheit erkennt. Mit Hilfe dieser Methode kann sich der einzelne als ein Teil eines umfassenden und archetypischen Kontextes sehen und verstehen lernen (1).

Das Verfahren verhilft in der therapeutischen Anwendung zu einer vertieften und reflektierten Beziehung zum eigenen Unbewußten und fördert die Individuation. Etwas vereinfachend ausgedrückt, könnte man den amplifizierenden Analysanden oder Träumer mit jemandem vergleichen, der sich existentiell auf ein Gedicht, ein Lied oder Musik einläßt und dabei neue Seiten in sich entdeckt (2). Die Kritiker der A. befürchten zu Unrecht, daß dies nur eine intellektuelle und literarische Aneinanderreihung von ähnlichen oder gleichen Motiven und Symbolen ergibt. Auch die Gefahr einer psychischen Inflation ist bei dieser Methode genauso wenig gegeben wie bei der freien Assoziation.

(1) Dieses psychlogische Räsonnement beruht einerseits auf den irrationalen Gegebenheiten des Stoffes, das heißt des Märchens, Mythus oder Traumes, andererseits auf der Bewußtmachung der «latenten» rationalen Beziehungen der Gegebenheiten zueinander. Daß solche Beziehungen überhaupt existieren, ist zunächst eine Hypothese, wie zum Beispiel diejenige, welche besagt, daß Träume einen Sinn haben. Die Wahrheit dieser Annahme steht nicht a priori fest. Ihr Nutzen kann sich nur durch ihre Anwendung ergeben. Es ist darum zunächt abzuwarten, ob ihre methodische Applikation an das irrationale Material eine sinnvolle Deutung desselben ermöglicht. Ihre Anwendung besteht darin, daß dasselbe so angesprochen wird, als ob es einen sinnvollen inneren Zusammenhang besäße. Zu diesem Zwecke bedürfen die meisten Gegebenheiten einer gewissen Amplifikation, das heißt einer gewissen Verdeutlichung, Generalisierung und Annäherung an einen mehr oder weniger allgemeinen Begriff, entsprechend der Cardanischen Deutungsregel. So muß zum Beispiel die Dreibeinigkeit, um erkennbar zu werden, zunächst vom Pferde gesondert und ihrem eigenen Prinzip, nämlich der Dreiheit, angenähert werden. Die im Märchen erwähnte Vierbeinigkeit tritt auf der erhöhten Stufe des allgemeinen Begriffes ebenfalls in Beziehung zur Dreiheit, woraus sich das Rätsel des «Timaios», nämlich das Problem von Drei und Vier, ergibt. Triade und Tetrade stellen archetypische Strukturen dar, welche in der allgemeinen Symbolik eine bedeutende Rolle spielen und gleichermaßen für die Mythen- wie für die Traumforschung wichtig sind. Die Erhebung der irrationalen Gegebenheit (nämlich der Drei- und Vierbeinigkeit) auf die Stufe eines allgemeinen Anschauungs-

begriffes läßt die universale Bedeutung des Motivs auf der Bildfläche erscheinen und verleiht dem nachdenkenden Verstande den Mut, das Argument ernsthaft in Angriff zu nehmen. Diese Aufgabe involviert eine Reihe von Überlegungen und Schlußfolgerungen technischer Natur, die ich dem psychologisch interessierten Leser und insbesondere dem Fachmann nicht vorenthalten möchte, um so weniger, als diese Verstandesarbeit für die Auflösung von Symbolen überhaupt typisch und zum Verständnis der Produkte des Unbewußten unerläßlich ist. Nur auf diese Weise kann der Sinn unbewußter Zusammenhänge aus diesen selber erarbeitet werden, im Gegensatz zu jenen deduktiven Deutungen, die aus einer vorausgesetzten Theorie hervorgehen, wie zum Beispiel die astro- und meteoromythologischen und – last not least – die sexualtheoretischen Interpretationen. (GW 9/ I, § 436)

(2) Empirische Erkenntnis setzt sich aber aus vielen Einzelerfahrungen vieler einzelner Beobachter zusammen, welche sich zuvor der Identität ihrer Beobachtungsmethoden sowohl als ihrer Beobachtungsobjekte versichert haben. Komplexe psychische Ereignisse sind für experimentelle Methoden nur in kleinstem Maße zugänglich. Man ist daher auf ihre Beschreibung angewiesen, und ihre Deutung kann nur durch Amplifikation und Vergleichung versucht werden. Dieses Prozedere stellt nun gerade das Gegenteil von dem dar, was der Sachspezialist zu erreichen bestrebt ist: Er will seinen Gegenstand in seiner eigensten Eigenart erkennen, während der amplifizierende und vergleichende Psychologe zum Verständnis seiner irrationalen, scheinbar chaotisch zufälligen Einzelheit sich auch vor augenfälligen, oberflächlichen, äußerlichen und zufälligen formalen Analogien nicht scheuen darf, denn diese gerade sind die Brücken für psychische Zusammenhänge. Wie er den Philosophen, dem das Anliegen des Psychologen fremd ist, durch eine diesem als minderwertig erscheinende Philosophie erschreckt, so verärgert er den wissenschaftlichen Spezialisten, dem die psychotherapeutische Fragestellung unbekannt ist, durch die Genauigkeit und Oberflächlichkeit «phantasievoller» Analogien. (GW 10, § 900)

Analyse analysieren

Unter A. verstehen wir eine spezielle therapeutische Methode zum Analysieren (Auflösen) von vergangenen oder gegenwärtigen unbewußten Erfahrungen und seelischen Prozessen. In einer vertrauensvollen und gefühlsbeladenen Beziehung (siehe Übertragung) zwischen Patient und Therapeut oder in einer therapeutischen Gruppe werden die unbewußten Konflikte aufgedeckt, bearbeitet und aufgelöst. Bei diesem Verfahren geht es vor allem um die A. des Unbewußten (1). Für das Jungsche Verständnis der A. ist besonders wichtig, daß es vor allem ein dialektisches Verfahren ist, in das sich nicht nur der Patient einzubringen hat, sondern an dem in gleichem Maße auch der Therapeut in seinem seelischen Erleben mitbeteiligt ist (2). Wichtig ist dabei auch der individuelle Weg zur Heilung der Neurose eines Patienten und nicht die Anwendung einer erlernten Methode. Bei dem dialektischen Verfahren der Therapie werden u. a. die analytisch-reduktive Methode und die synthetisch-hermeneutische unterschieden. Erstere ist hauptsächlich kausal orientiert und sucht die Ursachen der Neurose in der frühen Lebensgeschichte. Die zweite Methode nach Jung ist stärker final orientiert und versucht in den neurotischen Symptomen stärker die entwicklungsfähigen Persönlichkeitsanteile freizusetzen. Jung weist häufig darauf hin, daß die analytische Therapie äußerst komplex und schwierig ist.

(1) **Die vierte Methode ist die *Analyse des Unbewußten*. Obschon die anamnestische Analyse gewisse dem Patienten unbewußte Tatsachen aufdecken kann, ist sie nicht was Freud «Psychoanalyse» genannt haben würde. In Wirklichkeit besteht ein bemerkenswerter Unterschied zwischen den zwei Methoden. Die anamnestische Methode befaßt sich, wie ich gezeigt habe, mit bewußten und zur Reproduktion bereiten Inhalten, während die *Analyse des Unbewußten erst beginnt, wenn die bewußten Materialien erschöpft sind*. Ich bitte zu beachten, daß ich diese vierte Methode nicht «Psychoanalyse» nenne, da ich diesen Ausdurck ganz der Freudschen Schule überlassen möchte. Was diese unter Psychoanalyse versteht, ist nicht bloß eine Technik, sondern eine Methode, welche mit Freuds Sexualtheorie dogmatisch verbunden und darauf gegründet ist. Als Freud öffentlich erklärte, daß Psychoanalyse und Sexualtheorie untrennbar verbunden seien, mußte ich einen andern Weg einschlagen, da ich nicht in der Lage war, seine einseitige Auffassung für richtig zu halten. Das ist auch der Grund, warum ich vorziehe, von dieser vierten Methode als von der *Analyse des Unbewußten* zu reden. (GW 17, § 180)**

(2) Unter allen Umständen aber ist oberste Regel eines dialektschen Verfahrens, daß die Individualität des Kranken dieselbe Würde und Daseinsberechtigung wie die des Arztes hat, und daß darum alle individuellen Entwicklungen im Patienten als gültig zu betrachten sind, insofern sie sich nicht selbst korrigieren. Insoweit ein Mensch bloß kollektiv ist, so kann er durch Suggestion auch geändert werden, und zwar dermaßen, daß er anscheinend zu etwas anderem wird, als er zuvor war. Insofern er aber individuell ist, kann er nur zu dem werden, was er ist und stets war. Insofern nun «Heilung» bedeutet, daß ein Kranker in einen Gesunden verwandelt wird, so bedeutet Heilung Veränderung. Wo dies möglich ist, d. h. wo damit kein zu großes Opfer an Persönlichkeit verlangt wird, soll man auch den Kranken therapeutisch verändern. Wo aber ein Patient einsieht, daß Heilung durch Veränderung ein zu großes Opfer an Persönlichkeit bedeuten würde, kann und soll der Arzt auf Veränderung resp. Heilenwollen verzichten. Entweder muß er die Behandlung ablehnen oder sich zum dialektischen Verfahren bequemen. Dieser letztere Fall tritt häufiger ein, als man meinen sollte. In meiner eigenen Praxis habe ich stets eine größere Anzahl von hochgebildeten, intelligenten Menschen von ausgesprochener Individualität, welche jedem ernstlichen Veränderungsversuch aus ethischen Gründen den stärksten Widerstand entgegensetzen würden. In allen diesen Fällen muß der Arzt den individuellen Heilungsweg offen lassen, und dann wird die Heilung keine Veränderung der Persönlichkeit herbeiführen, sondern es wird ein Prozeß sein, den man als *Individuation* bezeichnet, d. h. der Patient wird zu dem, was er eigentlich ist. Er wird sogar, schlimmstenfalls, seine Neurose in Kauf nehmen, weil er den Sinn seiner Krankheit verstanden hat. Mehr als ein Kranker hat mir gestanden, daß er gelernt habe, seinen neurotischen Symptomen dankbar zu sein, denn sie hätten ihm stets wie ein Barometer gezeigt, wann und wo er von seinem individuellen Weg abgewichen sei, oder wann und wo er wichtige Dinge unbewußt gelassen habe. (GW 16, § 11, S. 9)

Androgyn Jung verwendet die mythologische Symbolik von A. (zusammengesetzt aus den Worten für Mann und Frau), um das Enthaltensein vom Weiblichen im Mann und Männlichen in der Frau auszudrücken. In diesem Symbol sind die personalen Eigenschaften von Mann und Frau zusammengefügt und können in dieser psychologischen Personifikation in *einem* Menschen in der Balance gehalten werden. Das Enthaltensein dieser Eigenschaften in einer Person führt jedoch nicht zu einer Vermischung der geschlechtsspezifischen Charakteristika. Der A. ist nicht zu verwechseln mit dem Hermaphroditen (zusammengefügt aus Hermes und Aphrodite), z. B. bei den Alchemisten. Sie sahen in ihren alchemistischen Wandlungsprozessen diesen ganzheitlichen Menschen als Zielbild. Zu dem Bemühen um ein ganzheitliches Menschenbild, in dem die leidige Trennung zwischen männlich und weiblich in einem Symbol aufgehoben ist, gehört auch Jungs Konzeption der Seelenbilder von → Anima und Animus.

In den Träumen und Phantasien der Menschen sowie in der Suche nach einem ganzheitlichen Menschenbild kommt die Symbolik von A. zunehmend häufiger vor. Auch in der Mode sowie in der Literatur wird der androgyne Mensch zu gestalten versucht.

Jungs Erkenntnisse und Forschungen zur Androgynität sind von der Jungschen Therapeutin June Singer in den USA erweitert und vertieft worden. Für sie liegt die Zukunft des ganzheitlichen Menschenbildes in der Verschmelzung der männlichen und weiblichen Eigenschaften in jedem Menschen auf der geistig-seelischen Ebene. Dies führt zur Bewußtseinserweiterung und Ganzwerdung von Frauen und Männern und eröffnet zugleich eine Beziehung zur kosmischen Dimension, wie Frau Singer schreibt: «Ein Gefühl, zu einer kosmischen Ordnung zu gehören, und die Widerspiegelung des riesigen Makrokosmos im menschlichen Mikrokosmos ist für das Verständnis des Konzeptes von Androgynität grundlegend ... Glücklicherweise muß die neue Androgynität nicht in der Welt ausagiert werden, um zu evolvieren. Sie stellt einen inneren Prozeß dar, durch den, auf lange Sicht gesehen, verwandeltes Verhalten resultiert» (in: P. M. Pflüger: Wendepunkt Erde Frau Gott, Walter, Olten 1987, S. 229).

Anima Die Anima ist ein Archetypus des Seelenlebens und der Weiblichkeit im Unbewußten des Mannes. Dieses Seelenbild entwickelt sich in der Auseinandersetzung und den unzähligen Begegnungen mit der Mutter. Darüber hinaus sind in diesem archetypischen Bild alle Erfahrungen mit der weiblichen Ahnenreihe aufgehoben, die in den nachfolgend genannten Personifikationen in Phantasien, Träumen und Visionen in Erscheinung treten können. Nach Jung ist dieses innere Bild der Frau im Manne «ein vererbtes psychisches Anpassungssystem» (1). Männer erleben diese verborgene und unbewußte Weiblichkeit in ihren Projektionen auf ganz bestimmte Frauen, wie z. B. auf die Mutter, die Geliebte, die Gattin, die Schwester, die Hure und viele andere weibliche Gestalten (2). Darüber hinaus finden wir zahlreiche Erscheinungsbilder der Anima in den Märchen, Mythen, der Literatur und in den Religionen wie z. B. Elfen, Hexen, Feen, Königinnen und Göttinnen.

Die Entwicklung des Seelenbildes im Mann verläuft meistens in den folgenden vier Stufen, die jedoch nicht zeitlich genau nacheinander folgen müssen. So kann der Mann seiner weiblichen Seite in allen naturhaften Zuständen begegnen, wie z. B. in primitiven oder sexuell aufreizenden Frauen. Eine nächste Stufe des Seelenbildes sind die besonders erotisch anziehenden Frauen, verbunden mit romantischen Schwärmereien und idealisierten Schönheitsidealen. Ein dritter Aspekt der Anima ist eine vergeistigte und spiritualisierte Form, wie sie z. B. in der Jungfrau Maria personifiziert erscheint. Die vierte Stufe des Seelenbildes erscheint in der vergöttlichten Frau, wie z. B. in Athena als Göttin der Weisheit, oder in einer Prophetin, die im Traum eine wichtige Botschaft mitteilt. In der individuellen Erfahrung gibt es meist «Mischformen» des Anima-Bildes.

Von der Anima als einer vermittelnden zur unbewußten Seelentiefe im Mann können positive Stimmungen und negative Wirkungen ausgehen. Positive Auswirkungen sind u. a. eine vertrauens- und liebevolle Bezogenheit zu den Mitmenschen, Ideenreichtum und Kreativität. Bei mangelnder Auseinandersetzung mit der Anima und Desintegration dieser Seelenkräfte im Mann sind häufig Launenhaftigkeit, Empfindlichkeit, Reizbarkeit, Unbeherrschtheit, Ressentiments, Stimmungslabilität die Folge (3). Daher empfiehlt Jung die «Objektivation der Anima», indem man sie z. B. «als eine autonome Persönlichkeit auffaßt und persönliche Fragen an sich richtet».

Für die Therapie hat die A. insofern eine besondere Bedeutung, als sie eine Beziehung zu den archetypischen Grundlagen des Seelenlebens ermöglicht und damit die heilenden Kräfte des Selbst integriert. Auf dem Höhepunkt einer seelischen Krise oder eines neurotischen Erkrankens erwacht die Eigentätigkeit der Seele und übernehmen die Archetypen die Führung der seelischen Persönlichkeit durch die Vermittlung der Anima.

In den letzten Jahren ist Jungs Konzept von Anima und Animus wegen des dahinterstehenden Frauenbildes zunehmend kritisiert worden, z. B. von den Jungschen Therapeutinnen Ursula Baumgart und Verena Kast. Auch Hans Dieckmann begrüßt eine kritische Auseinandersetzung mit den genannten Begriffen und empfiehlt, sie «mit anderen Inhalten zu füllen als mit denen, die Jung von seiner Person und von seiner Zeit her vorgegeben hat» (Vorwort zu U. Baumgart: König Drosselbart und C. G. Jungs Frauenbild, Walter, Olten 1987). Frau Baumgart kritisiert, daß durch Jungs Denkansatz die Frau der Zweitrangigkeit anheimgegeben werde, weil sie vom Mann her definiert wird.

Für die Therapie hat die A. insofern eine besondere Bedeutung, als sie eine Beziehung zu den archetypischen Grundlagen des Seelenlebens ermöglicht und damit die heilenden Kräfte des Selbst integriert. Auf dem Höhepunkt einer seelischen Krise oder einer neurotischen Erkrankung erwacht die Eigentätigkeit der Seele und übernehmen die Archetypen die

Führung der seelischen Persönlichkeit durch die Vermittlung der Anima.

(1) Jeder Mann trägt das Bild der Frau von jeher in sich, nicht das Bild *dieser* bestimmten Frau, sondern *einer* bestimmten Frau. Dieses Bild ist im Grunde genommen eine unbewußte, von Urzeiten herkommende und dem lebenden System eingegrabene Erbmasse, ein «Typus» («Archetypus») von allen Erfahrungen der Ahnenreihe am weiblichen Wesen, ein Niederschlag aller Eindrücke vom Weibe, ein vererbtes psychisches Anpassungssystem. Wenn es keine Frauen gäbe, so ließe sich aus diesem unbewußten Bilde jederzeit angeben, wie eine Frau in seelischer Hinsicht beschaffen sein müßte. Dasselbe gilt auch von der Frau, auch sie hat ein ihr angeborenes Bild vom Manne. (GW 17, § 338)

(2) Das Bild der Anima, das der Mutter in den Augen des Sohnes übermenschlichen Glanz verlieh, wird durch die Banalität des Alltags allmählich abgestreift und verfällt damit dem Unbewußten, ohne dadurch irgendwie seine ursprüngliche Spannung und Instinktfülle eingebüßt zu haben. Es ist von da an sozusagen sprungbereit und projiziert sich bei der ersten Gelegenheit, nämlich dann, wenn ein weibliches Wesen einen die Alltäglichkeit durchbrechenden Eindruck macht. Dann geschieht das, was Goethe an Frau von Stein erlebte und was sich in der Gestalt der Mignon und des Gretchens wiederholte. Im letzten Fall hat uns ja Goethe bekanntlich auch noch die ganze dahinterliegende «Metaphysik» verraten. In den Erfahrungen des Liebeslebens des Mannes offenbart sich die Psychologie dieses Archetypus in der Form grenzenloser Faszination, Überschätzung und Verblendung oder in der Form der Misogynie mit allen ihren Stufen und Abarten, die sich aus der wirklichen Natur der jeweiligen «Objekte» keineswegs erklären lassen, sondern nur durch eine Übertragung des Mutterkomplexes. Dieser aber entsteht einmal durch die an sich normale und überall vorhandene Assimilation der Mutter an den präexistenten, weiblichen Teil des Archetypus eines «mann-weiblichen» Gegensatzpaares und sodann durch eine abnorme Hinauszögerung der Abtrennung des Urbildes von der Mutter. (GW 9/I, § 141)

(3) Die von *Anima* oder *Animus* veranlaßte Besessenheit bietet hingegen ein anderes Bild. In erster Linie treten bei der Verwandlung der Persönlichkeit die gegengeschlechtigen Züge hervor, beim Manne die weiblichen und bei der Frau die männlichen. Die beiden Gestalten verlieren im Zustand der Besessenheit ihren Charme und ihre Werte, die sie nur im weltabgewandten (introvertierten) Zustand besitzen, also dann, wenn sie eine Brücke zum Unbewußten bilden. Nach außen gewandt ist die Anima wetterwendisch,

maßlos, launenhaft, unbeherrscht, emotional, manchmal dämonisch intuitiv, rücksichtslos, ruchlos, lügnerisch, gleisnerisch und mystisch, der Animus dagegen starr, prinzipienhaft, gesetzgeberisch, lehrhaft, weltverbessernd, theoretisch, in Wörtern verfangen, streit- und herrschsüchtg. Beide haben schlechten Geschmack: Die Anima umgibt sich mit minderwertigen Subjekten, und der Animus fällt auf minderwertiges Denken herein. (GW 9/, § 223)

Animus

Der Animus ist das männliche Seelenbild in der Frau. Genauer gesagt, ist er das Logosprinzip im Unbewußten der Frau (1). Logos meint in diesem Zusammenhang Erkenntnis, Urteil, Unterscheidungsvermögen und Vernunft. Ähnlich wie die Anima des Mannes durch die Erfahrungen mit der Mutter geprägt wird, geschieht dies beim A. durch den Vater der Frau oder andere männliche Vorbilder. Neben diesen prägenden Faktoren ist der A. auch ein eigenständiges Prinzip in der Frau. Jung nennt ihn auch einen inneren Seelenführer, den «Vermittler zwischen Bewußtsein und Unbewußtem und eine Personifikation des Unbewußten» (2).

Von den vielfältigen Erscheinungsbildern und unbewußten Personifikationen seien beispielhaft folgende vier Persönlichkeitstypen genannt. In vielen Träumen, Filmen oder Romanen gibt es den naturhaften Mann und den körperbetonten Helden, wie z. B. den Dschungelhelden Tarzan (3). Eine nächste Stufe ist der romantische Mann, auf den viele Frauen ihren unbewußten Animus projizieren. Gelegentlich kann der Animus auch in Gestalt von «heiligen Überzeugungen» von einer Frau Besitz ergreifen, wie z. B. bei Johanna von Orleans. Die vierte Stufe des Seelenbildes erscheint in weisen Männern oder dem «Alten Weisen» als archetypisches Bild der Weisheit.

Das Seelenbild des Animus kann der Frau zu einer zukunftsweisenden Mittlerin zur inneren und geistigen Welt werden. Ähnlich wie in früheren Zeiten durch die Prophetinnen oder Orakelpriesterinnen neue Wahrheiten bewußt und ausge-

sprochen wurden, kann heute jede Frau, die an ihrer Ganzwerdung und Individuation arbeitet, durch den Animus ihre
tiefere Wahrheit und neue Ideen erfahren. Das Wesen des A.
ist nach Jung ein → Archetypus. Es sind jene unanschaulichen Wirkfaktoren in der Seelentiefe, die in den genannten
Erscheinungsbildern des A. zum Ausdruck kommen. Kritike-
rinnen der A.-Theorie dagegen (wie z. B. U. Baumgart) nehmen an, daß der A. nicht archetypischer Natur ist, sondern
«ein ihr vom Patriarchat auferlegter Komplex ist, den sie
nicht länger mit sich tragen muß» (König Drosselbart und
C. G. Jungs Frauenbild, S. 138).
Im Zusammenhang mit den Seelenbildern von Anima und A.
spricht Jung wiederholt von der Wichtigkeit ihrer Bewußtmachung, um sich ihrer negativen Einwirkungen zu entledigen
(z. B. eigensinniger Meinungsteufel, Besessenheitszustände)
und die positiven Aspekte des A. zu integrieren und im Leben
zu realisieren, wie z. B. Nachdenklichkeit, Überlegung und
eine weibliche Geistigkeit. Im Zusammenhang mit der mystischen Gestalt der Sophia (Frau Weisheit) würdigt Jung auch
die besonderen Formen einer weiblichen Spiritualität und
kann daher als einer der Wegbereiter für die «feministische
Theologie» bezeichnet werden.

(1) **Die Frau ist durch männliches Wesen kompensiert, deshalb hat ihr
Unbewußtes sozusagen männliches Vorzeichen. Das bedeutet im Vergleich
mit dem Mann einen beträchtlichen Unterschied. Ich habe dieser Sachlage
entsprechend den projektionsbildenden Faktor bei der Frau als *Animus*
bezeichnet. Dieses Wort heißt Verstand oder Geist. Wie die Anima dem
mütterlichen *Eros* entspricht, so der Animus dem väterlichen *Logos*. Es
liegt mir ferne, diesen beiden intuitiven Begriffen eine allzu spezifische
Definition geben zu wollen. Ich gebrauche Eros und Logos bloß als begriffliche Hilfsmittel, um die Tatsache zu beschreiben, daß das Bewußtsein der
Frau mehr durch das Verbindende des Eros als durch das Unterscheidende
und Erkenntnismäßige des Logos charakterisiert ist. Bei Männern ist der
Eros, die Beziehungsfunktion, in der Regel weniger entwickelt als der
Logos. Bei der Frau dagegen bildet der Eros einen Ausdruck ihrer wahren
Natur. (GW 9/II, § 29)**

(2) Wie die Anima, so hat der Animus auch einen positiven Aspekt. In der Gestalt des Vaters drückt sich nicht nur hergebrachte Meinung, sondern ebenso sehr auch das, was man «Geist» nennt, aus, und zwar insbesondere philosophische und religiöse Allgemeinvorstellungen, bzw. jene Haltung, die sich aus solchen Überzeugungen ergibt. So ist der Animus ebenfalls ein Psychopompos, ein Vermittler zwischen Bewußtsein und Unbewußtem und eine Personifikation des Unbewußten. Wie die Anima durch die Integration zu einem *Eros* des Bewußtseins wird, so der Animus zu einem *Logos,* und wie erstere dem männlichen Bewußtsein damit Beziehung und Bezogenheit verleiht, so letzterer dem weiblichen Bewußtsein Nachdenklichkeit, Überlegung und Erkenntnis. (GW 9/II, § 33)

(3) Was nun die Pluralität des Animus im Gegensatz zur Ein-Persönlichkeit der Anima betrifft, so scheint mir diese eigentümliche Tatsache ein Korrelat der bewußten Einstellung zu sein. Die bewußte Einstellung der Frau ist im allgemeinen viel exklusiver persönlich als die des Mannes. Ihre Welt besteht aus Vätern und Müttern, Brüdern und Schwestern, Gatten und Kindern. Die übrige Welt besteht aus ähnlichen Familien, die sich gegenseitig zuwinken, im übrigen sich aber wesentlich für sich selbst interessieren. Die Welt des Mannes ist das Volk, der «Staat», Interessenkonzerne usw. Die Familie ist bloß Mittel zum Zweck, eines der Fundamente des Staates, und seine Frau ist nicht notwendigerweise *die* Frau (jedenfalls nicht so, wie sie es meint, wenn sie sagt «mein Mann»). Das Allgemeine liegt ihm näher als das Persönliche, daher seine Welt aus einer Vielzahl koordinierter Faktoren besteht, während ihre Welt jenseits des Gatten an einer Art kosmischen Nebels ihr Ende erreicht. Die leidenschaftliche Ausschließlichkeit haftet bei dem Manne daher der Anima an, die unbestimmte Vielzahl bei der Frau dagegen dem Animus. Während dem Mann eine scharf umrissene bedeutsame Circe- oder Kalypsogestalt vorschwebt, ist der Animus eher in Fliegenden Holländern und sonstigen unbekannten Gästen vom Weltmeer ausgedrückt, nie ganz bestimmt faßbar, proteushaft und motorisch bewegt. Diese Ausdrücke erscheinen namentlich in Träumen, in der konkreten Wirklichkeit können es Heldentenöre, Boxerchampions, große Männer in fernen, unbekannten Städten sein. (GW 7, § 338)

Archetypus Die Begriffsbildung C. G. Jungs zum A. ist aus langjährigen Erfahrungen in der Traumpsychologie und dem Studium der Mythologie erwachsen. In den vielfältigen Bildern und Materialien seiner Patienten erkannte er Grundmuster und Grundstrukturen, die er als A.n bezeichnete. Bei dem Begriff ist es wichtig, zwischen dem unanschaulichen A. an sich und dem archetypischen Bild zu unterscheiden (1). Ersterer ist eine der menschlichen Psyche innewohnende Struktur, letzteres kommt in verschiedenen archetypischen Erscheinungsbildern zum Ausdruck (wie z. B. Vater-, Mutter-, Kind-A., Gottesbilder, Animus und Anima etc.). Der A. (bzw. die A.n) ist (sind) unsichtbare und unanschauliche Wirkfaktoren im Unbewußten des Menschen. Sie bilden die Strukturdominanten der Psyche, indem sie das seelische Erleben ordnen und die Bilder und Motive im Unbewußten nach bestimmten Grundmustern anordnen. Besonders zu beachten ist, daß es sich bei den A.n nicht um vererbte Vorstellungen, vererbte Bilder und Symbole handelt, sondern um Möglichkeiten zu deren Erscheinung und Gestaltwerdung. Die A.n sind Bereitschaftssysteme, die das seelische Erleben anordnen und bewirken und die Erscheinungsbilder strukturieren (2).

Die A.n stehen in großer Nähe zu den Instinkten, als den typischen Formen des Handelns und den sich wiederholenden Formen des Reagierens. Während die Instinkte die Grundformen des Verhaltens bilden, können die A.n als die Grundformen der Anschauung bezeichnet werden. Wörtlich hieß es bei Jung über diesen Zusammenhang, daß die archetypischen Urbilder «als Anschauung des Instinktes von sich selbst oder als Selbstabbildung des Instinktes» angesehen werden können (GW, 8, S. 157). Für das weitere Verständnis des A. sind dessen bildhafter und zugleich dynamischer Aspekt von grundlegender Bedeutung. Letzteres kommt besonders in den psychodynamischen Wirkungen sowie der faszinierenden Kraft von archetypischen Bildern zum Ausdruck. Im persönlichen Erlebnisbereich zeigt sich das Gesagte u. a. darin, daß Menschen von archetypischen Bildern ergriffen werden können oder von mythologischen Vorstellungen (wie z. B. vom «Teufel») «besessen» sind (3). Weil derartige archetypische Vorstellungen einerseits neurotische Bilder oder gar psychotische Störungen auslösen können und andererseits therapeutische Wirkungen vermitteln, sind sie als seelische Lebensmächte zu beachten und ernstzunehmen. Doch nicht nur für die Psychotherapie, sondern für die Ganzwerdung, Individuation und Selbstverwirklichung eines jeden Menschen sind die archetypischen Bilder von großer Bedeutung, weil sie das seelische Erleben ordnen und den psychischen Prozessen eine Zentrierung und Zielrichtung verleihen.

(1) Die archetypischen Vorstellungen, die uns das Unbewußte vermittelt, darf man nicht mit dem *Archetypus an sich* verwechseln. Sie sind vielfach variierte Gebilde, welche auf eine an sich *unanschauliche* Grundform zurückweisen. Letztere zeichnet sich durch gewisse Formelemente und durch gewisse prinzipielle Bedeutung aus, die sich aber nur annähernd erfassen lassen. Der Archetypus an sich ist ein psychoider Faktor, der sozusagen zu dem unsichtbaren, ultravioletten Teil des psychischen Spektrums gehört. Er scheint als solcher nicht bewußtseinsfähig zu sein. Ich wage diese Hypothese, weil alles Archetypische, das vom Bewußtsein wahrgenommen wird, Variationen über ein Grundthema darzustellen scheint. Am eindrücklichsten wird einem dieser Umstand, wenn man die endlosen Varianten des Mandalamotives untersucht. Es handelt sich um eine relativ einfache Grundform, deren Bedeutung etwa als «zentral» angegeben werden kann. Obschon das Mandala als die Struktur eines Zentrums erscheint, so bleibt es doch unsicher, ob innerhalb der Struktur das Zentrum oder die Peripherie, die Teilung oder die Ungeteiltheit mehr betont ist. Da andere Archetypen zu ähnlichen Zweifeln Anlaß geben, so erscheint es mir wahrscheinlich, daß das eigentliche Wesen des Archetypus bewußtseinsunfähig, das heißt transzendent ist, weshalb ich es als psychoid bezeichne. (GW 8, § 417)

(2) Ich begegne immer wieder dem Mißverständnis, daß die Archetypen inhaltlich bestimmt, das heißt eine Art unbewußter «Vorstellungen» seien. Es muß deshalb nochmals hervorgehoben werden, daß die Archetypen nicht inhaltlich, sondern bloß formal bestimmt sind, und letzteres nur in sehr bedingter Weise. Inhaltlich bestimmt ist ein Urbild nachweisbar nur, wenn es bewußt und daher mit dem Material bewußter Erfahrung ausgefüllt ist. Seine Form dagegen ist, wie ich anderenorts erklärt habe, etwa dem Achsensystem eines Kristalls zu vergleichen, welches die Kristallbildung in der Mutterlauge gewissermaßen präformiert, ohne selber eine stoffliche Existenz zu besitzen. Letztere erscheint erst in der Art und Weise des Anschießens der Ionen und dann der Moleküle. Der Archetypus ist ein an sich

leeres, formales Element, das nichts anderes ist als eine «facultas praeformandi», eine a priori gegebene Möglichkeit der Vorstellungsform. Vererbt werden nicht die Vorstellungen, sondern die Formen, welche in dieser Hinsicht genau den ebenfalls formal bestimmten Instinkten entsprechen. Ebensowenig wie das Vorhandensein von Archetypen an sich, kann auch das der Instinkte nachgewiesen werden, solange sich diese nicht in concreto betätigen. Bezüglich der Bestimmtheit der Form ist der Vergleich mit der Kristallbildung insofern einleuchtend, als das Achsensystem bloß die stereometrische Struktur, nicht aber die konkrete Gestalt des individuellen Kristalls bestimmt. Dieser kann groß oder klein sein oder variieren vermöge der verschiedenen Ausbildung seiner Flächen oder vermöge der gegenseitigen Kristalldurchwachsung. Konstant ist nur das Achsensystem in seinen im Prinzip invariablen geometrischen Verhältnissen. Das gleiche gilt vom Archetypus: Er kann im Prinzip benannt werden und besitzt einen invariablen Bedeutungskern, der stets nur im Prinzip, nie aber konkret seine Erscheinungsweise bestimmt. *Wie* zum Beispiel der Mutterarchetypus jeweils empirisch erscheint, ist aus ihm allein nie abzuleiten, sondern beruht auf anderen Faktoren. (GW 9/I, § 155)

(3) Ich bin schon des öfteren gefragt worden, woher denn diese Archetypen oder Urbilder stammen. Mir scheint, als ob man ihre Entstehung gar nicht anders erklären könne, als daß man annimmt, sie seien Niederschläge stets sich wiederholender Erfahrungen der Menschheit. Eine der gewöhnlichsten und zugleich eindrucksvollsten Erfahrungen ist der tägliche scheinbare Sonnenlauf. Wir vermögen allerdings im Unbewußten nichts davon zu entdekken, soweit es sich um den uns bekannten physischen Vorgang handelt. Dagegen finden wir den Sonnenheldenmythos in allen seinen zahllosen Abwandlungen. Dieser Mythos bildet den Sonnenarchetypus, und nicht der physische Vorgang. Dasselbe läßt sich von den Mondphasen sagen. Der Archetypus ist eine Art Bereitschaft, immer wieder dieselben oder ähnliche mythische Vorstellungen zu reproduzieren. Es scheint also demnach, als ob das, was sich dem Unbewußten einprägt, ausschließlich die durch den physischen Vorgang erregte subjektive Phantasievorstellung wäre. Man könnte daher annehmen, daß die Archetypen die vielmals wiederholten Einprägungen von subjektiven Reaktionen seien. Diese Annahme schiebt natürlich das Problem nur hinaus, ohne es zu lösen. Nichts hindert uns anzunehmen, daß gewisse Archetypen schon bei den Tieren vorkommen, daß sie mithin in der Eigenart des lebendigen Systems überhaupt begründet und somit schlechthin Lebensausdruck sind, dessen Sosein weiter nicht mehr zu erklären ist. Die Archetypen sind, wie es scheint, nicht nur Einprägungen immer wiederholter typischer Erfahrungen, sondern zugleich auch verhalten sie sich empirisch wie *Kräfte* oder *Tendenzen* zur Wiederholung

derselben Erfahrungen. Immer nämlich, wenn ein Archetypus im Traum, in der Phantasie oder im Leben erscheint, bringt er einen besonderen «Einfluß» oder eine Kraft mit sich, vermöge welcher er *numinos*, resp. faszinierend oder zum Handeln antreibend wirkt. (GW 7, § 109)

Archetypische Träume

Im Unterschied zu Träumen (→ Traum), die in der persönlichen Lebensgeschichte einen konkreten «Sitz im Leben» haben, sind die a. T.e überpersönlicher Natur. Während die → kompensierenden Träume und alle anderen, die persönliche Erfahrungen widerspiegeln, mit Hilfe der Träumer gedeutet werden können, ist dies in der Regel bei a. T.en nicht möglich. A. T.e, die in anderen Kulturen auch Große Träume genannt werden, sind besonders eindrucksvoll und häufig von dichterischer Gestalt und Schönheit (1). Sie ereignen sich in den wichtigen Übergangsphasen unseres Lebens (z. B. Pubertät, Lebensmitte oder angesichts des Todes). Meistens erleben die Träumer solche a. T.e als befremdlich und können sie weder in den Kontext der eigenen Lebensgeschichte einordnen noch durch persönliche Einfälle selber deuten. Ein weiteres Erkennungszeichen für a. T.e ist deren faszinierende Wirkung und die in ihnen zum Ausdruck kommenden Bilder und Symbole aus den Mythen, Märchen, Religionen u. a. überpersönlichen Überlieferungen der Menschheit. Zur → Amplifikation (Anreicherung) wird das Material aus den genannten Bereichen herangezogen. Das folgende Beispiel von Jung zeigt, wie auch in Kinderträumen gehäuft archetypische Motive auftauchen können. In diesem Falle handelt es sich um ein achtjähriges Mädchen, das etwa ein Jahr darauf an einer Infektionskrankheit verstarb (2).

(1) Wir sprechen daher einerseits von einem *persönlichen,* andererseits von einem *kollektiven* Unbewußten, das gleichsam eine tiefere Schicht als das bewußtseinsnähere persönliche Unbewußte darstellt. Die «großen» bzw.

bedeutungsvollen Träume entstammen dieser tieferen Schicht. Ihre Bedeutsamkeit verrät sich, abgesehen vom subjektiven Eindruck, schon durch ihre plastische Gestaltung, die nicht selten dichterische Kraft und Schönheit zeigt. Solche Träume ereignen sich meist in schicksalsentscheidenden Abschnitten des Lebens, so in der ersten Jugend, in der Pubertätszeit, um die Lebensmitte (36. bis 40. Jahr) und in conspectu mortis. Ihre Deutung ist oft mit beträchtlichen Schwierigkeiten verknüpft, weil das Material, das der Träumer beitragen kann, zu spärlich ist. Es handelt sich eben bei den archetypischen Gebilden nicht mehr um persönliche Erfahrungen, sondern gewissermaßen um allgemeine Ideen, deren Hauptbedeutung in dem ihnen eigentümlichen Sinn und nicht in irgendwelchen persönlichen Erlebniszusammenhängen besteht. (GW 8, § 555)

(2) Hier muß ich die Beziehung zwischen Instinkten und Archetypen erläutern: Was wir Instinkte nennen, sind physiologische Impulse, die mit den Sinnen «außen» wahrgenommen werden. Gleichzeitig aber erscheinen sie auch «innen» in Phantasien und verraten ihre Gegenwart oft durch symbolische Bilder. Diese «inneren» Erscheinungen sind es, die ich als Archetypen bezeichne. Ihren Ursprung kennt man nicht; sie tauchen jederzeit auf, überall in der Welt.

Viele Menchen haben mich aufgesucht, weil sie mit ihren eigenen Träumen oder mit denen ihrer Kinder nichts anzufangen wußten; sie verstanden die Sprache ihrer Träume nicht. Etliche dieser Patienten waren sehr gebildete Leute, einige waren auch selbst Psychiater.

Ich erinnere mich deutlich an einen Professor, der ganz plötzlich eine Vision gehabt hatte und sich deshalb für geisteskrank hielt. In panischem Schrekken kam er zu mir. Ich nahm einfach ein vierhundert Jahre altes Buch vom Gestell und zeigte ihm einen Holzschnitt, auf dem die gleiche Vision abgebildet war, die er auch gehabt hatte. «Sie brauchen sich nicht für geisteskrank zu halten», sagte ich zu ihm. «Schon vor vierhundert Jahren hat man Ihre Vision gekannt.» Woraufhin er sich völlig erschöpft, aber wieder ganz normal, auf einen Stuhl sinken ließ.

Einen sehr wichtigen Fall brachte mir ein Mann, der selber Psychiater war. Er zeigte mir eines Tages ein handgeschriebenes Büchlein, das er zu Weihnachten von seiner zehnjährigen Tochter geschenkt bekommen hatte. Es enthielt eine ganze Serie von Träumen, die das Mädchen im Alter von acht Jahren gehabt hatte, und war die merkwürdigste Traumserie, die ich je gesehen habe. Obgleich kindlich, waren sie doch unheimlich und enthielten Bilder, deren Ursprung dem Vater völlig unbegreiflich war. Dies waren die Motive: 1. «Das böse Tier», ein schlangenähnliches Ungeheuer mit vielen Hörnern, tötet und verschlingt alle anderen Tiere. Aber Gott kommt, in Gestalt von vier einzelnen Göttern, aus den vier Ecken und gibt den toten

Tieren das Leben wieder. 2. Eine Auffahrt in den Himmel, wo heidnische Tänze zelebriert werden; und ein Abstieg in die Hölle, wo Engel gute Taten tun. (Der Mensch und seine Symbole, S. 69 f.)

Assoziation

Bei der A., auch einfach als Einfall bezeichnet, geht es um die Verknüpfungen und Verbindungen von Vorstellungen und Wahrnehmungen mit ähnlichen Inhalten. In der Psychotherapie und speziell in der Traumbearbeitung wird die freie A. (nach Freud) und die gerichtete oder gebundene A. bei Jung angewendet (1). Nach seiner Erfahrung kommen zwar durch die freie A. die Komplexe und Schwierigkeiten zur Sprache, doch um die Botschaft eines Traumes zu vernehmen, bedarf es der gerichteten A., indem sich der Analysand immer wieder auf den Traum bezieht. Dieser assoziative Umgang mit Träumen ist den verschiedensten Praktiken der Meditation als eines beharrlichen Umkreisens und Umdenkens recht ähnlich. Durch die gerichtete A. wird der Kontext eines Traumes hergestellt und seine Verknüpfungen mit dem Leben des Träumers bewußt gemacht (2). Eine wichtige therapeutische Wirkung der A. ist die Befreiung von seelischen Spannungen, weil die unbewußten Verdrängungen auf diesem Wege bewußt werden. Durch den von Jung entwickelten A.-Test können die unbewußten Komplexe gemessen werden, indem bei der Versuchsperson nach einem zugeworfenen Wort die Reaktionszeit bis zur Antwort gestoppt wird (3). Verlängerte Reaktionszeiten ergeben sich dann, wenn ein Reizwort auf einen gefühlsbetonten Komplex trifft.

(1) Mit dem sog. freien Assoziieren komme ich nicht zum Ziel, so wenig als ich damit eine hettitische Inschrift entziffern könnte. Ich komme damit natürlich auf alle meine Komplexe, aber zu diesem Zweck brauche ich keinen Traum, sondern ich kann es an einer Verbottafel oder an einem Satz in der Zeitung geradesogut tun. Mit freiem Assoziieren kommen die Komplexe heraus, aber ein Traumsinn nur ausnahmsweise. Um den Traumsinn zu verstehen, muß ich mich möglichst eng an die Traumbilder halten. Wenn

jemand von einem tannenen Tisch träumt, so genügt es nicht, wenn er damit seinen Schreibtisch assoziiert, schon aus dem einfachen Grunde nicht, weil sein Schreibtisch nicht aus Tannenholz besteht. Der Traum aber meint ausdrücklich einen tannenen Tisch. Nehmen wir nun an, daß dem Träumer hier nichts mehr einfalle, so hat diese Stockung eine objektive Bedeutung, denn sie deutet an, daß in der unmittelbaren Nachbarschaft des Traumbildes eine besondere Dunkelheit herrscht, die einen zum Denken verführen könnte. Natürlicherweise hätte man Dutzende von Assoziationen mit einem tannenen Tisch; daß aber anscheinend nichts vorhanden ist, ist bedeutsam. In diesem Falle kehrt man wieder zum Bilde zurück, und ich pflege meinen Patienten dann zu sagen: «Nehmen Sie mal an, ich wüßte überhaupt nicht, was die Worte ‹Tannener Tisch› bedeuten, und geben Sie mir nun eine solche Beschreibung des Gegenstandes und seiner Naturgeschichte, bis ich schließlich begreife, was das für ein Gegenstand ist.» (GW 16, § 320)

(2) Beim undurchsichtigen Traum handelt es sich zunächst nicht darum, zu verstehen und zu deuten, sondern um sorgfältige Herstellung des Kontextes. Damit meine ich eben nicht ein uferloses «freies Assoziieren», ausgehend von den Traumbildern, sondern ein sorgfältiges, bewußtes Ableuchten derjenigen Assoziationsverbindungen, die objektiv um ein Traumbild gruppiert sind. Zu dieser Art müssen viele Patienten überhaupt erst erzogen werden, denn wie der Arzt, so haben auch sie die unüberwindliche Neigung, sofort zu verstehen und zu deuten, ganz besonders dann, wenn sie durch Lektüre oder durch eine etwas mißratene Analyse vorgebildet und damit verbildet worden sind. Daher assoziieren sie zuerst theoretisch, d. h. verstehend und deutend, und bleiben womöglich darin stecken. Sie wollen sofort, wie der Arzt, gewissermaßen hinter den Traum kommen, in der fälschlichen Annahme, der Traum sei eine bloße Fassade, welche den wirklichen Sinn verdecke. Die sog. Fassade ist aber bei den meisten Häusern keineswegs ein Trug oder eine täuschende Verzerrung, sondern entspricht dem Gehalt des Hauses und verrät ihn sogar oft ohne weiteres. So ist auch das manifeste Traumbild der Traum selber und enthält den ganzen Sinn. (GW 16, § 319)

(3) Man kann diese Komplexe leicht experimentell demonstrieren mittels des Assoziationsexperiments. Das Experiment besteht bekanntlich darin, daß man der Versuchsperson ein Wort zuruft, worauf die Versuchsperson so rasch wie möglich mit einem dazugehörigen Wort reagiert. Die Reaktionszeit wird gemssen. Nach der allgemeinen Erwartung müßten alle einfachen Worte ungefähr mit gleicher Geschwindigkeit beantwortet werden können, und nur «schwierige» Worte würden eine längere Reaktionszeit verursachen. In Wirklichkeit liegt aber die Sache anders. Es gibt oft unerwartet lange Reaktionszeiten auf sehr einfache Worte, während schwierigere

Worte rasch beantwortet werden. Es hat sich bei näherer Nachforschung herausgestellt, daß lange Reaktionszeiten meistens dann eintreten, wenn das Reizwort auf einen Inhalt trifft, der stark gefühlsbetont ist. Außer der Verlängerung der Reaktionszeit treten auch noch andere charakteristische Störungen auf, auf deren Einzelheiten ich hier nicht eingehen kann. Die gefühlsbetonten Inhalte betreffen meistens Dinge, von denen die Versuchsperson möchte, daß sie dem anderen unbekannt bleiben. Es handelt sich in der Regel um etwas peinliche und darum verdrängte Inhalte, sogar etwa um solche, welche der Versuchsperson selber unbekannt sind. Wenn ein Reizwort auf einen solchen Komplex trifft, so fällt ihr überhaupt keine Antwort ein, oder es fallen ihr so viele Dinge ein, daß sie aus diesem Grunde gar nicht weiß, was antworten, oder sie wiederholt mechanisch das Reizwort oder gibt eine Antwort und ersetzt sie gleich durch eine andere usw. Wenn man, nach vollendetem Experiment, die Versuchsperson noch einmal befragt, was sie auf die einzelnen Reizworte geantwortet hat, so kann sie sich an die gewöhnlichen Reaktionen meistens gut erinnern, an die Komplexworte dagegen meistens schlecht. (GW 8, § 592)

Bewußtsein Obwohl sich Jung in seiner therapeutischen Arbeit und in seinen Schriften überwiegend mit dem Unbewußten und seinen vorherrschenden Merkmalen (→ Archetypus, Bild, Symbol, Traum usw.) befaßte, hat er nicht übersehen, daß das B. dazu der notwendige Gegenbegriff ist. Welch eine hohe Bedeutung für ihn das B. hat, formulierte er nach einem beeindruckenden Reiseerlebnis in Kenia folgendermaßen: «Menschliches Bewußtsein hat erst objektives Sein und den Sinn geschaffen, und dadurch hat der Mensch seine im großen Seinsprozeß unerläßliche Stellung gefunden» (Erinnerungen, S. 259 f.). Wenn wir uns die bewußt-unbewußte Ganzheit der Psyche im Modell einer Kugel vorstellen, so wäre das B. ein kleiner Ausschnitt aus der gesamten Oberfläche, und das Ich wäre das Zentrum dieses Feldes. Bewußt ist alles, was das Ich wahrnimmt und weiß. Es ist ein Wahrnehmungsorgan, das die vielfältigen Beziehungen zur Mitwelt registriert und deutet, sowie die Bilder und Symbole des Unbewußten assimiliert und diese in Begriffe und Worte einordnet (1). Während

wir die bewußten psychischen Funktionen und Persönlichkeitsanteile relativ klar abgrenzen und bestimmen können, ist
dies bei den Inhalten der unbewußten Psyche mit den archetypischen Bildern und den komplexhaften Energiefeldern nicht
eindeutig möglich (2).

Für Jung ist das B. ein «Orientierungsorgan», das durch die
Orientierungsfunktionen der Typenpsychologie näher be-
schrieben wird. Mit der *Empfindungsfunktion* nehmen das
Ich und das B. die Realität im Außen sowie im Innen wahr.
Dazu gehören auch alle sinnlichen Wahrnehmungen. Das
Denken deutet das Wahrgenommene und sagt, «was» es ist.
Die *Fühlfunktion* registriert, «wie» die Erfahrungen und
Wahrnehmungen beschaffen sind, und bewertet diese z. B.
nach angenehm – unangenehm, Lust – Unlust, gut – böse
usw. (3). Hinzu kommt die *Intuition* als instinktives Erfassen.
Das B. hat damit eine wichtige strukturierende und sinnge-
bende Funktion. Es ist ferner wichtig für die Beherrschung
der Antriebe und Instinkte im Menschen. Diese Funktionen
könnten verglichen werden mit einem Reiter, der in einfühl-
samer Weise sein Pferd leitet. In der geistigen und psychologischen Situation unserer westlichen Kultur erleben wir eine
starke Vorherrschaft des B., die andere Aspekte unseres
Seelenlebens unterdrückt und verdrängt, wie z. B. die Phantasietätigkeit, das bildhafte Denken sowie das Träumen. Jung
hebt hervor, daß das B. in einer kompensatorischen Beziehung steht zu den verdrängten Materialien des Unbewußten
wie auch zu den psychischen Inhalten, die noch nicht den
Schwellenwert des B. erreicht haben.

(1) *Bewußtsein.* Unter B. verstehe ich die Bezogenheit psychischer Inhalte
auf das Ich (s. *Ich*), soweit sie als solche vom Ich empfunden wird. Beziehungen zum Ich, soweit sie von diesem nicht als solche empfunden werden, sind
unbewußt (s. d.). Das Bewußtsein ist die Funktion oder Tätigkeit, welche
die Beziehung psychischer Inhalte zum Ich unterhält. B. ist nicht identisch
mit *Psyche,* indem Psyche die Gesamtheit aller psychischen Inhalte darstellt, welche nicht notwendigerweise alle mit dem Ich direkt verbunden,

d. h. dermaßen auf das Ich bezogen sind, daß ihnen die Qualität der Bewußt-heit zukäme. Es gibt eine Vielheit von psychischen Komplexen, die nicht alle notwendigerweise mit dem Ich verbunden sind. (GW 6, § 758)

(2) Wir können annehmen, daß die menschliche Persönlichkeit aus zweier-lei besteht: erstens aus dem Bewußtsein und allem, was dieses umfaßt, und zweitens aus einem unbestimmbar großen Hinterland unbewußter Psyche. Die bewußte Persönlichkeit kann mehr oder weniger klar bestimmt und abgegrenzt werden; wenn es sich aber um die Gesamtheit der menschlichen Persönlichkeit handelt, muß die Unmöglichkeit einer vollständigen Be-schreibung zugegeben werden. Mit andern Worten, es gibt unvermeidli-cherweise ein unbegrenzbares und undefinierbares, zusätzliches Etwas zu jeder Persönlichkeit, insofern als letztere aus einem bewußten, beobachtba-ren Teil besteht, welcher gewisse Faktoren nicht enthält, deren Existenz wir jedoch gezwungen sind anzunehmen, um gewisse Tatsachen zu erklären. Die unbekannten Faktoren bilden das, was wir als den unbewußten Anteil der Persönlichkeit bezeichnen. (GW 11, § 66)

(3) Der differenzierbaren Fähigkeiten des Menschen sind bekanntlich viele. Ich möchte mich nicht in kasuistisches Detail verlieren und beschränke mich deshalb auf die normalen und stets vorhandenen Fähigkeiten des Bewußt-seins. Das Bewußtsein ist in erster Linie ein *Orientierungsorgan* in einer Welt äußerer und innerer Gegebenheiten. Zuerst und vor allem stellt das Bewußtsein fest, daß etwas vorhanden ist. Ich bezeichne diese Fähigkeiten als *Empfindung*. Damit ist nicht irgendeine spezifische Sinnestätigkeit ge-meint, sondern die Wahrnehmung überhaupt. Eine weitere Fähigkeit gibt die *Deutung* des Wahrgenommenen. Ich nenne sie das *Denken*. Durch diese Funktion wird das Wahrgenommene assimiliert und damit das Objekt der Wahrnehmung in höherem Maße in Psychisches verwandelt als durch bloße Empfindung. Eine dritte Fähigkeit stellt den *Wert* des Objektes fest. Ich nenne die Wertfunktion das *Fühlen*. Die Lust- und Unlustreaktion des Gefühls entspricht dem höchsten Grade der Subjektivierung des Objektes. Es wird durch das Gefühl in so nahe Beziehung zum Subjekt gebracht, daß letzteres über Annehmen oder Verwerfen entscheiden muß. (GW 8, § 256)

Bild Das Bild im Sinne der Jungschen Tiefenpsychologie bildet in der Gestalt der Träume, Imaginationen und Phantasien eine grundlegende Beziehungsform zwi-schen dem bewußten Subjekt und den sonst unzugänglichen Tiefen des Unbewußten. Die Seele überträgt in den Bildern die Psychodynamik des Unbewußten in das Bewußtsein. Die Seele schafft die Bilder und Symbole und ist selber Bild. Zu den vielfältigen Wirkungen gehört insbesondere, daß sie für das subjektive Wohlbefinden und für die Ganzwerdung der Person eine wichtige Bedeutung haben. Ferner ist die therapeutische Funktion der Bilder und Symbole im Bereich der Psychotherapie hervorzuheben. Nach neueren Forschungen sollen die Bilder und die Vorstellungskraft auch besondere Einwirkungen haben auf das Immunsystem des Menschen. Damit gewinnt Jungs Wertschätzung der symbolbildenden Funktion der Psyche auch im medizinischen Bereich eine Bedeutung.

Die Bilder und Symbole sind ursprünglicher und vielschichtiger als die Sprache und daher eine wichtige Grundlage der menschlichen Kommunikation. Alle Menschen schöpfen ihre wesentlichen Botschaften aus den Quellen des Kollektiven Unbewußten, an dem alle Anteil haben. Daher definiert Jung die Grundkonstitution der Psyche als eine «Bilderfolge im weitesten Sinne, . . . eine in Bildern ausgedrückte Anschaulichkeit der Lebenstätigkeiten». Tiefenpsychologisch betrachtet, müssen daher die Bilder mehrdimensional definiert werden. Zu der unendlichen Bilderfolge der Seele gehören nicht nur unsere individuellen Phantasien und Träume, sondern auch die zeitüberdauernden Bildvorstellungen in Märchen, Mythen und die Gottesbilder in den Religionen. Eine besondere Funktion hat das Bild bei der unbewußten Phantasietätigkeit und den vielfältigen Phantasievorstellungen, weil es eine innere Wirklichkeit darstellt, die positive und/oder negative Wirkungen auf das Bewußtsein und das ganze Leben des Individuums haben kann (1). Durch diese Bilder werden wir ins Bild gesetzt über unsere derzeitige bewußte und zugleich unbewußte innere Situation. Ähnlich wie bei einem Symbol die vielfältigsten Eindrücke und Erfahrungen aufgehoben und gebündelt erscheinen, wird auch die derzeitige psychische Gesamtsituation im Bild zusammengefaßt. Durch das Zusammentreffen bestimmter Umstände (Konstellation) werden in der Seele in einem fortwährenden Prozeß Bilder geboren, als Abbilder und Ausdruck der bewußten und unbewußten Situation, die wiederum bei der richtigen Deutung beachtet werden müssen (2). Unser Bewußtsein hängt wesentlich davon ab, daß wir im Bilde über unsere Gesamtsituation sind.

(1) Wenn ich in dieser Arbeit von Bild spreche, so meine ich damit nicht das psychische Abbild des äußeren Objektes, sondern vielmehr eine Anschauung, die dem poetischen Sprachgebrauch entstammt, nämlich das *Phantasiebild*, welches sich nur indirkt auf Wahrnehmung des äußeren Objektes bezieht. Dieses Bild beruht vielmehr auf unbewußter Phantasietätigkeit, als deren Produkt es dem Bewußtsein mehr oder weniger abrupt erscheint, etwa in der Art einer Vision oder Halluzination, ohne aber den pathologischen Charakter einer solchen, d. h. die Zugehörigkeit zu einem klinischen Krankheitsbilde zu besitzen. Das Bild hat den psychologischen Charakter einer Phantasievorstellung und niemals den Quasi-Realcharakter der Halluzination, d. h. es steht nie anstelle der Wirklichkeit und wird von sinnlicher Wirklichkeit als «inneres» Bild stets unterschieden. In der Regel ermangelt es auch jeder Projektion in den Raum, obschon es in Ausnahmefällen auch gewissermaßen von außen erscheinen kann. Diese Erscheinungsweise ist als *archaisch* zu bezeichnen, wenn sie nicht in erster Linie pathologisch ist, was aber den archaischen Charakter keineswegs aufhebt. Auf primitiver Stufe, d. h. in der Mentalität des Primitiven, verlegt sich das innere Bild leicht als Vision oder Gehörshalluzination in den Raum, ohne pathologisch zu sein. (GW 6, § 759)

(2) Wenn schon in der Regel dem Bild kein Wirklichkeitswert zukommt, so kann ihm doch unter Umständen eine um so größere Bedeutung für das seelische Erleben anhaften, d. h. ein großer *psychologischer* Wert, welcher eine «innere» Wirklichkeit darstellt, die gegebenenfalls die Bedeutung der «äußeren» Wirklichkeit überwiegt. In diesem Fall ist das Individuum nicht nach Anpassung an die Wirklichkeit, sondern nach Anpassung an die innere Forderung orientiert.
Das innere Bild ist eine komplexe Größe, die sich aus den verschiedensten Materialien von verschiedenster Herkunft zusammensetzt. Es ist aber kein Konglomerat, sondern ein in sich einheitliches Produkt, das seinen eigenen, selbständigen Sinn hat. Das Bild ist ein konzentrierter *Ausdruck der psychischen Gesamtsituation*, nicht etwa bloß oder vorwiegend der unbewußten Inhalte schlechthin. Es ist zwar ein Ausdruck unbewußter Inhalte, aber

nicht aller Inhalte überhaupt, sondern bloß der momentan konstellierten. Diese Konstellation erfolgt einerseits durch die Eigentätigkeit des Unbewußten, andererseits durch die momentane Bewußtseinslage, welche immer zugleich auch die Aktivität zugehöriger sublimialer Materialien anregt und die nicht zugehörigen hemmt. Dementsprechend ist das Bild ein Ausdruck sowohl der unbewußten wie der bewußten momentanen Situation. Die Deutung seines Sinnes kann also weder vom Bewußtsein allein noch vom Unbewußten allein ausgehen, sondern nur von ihrer wechselseitigen Beziehung. (GW 6, § 760 f.)

Böse, das Obwohl der Begriff des B. nicht genuin jungianisch ist, haben wir denselben hier aufgenommen, weil Jung dazu etwas Neues und Wegweisendes beitragen kann. Besonders durch die Nuklearspaltung, durch Atombomben und Raketen sind wir gegenwärtig in beängstigender Weise mit der zerstörerischen Macht des Bösen konfrontiert (1). Heftig wehrt sich Jung gegen die weitverbreitete Auffassung, wonach das Böse lediglich ein Nichtvorhandensein des Guten sei und somit die Wirklichkeit des Bösen verleugnet werde. Ferner kritisiert Jung die christliche Anschauung und theologische Formel, wonach das Böse ein Mangel an Gutem (privatio boni) sei, und fährt fort: «Diese klassische Formel beraubt das Böse der absoluten Existenz und macht es zu einem Schatten . . .» (2). So real, wie wir die Wirklichkeit des Guten anerkennen, müssen wir auch mit dem Bösen umgehen. Jung hält die kirchliche Lehre vom Teufel, auch in seinen mythologischen Ausdrucksformen, für zutreffend, um die böse Macht im Unbewußten zu beschreiben. Es ist jene Macht, ohne die z. B. das Gute unvorstellbar ist. Das Unbewußte ist nach Jung sowohl die Quelle des Guten als auch des Bösen (3).

(1) **Der Teufel unserer Zeit ist etwas ganz Furchtbares! Wenn man unsere heutige Lage überblickt, so ist nicht abzusehen, was noch alles geschehen kann. Die Entwicklung wird zwangsläufig weitergehen. Alle Gotteskräfte, die in der Schöpfung sich finden, werden allmählich in die Hand des Men-**

schen gelegt. Durch die Nuklearspaltung ist Ungeheures geschehen, Ungeheures der Macht des Menschen überlassen. Als Oppenheimer dem ersten
Test einer Atombombe zusah, fielen ihm die Worte der *Bhagavadgîtâ* ein:
«... heller als tausend Sonnen.» Die Kräfte, die die Welt zusammenhalten,
geraten in die Hände der Menschen, so daß sie sogar auf die Idee einer
künstlichen Sonne kommen. Es sind Gotteskräfte in unsere Hände gekommen, in unsere gebrechlichen Menschenhände. Das ist nicht zum Ausden-
ken. Es handelt sich dabei um Mächte, die nicht an sich böse sind. Aber in
den Händen des Menschen sind sie eine furchtbare Gefahr, in den Händen
des bösen Menschen. Und da soll das Böse in der für uns erlebbaren,
vordergründigen, für uns realen Welt keine Wirklichkeit sein? Das Böse ist
eine furchtbare Wirklichkeit! Und das ist es in jedem einzelnen Leben.
Wenn man das *Prinzip* des Bösen als wirklich ansehen will, kann man
ebensogut sagen: Teufel. Mir persönlich fällt es schwer, die Idee der privatio
boni noch als gültig zu betrachten. (GW 10, § 879)

(2) Auf diese Frage antwortet die christliche Anschauung, daß das Böse
eine *privatio boni* sei. Diese klassische Formel beraubt das Böse der absoluten Existenz und macht es zu einem Schatten, der nur eine vom Licht
abhängige, relative Existenz hat. Dem Guten dagegen wird Positivität und
Substanz zugesprochen. Die psychologische Erfahrung zeigt, daß «Gut»
und «Böse» das Gegensatzpaar eines sogenannten moralischen Urteils ist,
welches als solches seinen Ursprung im Menschen hat. Ein Urteil kann
bekanntlich nur gefällt werden, wenn sein inhaltliches Gegenstück ebenso
real möglich ist. Einem scheinbar Bösen kann nur ein scheinbar Gutes
gegenüberstehen, und ein substanzloses Böses kann sich nur von einem
ebenso substanzlosen Guten abheben. Ein Seiendes steht zwar einem Nichtseienden gegenüber, aber niemals ein seiendes Gutes einem nichtseiendem
Bösen, denn letzteres ist eine contradictio in adjecto und formiert gegenüber dem seienden Guten eine Inkommensurabilität: denn ein nichtseien-
des (negatives) Böses kann nur einem nichtseienden (negativen) Guten
gegenübergestellt werden. Wenn also vom Bösen behauptet wird, es sei eine
bloße privatio boni, so wird damit der Gegensatz Gut-Böse schlechthin
geleugnet. Aber wie kann man dann überhaupt von «Gut» sprechen, wenn
es kein «Böse» gibt? Wie von einem «Hell» ohne «Dunkel», von einem
«Oben» ohne «Unten»? Es bleibt schon unausweichlich, daß, wenn man
dem Guten Substanz zuerteilt, man dem Bösen gegenüber dasselbe tun
muß. Hat das Böse keine Substanz, so bleibt das Gute schattenhaft, denn es
muß sich nirgends gegen einen substanzhaften Gegner verteidigen, sondern
nur gegen einen Schatten, eine bloße privatio boni. Eine solche Ansicht will
schlecht zur beobachtbaren Wirklichkeit passen. (GW 11, § 247)

(3) Die Kirche hat die Lehre vom Teufel, eines bösen Prinzips, das man sich gerne als bocksbeinig, gehörnt und geschwänzt vorstellt, das Bild eines Halbtiermenschen und chthonischen Gottes, der einem dionysischen Mysterienverein entlaufen zu sein scheint, eines noch bestehenden Bekenners sündhaft-fröhlichen Heidentums. Dieses Bild ist trefflich und charakterisiert genau den grotesk-unheimlichen Aspekt des Unbewußten, dem man nicht beigekommen ist und das deshalb noch im ursprünglichen Zustand unbeherrschter Wildheit verharrt. Heute wird es wohl niemand mehr wagen zu behaupten, der europäische Mensch sei ein Lamm und von keinem Teufel besessen. Vor aller Augen liegen die furchtbaren Dokumente der Zeit, die an Umfang der Scheußlichkeit alles übertreffen, was frühere Zeiten mit unzulänglichen Mitteln zu erreichen hofften.

Wäre das Unbewußte – wie es viele zu haben wünschen – nur nefast, nur böse, so wäre die Situation einfach und der Weg klar; man täte das Gute und miede das Böse. Aber was ist *gut* und was ist *bös?* Das Unbewußte ist nicht nur bloß naturhaft und böse, sondern auch die Quelle höchster Güter. (GW 16, § 388 f.)

Conjunctio (Gegensatzvereinigung)

Die C. ist ein fortwährender Prozeß zur Vereinigung von Gegensätzen im Menschen. Jung hat das Symbol der C. aus der Alchemie in die Tiefenpsychologie übertragen, um damit die seelische Wandlung und Wiedergeburt zu beschreiben (1). In der Alchemie versteht man unter der C. eine Vereinigung von verschiedenen Elementen in den stofflichen Prozessen, die zu einer Geburt und Entstehung von etwas Neuem führt. Ein wichtiges Ergebnis aus den vielfältigen Bildern und Symbolen dieses Vereinigungsprozesses ist das Kind. Im Symbol des Kindes sind die verschiedenen gegensätzlichen Aspekte zusammengebracht.

Die Alchemisten projizieren in ihre Stoffe durch seltsam anmutende Prozeduren wie Mischen, Coagulation, Verwesung bestimmte Probleme und Gegensätzlichkeiten, die wir heute als archetypische Bilder und Lebensmuster aus dem Unbewußten erkennen (2). Eine wichtige Frage ist nun, wie das Bewußtsein mit den gegensätzlichen Erscheinungsbildern des Unbewußten umgeht und diese auch erlebnismäßig miteinander in Beziehung bringt und damit eine Verbindung und schließlich eine Vereinigung bewirkt. Ein ähnliches Grundmuster scheint auch in den vielschichtigen und leidenschaftlichen sexuellen Phantasien der Menschen wirksam zu sein. Es wäre bedenkenswert, ob über die sexuelle Vereinigung hinaus nicht auch in vielen Fällen eine Vereinigung von seelisch-geistigen Gegensätzen gesucht wird. So wichtig auch Vereinigungen in der äußeren Realität sein mögen, sie können letztlich nicht die notwendige Gegensatzvereinigung in der Seele ersetzen.

Die Gegensatzvereinigung ist ein archetypisches Geschehen und wird überall dort zu einem Widerfahrnis, wo zuvor Bereiche getrennt waren, wie z. B. in den vielfältigen Formen der Neurose, indem in der C. eine fruchtbare Beziehung zwischen Bewußtsein und Unbewußtem oder zwischen Ich und Selbst sowie zwischen Leib und Seele möglich wird. Mit großer Intensität und Überzeugungskraft kann die Gegensatzvereinigung einem Menschen widerfahren. Wenn sie im Bewußtsein als Aufgabe wahrgenommen wird, kann sie unbewußte Anteile «erlösen» und in die Person integrieren. Die von Jung in die Tiefenpsychologie und Psychotherapie eingeführte Idee der Conjunctio könnte auch das viel diskutierte Leib-Seele-Problem weiterführen, indem diese nicht als Gegensätze betrachtet werden, sondern in einer innigen Verbindung stehen (was die vielfältigen psychosomatischen Reaktionen zeigen). Darüber hinaus könnte das Symbol der Gegensatzvereinigung auch das Problem der Beziehungen zwischen Geist und Materie weiterführen, indem die materiellen Körper eine spirituelle Form annehmen und umgekehrt das Geistige eine materielle Gestalt annimmt, und in diesem fortwährenden Prozeß der gegenseitigen Verbindungen eine Gegensatzvereinigung geschieht.

(1) Wie gesagt, tritt das Bild der coniunctio immer an einer hervorragenden Stelle der menschlichen Geistesentwicklung auf. Die moderne Entwicklung der ärztlichen Psychologie hat durch die Beobachtung der geistigen Vorgänge in Psychosen und Neurosen zwangsläufig zu einer immer gründlicheren Erforschung jener psychischen Hintergrundsprozesse geführt, welche man gemeinhin als das *Unbewußte* bezeichnet. Es ist gerade die Psychotherapie, welche derartige Untersuchungen erfordert, denn es läßt sich schlechterdings die Tatsache nicht mehr leugnen, daß die krankhaften Störungen der Psyche sich weder ausschließlich aus körperlichen Veränderungen, noch aus Bewußtseinsvorgängen erklären lassen, sondern daß man noch einen dritten Faktor, nämlich die hypothetischen unbewußten Vorgänge zur Erklärung beiziehen muß. (GW 16, § 356)

(2) Schon die ersten Vorstöße der werdenden Psychotherapie in das Gebiet der eigentlichen Psychologie führten zur Kollision mit der der Psyche im Tiefsten eigentümlichen *Gegensatzproblematik*. Die Struktur der Psyche ist in der Tat dermaßen kontradiktorisch oder kontrapunktisch, daß es wohl keine psychologische Feststellung oder keinen allgemeinen Satz gibt, zu dem man nicht sofort auch das Gegenteil behaupten müßte.
Die Gegensatzproblematik erweist sich als der geeignetste und idealste Tummelplatz für die allerwidersprechendsten Theorien und besonders für halb oder ganz unrealisierte, weltanschauliche Präjudizien. Mit dieser Entwicklung hat die Psychotherapie ein Wespennest erster Güte aufgestört. Nehmen wir als Beispiel den sogenannten einfachen Fall einer Triebverdrängung. Wird die Verdrängung aufgehoben, so wird der Trieb freigesetzt. Ist er frei, so will er mitleben und sich in seiner Art betätigen. (GW 16, § 177 f.)

Denken Das D. im Sinne der Jungschen Typologie ist eine rationale psychologische Grundfunktion. Mit Hilfe des D. werden die Vorstellungsinhalte und Wahrnehmungen in einen begrifflichen Zusammenhang gebracht. Jung differenziert zwischen der aktiven Denktätigkeit, die zu bestimmten Willenshandlungen führt, und einem passiven Denken, das die Geschehnisse und Erfahrungen aufnimmt (1). Nach den Einstellungstypen wird ferner ein introvertierter und extravertierter Denktypus unterschieden. Zu letzterem gehören vor allem Organisatoren,

Politiker, Juristen und Wissenschaftler, die vornehmlich in der Realität und in äußeren Situationen ordnend und strukturierend wirken, indem sie z. B. Gesetze erlassen und diese anwenden. Die unzähligen subjektiven Faktoren und gefühlsmäßigen Anteile bleiben bei den extravertierten Denktypen stark im Hintergrund, was vor allem auch ein Ausdruck ihrer inferioren (minderwertigen, untergeordneten) Gefühlsfunktion ist. Gemäß der kompensatorischen Funktion bei den Einstellungstypen besteht bei den extravertierten Denktypen eine unbewußte Fühlfunktion. Diese äußert sich häufig in verdrängten und wenig differenzierten Gefühlen. Die auch bei diesen Menschen vorhandenen tiefen Gefühle können sich u. a. in mystischen Gefühlsbindungen an bestimmte Ideen oder Religionen äußern oder durch das stark ausgeprägte Denkvermögen in großer Treue und Verantwortung für eine Aufgabe oder in der Loyalität zum Staat zum Tragen kommen. Der introvertierte Denktypus dagegen ist vor allem mit der inneren Welt der Ideen oder mit bestimmten Wissenstheorien befaßt.

Allgemeiner betrachtet läßt sich das Denken im Sinne der Jungschen Typologie wie folgt beschreiben. Bei Beurteilungen und Urteilsbildungen richten sich Menschen mit einer ausgeprägten *Denk*funktion nach allgemein geltenden Grundsätzen und Gesetzen, während sich die *Fühl*typen mehr nach ihren eigenen Wertmaßstäben richten. Ferner schließen die Denker bei ihrer Urteilsbildung gerne von der allgemeinen Regel auf den speziellen Fall. Bei ihren Mitmenschen interessieren sie mehr deren Ansichten und Meinungen als deren Verhalten und Erfahrungen. Ihre Lieblingsfarbe ist meistens das Blau oder eine Farbvariante davon, während die Fühltypen vor allem das Rot lieben. Wenn sie sich eine Aufgabe gestellt oder ein bestimmtes Ziel gewählt haben, verfolgen sie diese mit Beharrlichkeit. Diese und andere Charaktereigenschaften machen sie zu verläßlichen und verantwortungsbewußten Zeitgenossen.

(1) Ich fasse das Denken als eine der vier psychologischen Grundfunktionen auf. Das Denken ist diejenige psychologische Funktion, welche, ihren eigenen Gesetzen gemäß, gegebene Vorstellungsinhalte in (begrifflichen) Zusammenhang bringt. Es ist apperzeptive Tätigkeit und als solche zu unterscheiden in *aktive* und *passive* Denktätigkeit. Das aktive Denken ist eine Willenshandlung, das passive Denken ein Geschehnis. Im ersteren Fall unterwerfe ich die Vorstellungsinhalte einem gewollten Urteilsakt, im letzteren Fall ordnen sich begriffliche Zusammenhänge an, es formen sich Urteile, welche gegebenenfalls zu meiner Absicht in Widerspruch stehen, meiner Zielrichtung nicht entsprechen und daher für mich des Gefühles der Richtung entbehren, obschon ich nachträglich zur Anerkennung ihres Gerichtetseins durch einen aktiven Apperzeptionsakt gelangen kann. Das aktive Denken würde demnach meinem Begriff des *gerichteten Denkens* entsprechen. Das passive D. ist in meiner unten zitierten Arbeit ungenügend als «Phantasieren» gekennzeichnet worden. Ich würde es heute als *intuitives* Denken bezeichnen.
Ein einfaches Aneinanderreihen von Vorstellungen, was von gewissen Psychologen als *assoziatives* D. bezeichnet wird, ist für mich kein Denken, sondern bloßes *Vorstellen.* Von D. sollte man m. E. nur da sprechen, wo es sich um die Verbindung von Vorstellungen durch einen Begriff handelt, wo also m. a. W. ein Urteilsakt vorliegt, gleichviel, ob dieser Urteilsakt unserer Absicht entspringt oder nicht.
Das Vermögen des gerichteten D. bezeichne ich als *Intellekt,* das Vermögen des passiven oder nicht gerichteten D. bezeichne ich als *intellektuelle Intuition.* Ich bezeichne ferner das gerichtete Denken, den Intellekt, als *rationale* Funktion, indem es nach der Voraussetzung der mir bewußten vernünftigen Norm die Vorstellungsinhalte unter Begriffen anordnet. Dagegen ist für mich das nichtgerichtete Denken, die intellektuelle Intuition, eine *irrationale* Funktion, indem es die Vorstellungsinhalte nach mir unbewußten und darum nicht als vernunftsgemäß erkannten Normen beurteilt und anordnet. Ich kann aber gegebenenfalls nachträglich erkennen, daß auch der intuitive Urteilsakt der Vernunft entspricht, obschon er auf einem mir irrational erscheinenden Wege zustande gekommen ist. (GW 6, § 774 ff.)

Empfinden Das E. im Sinne der Jungschen Typologie besteht in erster Linie in Sinnesempfindungen und Perzeptionen (sinnliche Wahrnehmungen) mit Hilfe der Sinnesorgane (1). Das E. findet sich in der Regel nicht in reiner Gestalt, sondern mit

Gefühlen, Gedanken und Vorstellungen vermischt. Nach den Einstellungstypen unterscheiden wir den introvertierten und extravertierten Empfindungstyp. Letzterer ist jemand, der gut beobachtet und die Details genau sieht. Dieser Typus nimmt die äußeren Objekte genau wahr und kann sich gut auf sie beziehen. Besonders Geschäftsleute, Techniker, Manager u. a. realitätsangepaßte Berufsgruppen sind unter diesem Typus zu finden. Das Ahnungsvermögen sowie das Denken und Fühlen fallen diesem Typus schwer. Die introvertierten E.-Typen nehmen die objektiven Eindrücke innerlich stark wahr. Sie sind in gewisser Weise mit einem hochempfindlichen Film zu vergleichen, der bei entsprechender Belichtung die photographierten Dinge genau abbildet. Ferner nehmen sie die Hintergründe der Ereignisse oder zukünftige Möglichkeiten gut wahr.

Allgemeiner betrachtet, läßt sich das E. wie folgt beschreiben. Die Empfinder tun gerne etwas Praktisches und Nützliches und haben es schwer, Phantasien zu entwickeln. Sie haben wenig Schwierigkeiten, Ordnung zu halten und Dinge im Arbeitsbereich oder im Privatleben zu ordnen (im Unterschied zu den Intuitiven). Wenn sie verreisen wollen, packen sie die Koffer rechtzeitig und haben wenig Probleme mit der Zeit sowie mit der Pünktlichkeit. Auch mit Terminen gehen sie genau um, und man kann sich auf sie verlassen. Ihnen entspricht es auch mehr, sich an gegebene Bedingungen anzupassen und etwas zu tun, wie man es erwartet. Ihre Ferien organisieren sie meistens nach vorgefaßten Plänen, sind dafür aber wenig spontan. Sie lesen gern aktuelle Tatsachenberichte oder wissenschaftliche Literatur und nicht so gern Dichtungen und phantasiereiche Geschichten. Wenn sie sich eine bestimmte Meinung gebildet haben, halten sie daran auch beharrlich fest. Das Neue und Unbekannte ist für sie nicht sonderlich verlockend.

(1) Die E. oder das Empfinden ist diejenige psychologische Funktion, welche einen physischen Reiz der Wahrnehmung vermittelt. E. ist daher identisch mit Perzeption. E. ist streng zu unterscheiden von *Gefühl,* indem das Gefühl ein ganz anderer Vorgang ist, der sich z. B. als «Gefühlston» der E. hinzugesellen kann. Die E. bezieht sich nicht nur auf den äußeren physischen Reiz, sondern auch auf den inneren, d. h. auf die Veränderungen der inneren Organe. Die E. ist daher in erster Linie *Sinnesempfindung,* d. h. Perzeption vermittels der Sinnesorgane und des «Körpersinnes» (kinästhetische, vasomotorische usw. E.) Sie ist einerseits ein Element des Vorstellens, indem sie dem Vorstellen das Perzeptionsbild des äußeren Objektes vermittelt, andererseits ein Element des Gefühls, indem sie durch die Perzeption der Körperveränderung dem Gefühl den Affektcharakter verleiht. Indem die E. dem Bewußtsein die Körperveränderung vermittelt, repräsentiert sie auch die physiologischen Triebe. Sie ist nicht damit identisch, indem sie eine bloß perzeptive Funktion ist.

Es ist zu unterscheiden zwischen sinnlicher oder konkreter und abstrakter E. Erstere begreift die oben besprochenen Formen unter sich. Letztere aber bezeichnet eine abgezogene, d. h. von andern psychischen Elementen gesonderte Art der E. Die konkrete E. tritt nämlich nie «rein» auf, sondern ist immer mit Vorstellungen, Gefühlen und Gedanken vermengt. Die abstrakte E. dagegen stellt eine differenzierte Art der Perzeption dar, welche als «ästhetisch» bezeichnet werden dürfte, insofern sie, ihrem eigenen Prinzip folgend, sich von allen Beimengungen von Gefühl und Gedanken sondert und sich dadurch zu einem Reinheitsgrad erhebt, welcher der konkreten E. niemals zukommt. Die konkrete E. einer Blume z. B. vermittelt nicht nur die Wahrnehmung der Blume selbst, sondern auch des Stengels, der Blätter, des Standortes usw. Sie vermengt sich auch sofort mit den durch den Anblick erregten Lust- oder Unlustgefühlen oder mit den gleichzeitig erregten Geruchsperzeptionen oder mit Gedanken, z. B. über ihre botanische Klassifikation. Die abstrakte E. dagegen erhebt sofort das hervorstechende sinnliche Merkmal der Blume, z. B. ihre leuchtend rote Farbe zum alleinigen oder hauptsächlichen Inhalt des Bewußtseins, abgesondert von allen angedeuteten Beimengungen. Die abstrakte E. eignet hauptsächlich dem Künstler. Sie ist, wie jede Abstraktion, ein Produkt der Funktionsdifferenzierung, daher nichts Ursprüngliches. Die ursprüngliche Funktionsform ist immer konkret, d. h. vermischt. Die konkrete E. ist als solche ein reaktives Phänomen. Die abstrakte E. dagegen entbehrt, wie jede Abstraktion, niemals des Willens, d. h. des Richtungselementes. Der auf Abstraktion der E. gerichtete Wille ist der Ausdruck und die Betätigung der *ästhetischen Empfindungseinstellung.* (GW 6, § 787 f.)

Energie, psychische Die ps. E. ist der Ausdruck für die Psychodynamik der Seele und die in ihr waltenden Lebensprozesse. Die Wirkungen der ps. E. erfahren wir in unseren Affekten und Begierden, in den Trieben und Wünschen sowie in allen dynamischen Lebensäußerungen und in den bewegenden Vorgängen der Träume (1). Wir können uns die ps. E. vielleicht am ehesten im Modell eines inneren Kosmos vorstellen, in dem die Komplexe als energetische Felder oder Zentren ähnlich zueinander in Beziehung stehen, wie die Planeten im Weltall.

Für Jung hat der Energiebegriff einen archetypischen Charakter und erweist sich im Erlebnisbereich wie ein Komplex mit autonomen Antrieben. Jung kann diese Phänomene auch im Modell von Energiesystemen beschreiben, die theoretisch betrachtet von unbegrenzter Auswechselbarkeit und Ablösbarkeit erscheinen können. Im psychischen System bewirkt die Energie eine dauernde Bewegtheit. In den vielfältigen seelischen Erfahrungen zeigt sich die Psyche in ihrer energetischen Gestalt (2).

Einige Verstehensmöglichkeiten für diesen schwierigen Begriff erhalten wir auch durch die Sprache, die mit «energisch» den Zusammenhang mit Energie deutlich macht. Wenn ein Mensch energisch auftritt oder für eine Sache eintritt, energisch spricht oder sich energisch durchsetzt, so verweisen diese Sprachbilder auf das mit Energie gemeinte. Unsere Sprache kennt viele energetische Worte, die etwas von der psychischen Intensität zum Ausdruck bringen. Wir sprechen vom Drang und Tatendrang, von Trieb und Getriebenheit eines Menschen. Das psychische Potential zeigt sich im Leistungsvermögen, in der Stoßkraft und den vielerlei Überzeugungen. Die Wirkungen der ps. E. erleben wir in der Ausstrahlung eines Menschen genauso wie in der Begeisterung. Die negativen Wirkungen der Energie werden erfahren in der Depression, Melancholie und mancherlei trüben Stimmungen. In allen von den nur beispielhaft genannten Wirkungen kommt eine «Lebensenergie» zum Ausdruck, der Jung den engeren Begriff der ps. E. subsumiert (3).

Ein wesentlicher Aspekt von Jungs energetischer Betrachtungsweise ist schließlich noch die finale Ausrichtung der ps. E., die den Energiefluß des Lebens, die Lebensenergie, zu den verschiedensten Zielen lenkt. Bei der Umwandlung der Triebenergien hin zu geistigen oder ideellen Zielen haben die Symbole als «Energieaustauschformatoren» eine wichtige Funktion.

(1) **Die Unterscheidung von Kraft und Energie ist begrifflich unerläßlich, denn die Energie ist eigentlich ein Begriff, der objektiv in der Erscheinung an sich nicht vorhanden, sondern immer nur in der spezifischen Erfahrungsgrundlage gegeben ist, das heißt in der Erfahrung ist die Energie immer spezifisch als Bewegung und Kraft, wenn aktuell, als Lage oder Kondition, wenn potentiell. Die psychische Energie erscheint, wenn aktuell, in den spezifischen dynamischen Seelenphänomenen wie Trieb, Wünschen, Wollen, Affekt, Aufmerksamkeit, Arbeitsleistung usw., welche eben *psychische* Kräfte sind. Wenn potentiell, erscheint die Energie in den spezifischen Errungenschaften, Möglichkeiten, Bereitschaften, Einstellungen usw., welche Konditionen sind.**

Die Unterscheidung von besonderen Energien, wie Lustenergie, Empfindungsenergie, Kontrastenergie usw., wie sie Lipps vornimmt, erscheint mir begrifflich unzulässig, denn die Spezifikationen der Energie sind eben die Kräfte und die Konditionen. Die Energie ist ein quantitativer Begriff, der die Kräfte und Konditionen subsumiert. Nur letztere sind qualitativ bestimmt, denn es sind Begriffe, die Qualitäten ausdrücken, welche durch Energie zur Wirksamkeit gebracht werden. Der Quantitätsbegriff darf nie qualitativ zu gleicher Zeit sein, sonst würde er niemals die Darstellung von Kräftebeziehungen ermöglichen, was doch seine eigentliche Bestimmung ist. (GW 8, § 26 f.)

(2) **Ich muß an dieser Stelle einem möglichen Mißverständnis vorbeugen. Ich habe nämlich keineswegs die Absicht, mich in vorliegender Abhandlung auf eine Diskussion der Streitfrage des psychophysischen Parallelismus und der Wechselwirkung einzulassen. Diese Theorien sind Spekulationen über die Möglichkeiten des Nebeneinander- oder Zusammenwirkens von Leib und Seele und betreffen eben jenen Punkt, den ich aus meiner Betrachtung fortlasse, nämlich die Frage, ob der psychische Energieprozeß neben dem**

oder im physischen Prozeß eingeschlossen bestehe. Meines Erachtens wissen wir darüber so gut wie nichts. Ich halte mit Busse die Wechselwirkung für denkbar und finde keinen Anlaß, dieser Denkbarkeit die Hypothese eines psychophysischen Parallelismus entgegenzustellen, denn es erscheint gerade dem Psychotherapeuten, dessen eigentliches Arbeitsgebiet eben in der kritischen Sphäre der Wechselwirkung von Leib und Seele liegt, als höchst wahrscheinlich, daß das Psychische und das Körperliche nicht zwei nebeneinander herlaufende Prozesse, sondern durch Wechselwirkung verknüpft sind, obschon deren eigentliche Natur sich unserer Erfahrung sozusagen noch gänzlich entzieht. Tiefgreifende Erörterungen über diese Frage sind für den Philosophen wohl unerläßlich, für eine empirische Psychologie dagegen ist die Beschränkung auf erfahrungsgemäß zugängliche Stoffe empfehlenswert. Obschon es uns bis jetzt nicht gelungen ist, den psychischen Energieprozeß in den physischen Prozeß einzuschließen, ist es auch den Gegnern einer solchen Möglichkeit nicht gelungen, den psychischen Prozeß vom physischen mit Sicherheit abzutrennen. (GW 8, § 33)

(3) Wenn wir uns auf den Boden des wissenschaftlichen commonsense stellen und uns allzu weitreichender philosophischer Betrachtungen enthalten, so tun wir wohl am besten, wenn wir den psychischen Prozeß eben einfach als einen Lebensvorgang auffassen. Damit erweitern wir den engeren Begriff einer psychischen Energie zum weiteren Begriff einer *Lebens-Energie,* welche die sogenannte psychische Energie als eine Spezifikation subsumiert. Damit gewinnen wir den Vorteil, quantitative Beziehungen über den engeren Umfang des Psychischen hinaus in biologische Funktionen überhaupt verfolgen zu können, womit wir den unzweifelhaft vorhandenen und schon längst diskutierten Beziehungen von «Seele und Leib» vorkommenden Falles gerecht werden können. (GW 8, § 31)

Entwicklung, psychische

Die psychische E. des Menschen wird in der Jungschen Psychologie im Zusammenhang der verschiedensten Begriffe und Modellvorstellungen beschrieben. Wenn wir die lebenslangen körperlichen, seelischen und geistigen E.-Möglichkeiten vor Augen haben, wird uns ansichtig, wie vielfältig und vielschichtig diese Prozesse sind. In den ersten Lebensjahren entwickelt sich aus dem völligen Verschmolzensein des Kindes mit der Mutter und der Umwelt zunehmend ein kindliches Bewußtsein. Auch wenn ein Kind anfängt, «ich» zu sagen, wird die Bewußtseinskontinuität oft durch Unbewußtheit unterbrochen. Jung nimmt an, daß die Entwicklung des Bewußtseins bei der Frau im allgemeinen mit zwanzig und bei Männern mit etwa 25 abgeschlossen ist (1). Die abgeschlossene psychische E. ermöglicht eine kontinuierliche Beziehung zwischen dem Ich (Bewußtsein) und dem Unbewußten.

Die psychische E. ist ein innerer Wachstumsprozeß, der das ganze Leben lang andauert, und kann nicht allein durch gute Absichten oder den Willen gesteuert werden. Wichtige «Entwicklungshelfer» sind die lebendigen Symbole, die eine Auflösung der psychischen Unbewußtheit und der unbewußten Identität zwischen Kind und Eltern ermöglichen, indem diese durch persönliche Objekte besetzt werden. Häufig haben diese gewählten Ersatzobjekte eine mehr oder weniger große Ähnlichkeit mit den Eltern.

Die psychischen E.-Prozesse spiegeln sich besonders eindrucksvoll in den Träumen und in den darin erscheinenden Symbolen. Ein weiterer E.-Prozeß vollzieht sich in der Entfaltung der persönlichen Typologie, indem ein Mensch sich sowohl an die äußere Realität als auch an die innere Wirklichkeit anpaßt. Mit Hilfe der vier Funktionen arbeitet der Mensch ebenfalls an seiner E., indem das Denken ein Erkennen und Urteilen ermöglicht, das Fühlen eine Bewertung erlaubt, das Empfinden die Sinneswahrnehmungen vermittelt und die Intuition als Ahnungsvermögen die verborgenen Hintergründe erspürt (2). Das Ziel der psychischen wie der typologischen E. ist die Ganzwerdung der Person.

(1) **Diese Entwicklung des Bewußtseins findet beim Kinde statt. In den frühen Lebensjahren ist zunächst fast gar kein Bewußtsein zu konstatieren, obgleich schon ganz früh die Existenz psychischer Vorgänge deutlich ist. Aber diese Vorgänge sind auf kein Ich bezogen, sie haben kein Zentrum und darum auch keine Kontinuität, ohne welche ein Bewußtsein unmöglich ist.**

Daher hat das Kind auch kein Gedächtnis in unserem Sinne, trotz der Plastizität und Eindrucksfähigkeit seines psychischen Organs. Erst wenn das Kind anfängt, «ich» zu sagen, tritt eine wahrnehmbare, aber vorderhand noch oft unterbrochene Bewußtseinskontinuität ein. Dazwischen sind noch reichlich Perioden der Unbewußtheit eingeschaltet. Man sieht beim Kinde in den ersten Lebensjahren förmlich, wie das Bewußtsein durch den allmählichen Zusammenschluß von Fragmenten zustande kommt. Dieser Prozeß kommt eigentlich durch das ganze Leben nie völlig zum Stillstand. Aber vom Alter der Nachpubertätszeit an verlangsamt er sich immer mehr, und immer seltener werden neue Teile der unbewußten Sphäre ans Bewußtsein angeschlossen. In der Periode von der Geburt bis zum Abschluß der psychischen Pubertätsepoche, die sich beim Manne in unserem Klima und bei unserer Rasse normalerweise bis zum fünfundzwanzigsten Lebensjahre ausdehnen kann, bei der Frau aber schon früher, mit neunzehn oder zwanzig, ihr Ende erreicht, in dieser Periode findet die größte und umfangreichste Entwicklung des Bewußtseins statt. Diese Entwicklung stellt feste Zusammenhänge zwischen dem Ich und bisher unbewußten psychischen Vorgängen her und scheidet daher letztere vom Unbewußten ab. Auf diese Weise taucht das Bewußtsein aus dem Unbewußten auf, wie eine neue Insel aus dem Meere. Diesen Prozeß unterstützen wir durch die Erziehung und Bildung der Kinder. (GW 17, § 103)

(2) *Der Typus ist eine Einseitigkeit der Entwicklung.* Der eine entwickelt nur seine Beziehungen nach außen und vernachlässigt sein Inneres. Der andere entwickelt sich nur nach innen und bleibt äußerlich stehen; mit der Zeit aber entsteht die Notwendigkeit für das Individuum, auch das bisher Vernachlässigte zu entwickeln. *Die Entwicklung vollzieht sich in Form der Differenzierung gewisser Funktionen.* Über diese Funktionen muß ich, wegen ihrer Wichtigkeit für das Typenproblem, einiges sagen.
Die bewußte Psyche ist eine Art Anpassungs- oder Orientierungsapparat, der aus einer Anzahl verschiedener psychischer Funktionen besteht. Als solche Grundfunktionen kann man die *Empfindung,* das *Denken,* das *Gefühl* und die *Intuition* bezeichnen. Unter dem Begriff Empfindung möchte ich alle Wahrnehmungen durch die Sinnesorgane zusammenfassen; unter Denken verstehe ich die Funktion des intellektuellen Erkennens und der logischen Schlußbildung; unter Gefühl verstehe ich eine Funktion subjektiver Werterteilung, und unter Intuition verstehe ich Wahrnehmung auf unbewußtem Wege oder Wahrnehmung unbewußter Inhalte.
Diese vier Grundfunktionen scheinen mir, soweit meine Erfahrung reicht, zu genügen, um die Mittel und Wege der bewußten Orientierung auszudrücken und darzustellen. Zu einer völligen Orientierung des Bewußtseins soll-

ten alle Funktionen gleichmäßig beitragen; das Denken sollte uns das Erkennen und Urteilen ermöglichen, das Gefühl sollte uns sagen, wie und in welchem Grade etwas für uns wichtig oder unwichtig ist, die Empfindung sollte uns durch Sehen, Hören, Tasten usw. die Wahrnehmung der konkreten Realität vermitteln, und die Intuition endlich sollte uns alle mehr oder weniger verborgenen Möglichkeiten und Hintergründe einer Situation erraten lassen, denn auch sie gehören zu einem völligen Bild des gegebenen Momentes. (GW 6, § 963 ff.)

Eros

Unter E. versteht Jung eine natürliche Eigenschaft der Psyche und definiert ihn als Beziehungsprinzip (1). E. ist überall dort am Werke, wo ein Mensch Beziehungen erlebt oder darin verstrickt wird. Wo dagegen statt Beziehungen die verschiedensten Formen von Beherrschung praktiziert werden, erscheint der verdrängte E. in Gestalt der Macht.

Nach vielfältigen Erfahrungen in der therapeutischen Praxis ist Jung zu der Annahme gelangt, daß der verdrängte und unbewußte E. sich in der Macht zeigt (2). Diese Theorie von der Wiederkehr des ungelebten E. in der Macht hat für die praktische Menschenkenntnis im persönlichen Bereich, in der Psychotherapie und den verschiedenen psychologischen Beratungsdiensten eine weitreichende Bedeutung. Jeder kennt wohl Männer und Frauen, die im Bereich der Gesellschaft, Institutionen und Politik mit großer Leidenschaft bestimmte Auffassungen oder Ideologien vertreten. Wer das Intimleben dieser Persönlichkeiten kennenlernt, stößt häufig auf eine verdrängte Erotik und unterdrückte Gefühle. Diese drücken sich dann in dem leidenschaftlichen Machtstreben aus. Ganz anders dagegen verhält es sich bei der Sublimierung der Erotik bei schöpferischen Menschen und ihrer Kreativität. Die erotische Ausstrahlung als ein wichtiger Anteil der starken Liebesgefühle eines Menschen und E. als mythologische Gestalt haben Jung in vielfältiger Weise Zeit seines Lebens beschäftigt.

E. ist ein vieldeutiger und vielschichtiger Begriff, von dem hier nur der Aspekt der psychischen Bezogenheit hervorgehoben werden soll. Im Eros zeigt sich eine unbewußte Kraft und psychische Energie, deren Intensität und Stärke anwächst, wenn sie unbewußt bleibt. Dann wird E. häufig auf bestimmte Frauen und Männer projiziert, die in mancherlei Weise ein erotisches Entgegenkommen signalisieren. Auch in vielen Liebesaffären ist E. eifrig und intensiv am Werke.

(1) Als ausgesprochener Empiriker gebrauche ich einen philosophischen Begriff nie um seiner selbst willen. Eros war für mich ein Wort, das etwas Reales und Beobachtbares bedeutet, aber sonst nichts. Als ich versuchte, den Grundzug männlicher Einstellung zu formulieren, fiel mir der Begriff Logos als passende Bezeichnung für die beobachteten Fakten ein. Und bei dem Versuch, die Grundeinstellung der Frau zu umschreiben, kam ich auf das Wort Eros. Natürlich besitzt Logos als geistiges Element die Eigenschaft des Diskriminierens, wichtigste Grundlage jedes verstandesmäßigen Urteils. Eros seinerseits ist ein Beziehungsprinzip, und da ich einen Ausdruck für Bezogenheit suchte, bot sich natürlicherweise das Wort Eros an. Diesen Ausdruck habe ich von niemandem übernommen. Er entstammt meinem Vokabular, und ich erklärte in unendlich vielen Worten, was ich darunter verstand, nämlich ein Prinzip der Bezogenheit. Ich wählte diesen Ausdruck und nicht den Ausdruck Agape, weil Bezogenheit eine natürliche Eigenschaft der menschlichen Psyche ist, nicht aber Agape. Agape ist ein sehr spezieller ethischer Begriff. Nichts dergleichen bei Eros. Aus diesem Grunde finden Sie Eros als Begriff nicht nur in der alten chinesischen Religion, sondern auch in zahlreichen primitiven Religionen.
Meine ganze Psychologie entstand aus der unmittelbaren Erfahrung mit lebendigen Menschen, und das gilt selbstverständlich auch von meiner Anwendung des Begriffes Eros. (Briefe II, S. 82)

(2) Es ist mir hinlänglich klar geworden, daß nur dort, wo das Gefälle liegt, der Pfad des Lebens weiterführt. Es gibt aber keine Energie, wo keine Gegensatzspannung besteht; daher muß der Gegensatz zur Einstellung des Bewußtseins aufgefunden werden. Es ist interessant zu sehen, wie diese Gegensatzkompensation auch in der Geschichte der Neurosentheorie ihre Rolle gespielt hat: Freuds Theorie vertritt den *Eros*, Adlers Auffassung aber die *Macht*. Der logische Gegensatz zu Liebe ist Haß oder zu Eros Phobos (die Furcht); psychologisch ist es aber der Wille zur Macht. Wo die Liebe herrscht, da gibt es keinen Machtwillen, und wo die Macht den Vorrang hat,

da fehlt die Liebe. Das eine ist der Schatten des andern. Wer auf dem Standpunkt des Eros steht, dessen kompensierender Gegensatz ist der Machtwille. Wer aber die Macht betont, dessen Kompensation ist der Eros. (GW 7, § 78)

Extraversion

Die E. ist ein Einstellungstypus, bei dem sich das Interesse vor allem auf äußere Objekte und die Realität konzentriert (1). Wenn das Bewußtsein extravertiert ist, ist das Unbewußte dazu kompensatorisch, also introvertiert. Beim introvertierten Bewußtsein verhält es sich umgekehrt. Beide Einstellungen kennzeichnen eine grundlegende psychische Haltung des Menschen und zeigen die Ausrichtung der psychischen Energie (Libido) an. Die Aufmerksamkeit des Extravertierten richtet sich vor allem auf die Objekte in der äußeren Realität und weniger auf das Subjekt. Dieser Einstellungstypus ist von Geburt an relativ festgelegt, wohingegen die vier Orientierungsfunktionen (Denken, Fühlen, Empfinden, Intuition) variabler sind. Während die anlagemäßige Einstellung in der ersten Lebenshälfte vorherrschend ist und vor allem dazu verhilft, seinen Platz im Leben zu finden, sollte in der zweiten Lebenshälfte auch der Gegentypus (also die unbewußte Introversion) entwickelt werden.

Mit einigen lebensnahen Beispielen möchte ich den extravertierten Einstellungstypus etwas näher beschreiben (2). Extravertierte sind spontan und recht temperamentvoll und sind gern mit lebhaften Menschen zusammen. Sie besitzen ein heiteres Temperament und haben gern viele freundschaftliche Beziehungen. Leicht gehen sie aus sich heraus und wenden sich aktiv dem Leben zu. Extravertierte Menschen reden gern und haben Schwierigkeiten beim Zuhören. In der Realität finden wir zumeist gemischte Ausdrucksformen der Einstellungstypen.

Die folgende Gegenüberstellung von introvertiert und extravertiert von C. A. Meier veranschaulicht einige Eigenschaften und Lebenseinstellungen dieser beiden Typen (in: Psychologie des 20. Jh., Kindler, Bd. III, 2, S. 749)

introvertiert	*extravertiert*
passiv	aktiv
zurückhaltend	entgegenkommend
kalt	warm
pessimistisch	optimistisch
Ausdauer	Mitmachen
Vorsicht	Unbekümmertheit
Sparsamkeit	Verschwendung
diskret	mitteilungsfreudig
präzis	umschweifend
tief	breit
vornehm	populär

(1) *Extraversion* heißt Auswärtswendung der *Libido*. Mit diesem Begriff bezeichne ich eine offenkundige Beziehung des Subjektes auf das Objekt im Sinne einer positiven Bewegung des subjektiven Interesses zum Objekt. Jemand, der sich in einem extravertierten Zustand befindet, denkt, fühlt und handelt in bezug auf das Objekt, und zwar in einer direkten und äußerlich deutlich wahrnehmbaren Weise, so daß kein Zweifel über seine positive Einstellung auf das Objekt bestehen kann. Die E. ist daher gewissermaßen eine Hinausverlegung des Interesses aus dem Subjekt auf das Objekt. Ist die E. intellektuell, so denkt sich das Subjekt in das Objekt ein; ist die E. gefühlsmäßig, so fühlt sich das Subjekt in das Objekt ein. Im Zustand der E. ist eine starke, wenn auch nicht ausschließliche Bedingtheit durch das Objekt vorhanden. Es ist von einer *aktiven* E. zu sprechen, wenn die E. absichtlich gewollt ist, und von einer *passiven* E., wenn das Objekt die E. erzwingt, d. h. von sich aus das Interesse des Subjekts anzieht, eventuell entgegen der Absicht des Subjektes. (GW 6, § 799)

(2) Die Gefahr des Extravertierten ist, daß er in die Objekte hineingezogen wird und sich selbst darin ganz verliert. Die daraus entstehenden funktionellen (nervösen) oder wirklichen körperlichen Störungen haben eine kompensatorische Bedeutung, denn sie zwingen das Subjekt zu einer unfreiwilligen Selbstbeschränkung. Sind die Symptome funktionell, so können sie durch

ihre eigentümliche Artung symbolisch die psychologische Situation ausdrücken, z. B. bei einem Sänger, dessen Ruhm rasch eine gefährliche Höhe erreicht, die ihn zu unverhältnismäßigen Energieausgaben verführt, versagen aus nervöser Hemmung plötzlich die hohen Töne. Bei einem Mann, der sehr rasch aus bescheidensten Anfängen zu einer sehr einflußreichen und aussichtsvollen sozialen Stellung gelangt ist, stellen sich psychogen alle Symptome der Bergkrankheit ein. Ein Mann, der im Begriffe steht, eine von ihm vergötterte und maßlos überschätzte Frau von sehr zweifelhaftem Charakter zu heiraten, wird von einem nervösen Schlundkrampf befallen, der ihn zwingt, sich auf zwei Tassen Milch pro Tag zu beschränken, deren Aufnahme je drei Stunden erfordert. Damit ist er wirksam verhindert, seine Braut zu besuchen und kann sich nur noch mit der Ernährung seines Körpers beschäftigen. Ein Mann, der der Arbeitslast seines durch eigenen Verdienst enorm ausgedehnten Geschäftes nicht mehr gewachsen ist, wird von nervösen Durstanfällen heimgesucht, infolge deren er rasch einem hysterischen Alkoholismus verfällt. (GW 6, § 633)

Fühlen Das F. im Sinn der Jungschen Typologie ist eine weitere psychologische Grundfunktion. Es ist ein subjektiver Vorgang, der von äußeren Einwirkungen und Reizen unabhängig ist, obwohl sich diese auch hinzugesellen können (1). Das Fühlen, das vor allem durch unbewußte Vorgänge bestimmt wird, erleben wir z. B. in unseren «Stimmungen», die uns positiv oder negativ bewegen. Während das Denken die Bewußtseinsinhalte und alle Erfahrungen unter Begriffen anordnet, ist das F. eine wertende Funktion, die uns vermittelt, ob etwas angenehm oder unangenehm, richtig oder falsch, gut oder böse ist. Jung weist darauf hin, daß es mit Hilfe der Begriffssprache schwer möglich ist, das Wesen des F. hinlänglich zu beschreiben (2). Der extravertierte Fühltypus ist häufig ein erfolgreicher Mensch, weil er ein gutes feeling für erfolgversprechende Dinge besitzt. Auch äußere Vorgänge und Objekte kann er adäquat und gut bewerten. Ferner kann er andere Menschen nach ihren positiven und negativen Seiten zutreffend beurteilen. Menschen von diesem Typus können sich auch gut in andere einfühlen und bestimmte Situationen richtig erspüren. Ihre inferiore und unentwickelte Seite ist das Denken, das dem Unbewußten verhaftet ist. Daher verabscheuen sie auch häufig das Denken. Dieses überkommt sie trotzdem, indem sie von negativen oder zynischen Gedanken geplagt werden. Oft werden diese negativen Gedanken auch gegen die eigene Person gewendet und erzeugen dann Minderwertigkeitsgefühle. Daher ist der extravertierte Fühltyp auch nicht gern allein, weil er dann ins Grübeln und Nachdenken käme und dabei von seinen eigenen negativen Gedanken und seinem inferioren Denken heimgesucht würde. Noch viel extremer trifft das über den extravertierten Fühltypus Gesagte auf den Introvertierten zu. Für ihn trifft das Sprichwort zu: «Stille Wasser gründen tief!» Der introvertierte Fühltypus nimmt vor allem über das Fühlen am Leben Anteil. Dabei geht von seinen ethischen und moralischen Wertmaßstäben ein positiver Einfluß auf andere Menschen aus.

Ganz allgemein läßt sich zu den Fühltypen schließlich noch folgendes sagen. Sie haben ein tiefes Gespür für die Gefühle und helfen gern bei den persönlichen Problemen ihrer Freunde. Bei den Mitmenschen interessieren sie sich in der Regel mehr für deren Verhalten und Erfahrungen als für deren Ansichten und politische Meinungen. Grundsätzlich richten sich diese wertvollen Menschen mehr nach den eigenen Wertmaßstäben, die tief in ihrem Fühlen verankert sind und zu den richtigen Entscheidungen verhelfen.

(1) Ich rechne das F. zu den vier psychologischen Grundfunktionen. Ich kann mich jener psychologischen Richtung, welche das F. als eine sekundäre, von «Vorstellungen» oder Empfindungen abhängige Erscheinung auffaßt, nicht anschließen, sondern sehe das F. mit Hoeffding, Wundt, Lehmann, Külpe, Baldwin und andern als eine selbständige Funktion sui generis an. Das Gefühl ist zunächst ein Vorgang, der zwischen dem Ich und einem gegebenen Inhalt stattfindet, und zwar ein Vorgang, welcher dem Inhalt einen bestimmten *Wert* im Sine des Annehmens oder Zurückweisens («Lust» oder «Unlust») erteilt, sodann aber auch ein Vorgang, der, abgese-

hen vom momentanen Bewußtseinsinhalt oder von momentanen Empfindungen sozusagen isoliert als «Stimmung» auftreten kann. Dieser letztere Vorgang kann sich auf frühere Bewußtseinsinhalte kausal beziehen, braucht es aber nicht notwendigerweise, indem er ebenso gut auch aus unbewußten Inhalten hervorgehen kann, wie die Psychopathologie reichlich beweist. Aber auch die Stimmung, sei sie nun allgemein oder bloß als partielles F. gegeben, bedeutet eine Bewertung, aber nicht die eines bestimmten, einzelnen Bewußtseinsinhaltes, sondern der ganzen momentanen Bewußtseinslage, und zwar wiederum im Sinne des Annehmens oder Zurückweisens. Das F. ist daher zunächst ein gänzlich *subjektiver* Vorgang, der in jeder Hinsicht vom äußeren Reiz unabhängig sein kann, obschon er sich jeder Empfindung hinzugesellt. Sogar eine «gleichgültige» Empfindung hat einen «Gefühlston», nämlich den der Gleichgültigkeit, womit wiederum eine Bewertung ausgedrückt ist. Das F. ist daher auch eine Art des *Urteilens,* das aber insofern vom intellektuellen Urteil verschieden ist, als es nicht in Absicht der Herstellung eines begrifflichen Zusammenhanges, sondern in Absicht eines zunächst subjektiven Annehmens oder Zurückweisens erfolgt. Die Bewertung durch das F. erstreckt sich auf *jeden* Bewußtseinsinhalt, von welcher Art er immer sein mag. Steigert sich die Intensität des F., so entsteht ein *Affekt,* d. h. ein Gefühlszustand mit merklichen Körperinnervationen. Das Gefühl unterscheidet sich dadurch vom Affekt, daß es keine merklichen Körperinnervationen veranlaßt, d. h. so wenig oder so viel wie ein gewöhnlicher Denkvorgang. (GW 6, § 801)

(2) Mit den obigen Definitionen ist natürlich das Wesen des F. gar nicht charakterisiert, sondern das F. ist damit nur äußerlich umschrieben. Das intellektuelle Begriffsvermögen erweist sich als unfähig, das Wesen des F. in einer begrifflichen Sprache zu formulieren, da das Denken einer dem F. inkommensurablen Kategorie angehört, wie überhaupt keine psychologische Grundfunktion sich durch eine andere völlig ausdrücken läßt. Diesem Umstand ist es zuzuschreiben, daß keine intellektuelle Definition jemals in der Lage sein wird, das Spezifische des Gefühls in einer nur einigermaßen genügenden Weise wiederzugeben. Damit, daß die Gefühle klassifiziert werden, ist für die Erfassung ihres Wesens nichts gewonnen, denn auch die genaueste Klassifikation wird immer nur jenen intellektuell faßbaren Inhalt angeben können, mit welchem verbunden Gefühle auftreten, ohne aber das Spezifische des Gefühls damit erfaßt zu haben. So viele verschiedene und intellektuell erfaßbare Inhaltsklassen es gibt, so viele Gefühle lassen sich unterscheiden, ohne daß damit aber die Gefühle selber erschöpfend klassifiziert wären, denn es gibt über alle möglichen intellektuell erfaßbaren Klassen von Inhalten hinaus noch Gefühle, welche sich einer intellektuellen Rubrizierung entziehen. (GW 6, § 804)

Ganzheit Der Begriff der G. wird zunehmend in der Tiefenpsychologie und vielen anderen Bereichen verwendet (z. B. Ganzheitsmedizin, in den verschiedenen Methoden der Meditation usw.), um ein ganzheitliches Leben zu beschreiben. In diesem Sinne spricht auch Jung von der Verwirklichung des ganzen Menschen im → Individuationsprozeß. Mit G. ist keine Vollkommenheit gemeint, sondern eine zunehmende Verselbständigung in einem oftmals mühseligen Prozeß der Auseinandersetzung mit den eigenen Schwierigkeiten und der Integration von unbewußten psychischen Inhalten. Ausdrücklich weist Jung darauf hin, daß diese grundlegenden Fragen des menschlichen Lebens weit über den ärztlichen und psychotherapeutischen Bereich hinausgehen. Der Weg zur menschlichen Ganzwerdung ist nicht eindeutig und rational zu beschreiben, sondern kann manchmal auch durch scheinbare Umwege oder Schicksalsschläge zum Ziele führen. Wesentlich für die G. ist, die verschiedenen Persönlichkeitsanteile zu verbinden und die krankmachenden Gegensätze zu überbrücken und möglichst zu versöhnen (1). Zu der Ausgewogenheit und Balance im Leben führt auch ein annäherndes Gleichgewicht von Freude und Leid. Werden seelische Leiden jeglicher Art grundsätzlich bekämpft oder verdrängt, können sie sich in Gestalt der Neurose ins Leben hineindrängen (2).

Die G. wird gefördert durch die archetypischen Bilder und Symbole, die das Bewußtsein und das Ich mit dem → Selbst verbinden. Es können besondere Kreissymbole sein oder Vierecke mit einem Zentrum, sogenannte Mandalas, oder Personen, die das ganzheitliche Leben verwirklicht haben (wie z. B. Christus oder Buddha). Zur Ganzwerdung gehört ferner, daß ein Mensch mit allen vier typologischen Orientierungsfunktionen zu leben lernt (→ Denken, Fühlen, Empfinden, Intuition) und dabei insbesondere seine verdrängten Seiten, die sogenannte minderwertige Funktion, entwickelt und integriert.

(1) Die Bemühung des Arztes sowohl wie das Suchen des Patienten zielt auf jenen verborgenen, noch nicht manifestierten «ganzen» Menschen, welcher zugleich der größere und zukünftige ist. Der richtige Weg zur Ganzheit aber besteht – leider – aus schicksalsmäßigen Um- und Irrwegen. Es ist eine «longissima via», nicht eine gerade, sondern eine gegensatzverbindende Schlangenlinie, an den wegweisenden Caduceus erinnernd, ein Pfad, dessen labyrinthische Verschlungenheit des Schreckens nicht entbehrt. Auf diesem Wege kommen jene Erfahrungen zustande, die man als «schwer zugänglich» zu bezeichnen beliebt. Ihre Unzugänglichkeit beruht darauf, daß sie kostspielig sind: Sie fordern das, was man am meisten fürchtet, nämlich die *Ganzheit*, die man zwar beständig im Munde führt, und mit der sich endlos theoretisieren läßt, die man aber in der Wirklichkeit des Lebens im größten Bogen umgeht. Unendlich viel beliebter ist die Gepflogenheit «Kompartimentspsychologie», wo die eine Schublade nicht weiß, was in der andern ist. (GW 12, § 6)

(2) Die Ganzheit und Erfüllung des Lebens erfordert ein Gleichgewicht von Leid und Freude. Weil das Leiden aber positiv unangenehm ist, so zieht man es natürlicherweise vor, nie zu ermessen, zu wieviel Angst und Sorge der Mensch geschaffen ist. Darum spricht man stets begütigenderweise von Verbesserung und größtmöglichem Glück, nicht bedenkend, daß auch das Glück vergiftet ist, wenn sich das Maß des Leides nicht erfüllt hat. So oft verbirgt sich hinter der Neurose all das natürliche und notwendige Leid, das man zu ertragen nicht gewillt ist. Am deutlichsten sieht man das an hysterischen Schmerzen, die im Heilungsprozeß vom entsprechenden seelischen Schmerz, den man vermeiden wollte, abgelöst werden. (GW 16, § 185)

Gegensätze

Die auf vielfältigen Erfahrungen beruhenden Beschreibungen von G. und ihre Integration zur Ganzwerdung der Person nehmen in der Jungschen Psychologie einen zentralen Platz ein. Es gibt kaum ein Werk von C. G. Jung, in dem er nicht ausführlich und wiederholt auf dieses Thema zu sprechen kommt. So stellt Jung z. B. das Bewußtsein und das Unbewußte als «Gegensätze» dar, die sich einerseits ergänzen und kompensieren und andererseits einander widersprechen oder sogar widerstreiten (1). Jeder Mensch mit auch nur ein wenig

Selbsterkenntnis kann in seinem persönlichen Leben derartige Gegensätze und die verursachten Spannungen feststellen. Dazu gehören insbesondere unsere unentwickelten und abgelehnten Seiten. Diese böse und dunkle Seite, die Jung den → «Schatten» nennt, sollte angenommen werden und in die Ganzheit der Person integriert werden.

Jungs Auffassung von den G. gewinnt im Hinblick auf das interdisziplinäre Gespräch zwischen den Geistes- und Naturwissenschaften zunehmend an Bedeutung. Während die einen auf dem Weg des Messens und Wägens der Materie zur Einheitswirklichkeit vordringen, gelangen die anderen beim Untersuchen von geistigen Phänomenen zu jener Dimension. Für Jung sind das Geistige wie das Materielle polare Archetypen, die sich im Bereich des Psychischen überschneiden und in den vielschichtigen Erscheinungsweisen des Psychischen (z. B. in bildhafter und psychodynamischer Gestalt) verwoben sind. Jung verweist in seinen «Theoretischen Überlegungen zum Wesen des Psychischen» (2) und an anderen Stellen auf die Erfahrungen mit elektromagnetischen Schwingungen. Das sichtbare Spektrum dieser Schwingungen würde dem seelischen Bereich entsprechen, der sich über das Infrarote hinaus in den physiologischen Bereich (Instinkte) erstreckt und schließlich über das Ultraviolette in den geistigen Bereich (→ Archetypen) übergeht. Für Jung sind Psyche und Materie zwei polare Aspekte ein und derselben Sache.

Ein wesentliches Beispiel und Bild für die Gegensatzvereinigung sind die vielfältigen Formen der Paarung. Im triebhaften Bereich geschieht dies in der Sexualität und im geistigen sowie spirituellen Bereich als «Vereinigung der Seele mit Gott», als Begegnung mit dem → Selbst oder einem kosmischen Symbol.

(1) Schon die ersten Vorstöße der werdenden Psychotherapie in das Gebiet der eigentlichen Psychologie führten zur Kollision mit der der Psyche im Tiefsten eigentümlichen *Gegensatzproblematik*. Die Struktur der Psyche ist

in der Tat dermaßen kontradiktorisch oder kontrapunktisch, daß es wohl keine psychologische Feststellung oder keinen allgemeinen Satz gibt, zu dem man nicht sofort auch das Gegenteil behaupten müßte.

Die Gegensatzproblematik erweist sich als der geeignetste und idealste Tummelplatz für die allerwidersprechendsten Theorien und besonders für halb oder ganz unrealisierte, weltanschauliche Präjudizien. Mit dieser Entwicklung hat die Psychotherapie ein Wespennest erster Güte aufgestört. Nehmen wir als Beispiel den sogenannten einfachen Fall einer Triebverdrängung. Wird die Verdrängung aufgehoben, so wird der Trieb freigesetzt. Ist er frei, so will er mitleben und sich in seiner Art betätigen. Damit wird die Situation aber peinlich, gelegentlich allzu peinlich. Der Trieb sollte daher modifiziert, d. h. «sublimiert» werden, wie man zu sagen pflegt. Wie das ohne neuerliche Verdrängung zugehen soll, weiß niemand so recht zu sagen. Schon das Wörtchen «sollte» beweist immer die Ohnmacht des Therapeuten und zugleich das Eingeständnis, daß er am Ende seiner Weisheit steht. Der schließliche Appell an die Vernunft wäre ja ganz schön, wenn der Mensch von Natur ein animal rationale wäre; er ist es aber nicht; er ist im Gegenteil mindestens ebenso unvernünftig. Daher genügt auch die Vernunft häufig nicht, um den Trieb so zu modifizieren, daß er sich der vernünftigen Ordnung fügt. Was an dieser Stelle des Problems an moralischen, ethischen, philosophischen und religiösen Konflikten zum Vorschein kommt, ist nicht auszudenken; die Praxis überbietet alle Phantasie. Jeder gewissenhafte und wahrheitsliebende Psychotherapeut weiß davon – natürlich im Stillen – ein Lied zu singen. Die ganze Zeitproblematik, die philosophischen und religiösen Fragwürdigkeiten unserer Tage werden in einem solchen Fall aufgewühlt, und wenn der Psychotherapeut oder der Patient nicht beizeiten die Flinte ins Korn wirft, so geht es dem einen oder dem andern an die Haut. Der eine wie der andere wird zu einer weltanschaulichen Auseinandersetzung mit sich selber sowohl wie mit dem Partner gezwungen. (GW 16, § 177 f.)

(2) Gegensätze sind extreme Eigenschaften eines Zustandes, vermöge welcher letzterer als wirklich wahrgenommen werden kann, denn sie bilden ein Potential. Die Psyche besteht aus Vorgängen, deren Energie dem Ausgleich verschiedenster Gegensätze entstammen kann. Der Gegensatz Geist–Trieb stellt nur eine der allgemeinsten Formulierungen dar, welche den Vorteil hat, die größte Anzahl der wichtigsten und kompliziertesten psychischen Vorgänge auf einen gemeinsamen Nenner zu bringen. Vom Standpunkt dieser Betrachtungsweise aus erscheinen die psychischen Vorgänge als energetische Ausgleiche zwischen Geist und Trieb, wobei es zunächst völlig dunkel bleibt, ob ein Vorgang als geistig oder als triebhaft bezeichnet werden kann. (GW 8, § 407)

Gegenübertragung

Mit GÜ. sind alle bewußten und unbewußten Gefühle, Empfindungen und Reaktionen des Therapeuten auf den Patienten gemeint. Nachdem bei der → Übertragung die Anteile, die der Patient auf den Therapeuten überträgt, beschrieben sind, beschränken wir uns hier um der Übersichtlichkeit willen auf die GÜ. Während in allen menschlichen Beziehungen bewußte und unbewußte Übertragungsprozesse zumeist unkontrolliert ablaufen, dient in der Analyse und Therapie die kontrollierte Wahrnehmung dieser Prozesse dazu, die unbewußten Inhalte nicht einfach weiterhin auf andere Menschen zu projizieren, sondern als eigene Persönlichkeitsanteile zu integrieren. Damit dies kontrolliert geschehen kann, muß der analytische Psychotherapeut eine lange Lehranalyse machen, um sich selber und seine Komplexe kennenzulernen (1). Während der therapeutischen Behandlung beobachtet der Therapeut daraufhin auch seine Träume, um die GÜ. zu seinem Patienten zu verstehen. Dadurch soll auch vermieden werden, daß der Therapeut seine eigenen neurotischen Anteile auf den Patienten überträgt und diesem noch mehr Schwierigkeiten bereitet. Eine besondere Berufsgefahr bei den Therapeuten ist die «psychische Infektion» durch die Neurose des Patienten, in die er verwickelt werden kann (2). Indem der Patient nicht nur seine bewußten Beziehungsschwierigkeiten bespricht, sondern auch bedrängende Inhalte des Unbewußten einfließen, werden dadurch auch im Unbewußten des Therapeuten beständig Komplexe und psychische Prozesse angeregt, die zu einer gemeinsamen Unbewußtheit führen (3) → Analyse. Bei der Vielschichtigkeit von Übertragung und GÜ. unterscheidet und beschreibt H. Dieckmann (Übertragung und Gegenübertragung, S. 117) folgende vier Ebenen:
1. die projektive Übertragung und Gegenübertragung, d. h. die Projektion von archaischen Erlebnismodellen vom Patienten auf den Analytiker und vice versa;

2. die objektive Übertragung und Gegenübertragung, worunter die Erkenntnis objektiv vorhandener Persönlichkeitsanteile am anderen verstanden werden soll;

3. die antithetische Übertragung und Gegenübertragung, worunter ein gegenseitiges Rollenspiel zu verstehen ist, das von der projektiven Übertragung und Gegenübertragung abzutrennen ist, da es ein bewußter bzw. teilbewußter Vorgang sein kann;

4. die archetypische Übertragung und Gegenübertragung, in der sich Analytiker und Patient in einem bestimmten archetypischen Feld bewegen und auf dieses reagieren.

(1) Es ist dem einsichtigen Psychotherapeuten schon lange bewußt, daß jede komplizierte Behandlung einen individuellen, *dialektischen Prozeß* darstellt, an dem der Arzt als Person so viel beteiligt ist wie der Patient. Bei einer solchen Auseinandersetzung bedeutet die Frage, ob der Arzt ebensoviel Einsicht in seine eigenen psychischen Vorgänge besitzt, als er sie vom Patienten erwartet, natürlich sehr viel, und zwar besonders in Hinsicht auf den sog. *Rapport,* das heißt das Vertrauensverhältnis, von dem in letzter Linie der therapeutische Erfolg abhängt. Denn gegebenenfalls kann der Patient seine eigene innere Sicherheit nur aus der Sicherheit seiner Beziehung zur menschlichen Person des Arztes gewinnen. Mit der ärztlichen Autorität ist bei leichtgläubigen Leuten etwas durchzusetzen. Für kritische Augen aber ist sie im allgemeinen zu fadenscheinig. Aus diesem Grunde hat ja auch der Vorgänger des Arztes als psychologischer Therapeut, der Priester nämlich, seine Autorität wenigstens beim gebildeten Publikum in hohem Maße eingebüßt. Schwere Fälle bedeuten daher für den Patienten sowohl wie für den Arzt nichts weniger als eine menschliche Bewährungsprobe. Dafür soll letzterer so gut wie möglich durch eine ernsthafte Lehranalyse ausgerüstet werden. Sie ist gewiß kein ideales und absolut sicheres Mittel, um Illusionen und Projektionen zu verhindern. Sie kann aber dem angehenden Psychotherapeuten wenigstens die Notwendigkeit der Selbstkritik demonstrieren und eine gewisse Bereitschaft dazu unterstützen. Keine Analyse wäre je imstande, alle Unbewußtheiten auf immer aufzuheben. Man hat unendlich zu lernen und sollte nie vergessen, daß jeder neue Fall neue Probleme aufwirft und damit Anlaß zu bisher nie konstellierten unbewußten Voraussetzungen gibt. Man könnte ohne allzuviel Übertreibung sagen, daß jede tiefergreifende Behandlung etwa zur Hälfte in der Selbstprüfung des Arztes besteht, denn nur, was er in sich selber richtig

stellt, kann er auch beim Patienten in Ordnung bringen. Es ist kein Irrtum, wenn er sich vom Patienten betroffen und getroffen fühlt: Nur im Maße seiner eigenen Verwundung vermag er zu heilen. Nichts anderes als eben das will das griechische Mythologem vom verwundeten Arzt besagen. (GW 16, § 239)

(2) Ich würde mich einer Unterlassungssünde schuldig machen, wenn meine Ausführungen den Eindruck erwecken sollten, daß die spezielle Therapie nichts anderes erforderte als ein großes Wissen. Ebenso wichtig ist auch die moralische Differenzierung der ärztlichen Persönlichkeit. Chirurgie und Geburtshilfe wissen es schon lange, daß es nicht genügt, bloß den Patienten zu waschen, der Arzt selber soll reine Hände haben. Ein Psychotherapeut aber, der selber neurotisch ist, wird unfehlbar seine eigene Neurose am Patienten behandeln. Therapie, abgesehen von der Beschaffenheit der ärztlichen Persönlichkeit, ist allenfalls noch denkbar im Gebiet der rationalen Techniken, im Gebiet eines dialektischen Verfahrens hingegen wird sie zur Undenkbarkeit, denn dort muß der Arzt aus seiner Anonymität heraustreten und Rechenschaft von sich selber geben, genau das, was er von seinem Patienten verlangt. Ich weiß nicht, welches die größere Schwierigkeit ist, sich ein großes Wissen zuzulegen oder auf seine professionelle Autorität und Anonymität verzichten zu können. Auf alle Fälle bedeutet die letztere Notwendigkeit eine moralische Belastungsprobe, welche den Beruf des Psychotherapeuten nicht gerade beneidenswert macht. Beim Laienpublikum stößt man nicht selten auf das Vorurteil, Psychotherapie sei das Allerleichteste und Billigste und bestehe nur in der Kunst, einem etwas weiszumachen oder den Leuten das Geld aus der Tasche zu locken. In Wirklichkeit aber handelt es sich um einen schwierigen und nicht ungefährlichen Beruf. Wie der Arzt überhaupt Infektionen und andern Berufsgefahren ausgesetzt ist, so riskiert der Psychotherapeut psychische Infektionen, die nicht minder bedrohlich sind. So ist er einerseits vielfach in Gefahr, in die Neurosen seiner Patienten verwickelt zu werden, andererseits muß er sich persönlich dermaßen gegen den Einfluß seiner Patienten abschirmen, daß er sich der therapeutischen Wirkung beraubt. Zwischen dieser Skylla und Charybdis liegt das Risiko, aber auch der heilende Effekt. (GW 16, § 23)

(3) Dadurch, daß der Arzt mit bereitwilligem Verständnis sich der seelischen Not annimmt, exponiert er sich den bedrängenden Inhalten des Unbewußten und setzt sich damit auch deren Induktionswirkung aus. Der Fall fängt an, «ihn zu beschäftigen». Wiederum läßt sich dies leicht und billig aus persönlicher Zu- oder Abneigung herleiten. Dabei bleibt unbemerkt, daß ignotum per ignotius erklärt wird. In Wirklichkeit werden diese persönlichen Gefühle – sollten sie überhaupt in maßgeblicher Weise vorhanden

sein – regiert von jenen aktivierten unbewußten Inhalten. Es ist eine unbewußte Verbindung eingetreten, welche in der Phantasie des Patienten nun alle jene Formen und Dimensionen annimmt, von denen die Fachliteratur reichlich Kunde gibt. Damit, daß der Patient einen aktivierten Inhalt des Unbewußten an den Arzt heranbringt, wird durch Induktionswirkung, die stets von Projektionen in mehr oder minderem Maße ausgeht, auch bei diesem das entsprechende unbewußte Material konstelliert. Damit befinden sich Arzt und Patient in einer auf gemeinsamer Unbewußtheit beruhenden Beziehung. (GW 16, § 364)

Gottesbild

Anders als die Theologen und viele Christen spricht Jung nicht von Gott, sondern vom GB. und will damit deutlich machen, daß alles, was von Gott gesagt wird, eine menschliche Redeweise und psychologische Aussage sei. «Das Bild, das wir von Gott haben oder uns machen, ist doch nie losgelöst vom Menschen», entgegnete er auf eine Kritik von Martin Buber (1). Indem wir uns im tiefenpsychologischen Bereich mit dem GB. befassen, setzen wir uns mit Bildern, Vorstellungen und Projektionen der Menschen auseinander und nicht mit «Gott».

Zu den vielgestaltigen Aspekten des GB. gehört alles, was die Menschen durch ihren Glauben und ihre Vorstellungen mit Gott verbinden, alles was jemandem heilig ist und ihn «unbedingt angeht» (P. Tillich). Neben den theologischen und kollektiven Vorstellungen über Gott wird das persönliche GB. vor allem durch die religiöse Erziehung der Eltern, die kirchliche Unterweisung und Verkündigung geprägt. Auf diesen Wegen und durch zahlreiche andere Erfahrungen können ganzheitliche und hilfreiche GBer vermittelt werden, die das Glaubensleben und das seelische Erleben fördern. Zum anderen können durch neurotische Menschen auch neurotisierte GBer vermittelt werden, die angstmachend wirken und lebensfeindlich sind.

Da das persönliche GB. eines Menschen häufig durch die

verschiedensten Positionen, wie negativen Erfahrungen, geprägt ist, kann es nicht so klar und geläutert erscheinen wie die offiziell anerkannten Glaubensvorstellungen der Kirchen. Während die anerkannten kirchlichen Symbole und Gottesbilder meistens über mehrere Generationen hin reflektiert und durchdacht wurden, werden die individuellen Gottesbilder meistens spontan in den Träumen geboren und aus der Seele hervorgebracht. Sie bilden wichtige Bausteine und das grundlegende Material für das persönliche Gottesbild eines Menschen und sind darüber hinaus auch wichtige Mosaiksteine für das kollektive Gottesbild der Kirche.

Jung weist darauf hin, daß das GB. nach der tiefenpsychologischen Deutung eine Spiegelung des → Selbst ist und dieses wiederum mit der Ebenbildlichkeit des Menschen mit Gott in Beziehung steht (2). Während die Theologie mehr den qualitativen Abstand zwischen Gott und dem Menschen betont, zeigt Jung mehr die Beziehungen zwischen beiden auf und ermöglicht damit die Gotteserfahrung, nach der besonders in der Gegenwart viele suchende Menschen fragen. Für Jung ist der Zusammenhang zwischen dem GB. und der → Quaternität ein wichtiges Thema (3). Unter letzterem versteht er alle Symbole mit einer vierteiligen Gestalt. Für das Streben des Menschen nach Ganzwerdung und Heilung sind quaternare Symbole und Systeme von grundlegender Bedeutung. Auch in den Träumen heutiger Menschen zeigt sich diese quaternare Symbolik. Daher ergänzte und erweiterte Jung die christliche Trinität zur Quaternität.

Ein besonderes Problem stellt nach Jung die «Dunkelseite» und der archetypische Schatten im GB. dar. Damit greift er eine bis heute ungelöste Fragestellung auf, die viele Theologen, insbesondere auch Martin Luther, als «verborgenen und zornigen Gott» beschrieben haben. Für ein ganzheitliches Menschen- und Gottesbild ist es Jung wichtig, daß das Dunkel auch im GB. einen Ort hat, weil sonst der Mensch daran zerbrechen würde.

(1) (Buber kann) nicht begreifen, inwiefern ein «autonomer seelischer In-halt», wie das Gottesbild, dem Ich gegenüberzutreten vermag, und daß einer derartigen Beziehung nichts an Lebendigkeit mangelt. Es ist gewiß nicht die Aufgabe einer Erfahrungswissenschaft, festzustellen, inwiefern ein solcher seelischer Inhalt vom Dasein einer metaphysischen Gottheit bewirkt und bestimmt ist. Das ist Sache der Theologie, der Offenbarung und des Glaubens. Mein Kritiker scheint sich nicht bewußt zu sein, daß er, wenn er selber von Gott spricht, zunächst aus seinem Bewußtsein und sodann aus seiner unbewußten Voraussetzung aussagt. Von welchem metaphysischen Gott er spricht, weiß ich nicht; ist er ein orthodoxer Jude, so spricht er von der Gotthcit, welche ihre im Jahre 1 erfolgte Inkarnation noch nicht offen-bart hat. Ist er ein Christ, so weiß er um die Menschwerdung, von der Jahwe noch nichts vermuten läßt. Ich zweifle nicht an seiner Überzeugung, in lebendiger Beziehung zu einem göttlichen Du zu stehen, bin aber nach wie vor der Meinung, daß diese Beziehung zunächst zu einem autonomen seeli-schen Inhalt geht, welcher von ihm so und vom Papst anders definiert wird. Dabei erlaube ich mir nicht das geringste Urteil darüber, ob oder inwiefern es einem metaphyischen Gott gefallen hat, sich dem gläubigen Juden als derjenige vor der Menschwerdung, den Kirchenvätern als der nachherige Dreieinige, den Protestanten als der alleinige Erlöser ohne und dem jetzi-gen Papst als mit einer Corredemptrix zu offenbaren. [...] Es ist merkwürdig, daß er an meiner Behauptung, Gott könne nicht losge-löst vom Menschen existieren, Anstoß nimmt und sie für eine transzendente Aussage hält. Ich sage doch ausdrücklich, daß alles, schlechthin alles, was von «Gott» ausgesagt wird, menschliche Aussage, d. h. psychisch sei. Das Bild, das wir von Gott haben oder uns machen, ist doch nie «losgelöst vom Menschen». Kann mir Buber angeben, wo Gott sein eigenes Bild, losgelöst vom Menschen, gemacht hat? Wie kann etwas Derartiges konstatiert wer-den und von wem? (GW 18/II, § 1507 f.)

(2) Daß die Gottheit auf uns wirkt, können wir nur mittels der Psyche feststellen, wobei wir aber nicht zu unterscheiden vermögen, ob diese Wir-kungen von Gott oder vom Unbewußten kommen, das heißt, es kann nicht ausgemacht werden, ob die Gottheit und das Unbewußte zwei verschiedene Größen seien ... Das Gottesbild koinzidiert, genau gesprochen, nicht mit dem Unbewußten schlechthin, sondern mit einem besonderen Inhalt dessel-ben, nämlich mit dem Archetypus des Selbst. Dieser ist es, von dem wir empirisch das Gottesbild nicht mehr zu trennen vermögen. Man kann zwar arbiträr eine Verschiedenheit dieser beiden Größen postulieren. Das nützt uns aber gar nichts, im Gegenteil hilft es nur dazu, Mensch und Gott zu trennen, wodurch die Menschwerdung Gottes verhindert wird. Gewiß hat der Glaube recht, wenn er dem Menschen die Unermeßlichkeit und Uner-

reichbarkeit Gottes vor Augen und zu Gemüte führt; aber er lehrt auch die Nähe, ja Unmittelbarkeit Gottes, und es ist gerade die Nähe, die empirisch sein muß, soll sie nicht völlig bedeutungslos sein. **Nur das, was auf mich wirkt, erkenne ich als wirklich. Was aber nicht auf mich wirkt, kann ebensogut nicht existieren.** Das religiöse Bedürfnis verlangt nach Ganzheit und ergreift darum die vom Unbewußten dargebotenen Ganzheitsbilder, die, unabhängig vom Bewußtsein, aus den Tiefen der seelischen Natur aufsteigen. (GW 11, § 757)

(3) Man kann nun den Gottesbildaspekt der Quaternität als eine Spiegelung des Selbst erklären oder umgekehrt, das Selbst als imago Dei im Menschen. Beides ist psychologisch wahr, da das Selbst, insofern es subjektiv nur als intimste und äußerste Vereinzelung wahrgenommen werden kann, einer Allheit als Hintergrund bedarf, ohne welche es sich als absolut Einzelnes gar nicht realisieren könnte. Genau genommen müßte man das Selbst als den äußersten Gegensatz zu Gott auffassen. Jedoch müßte man mit Angelus Silesius sagen: «Er kann ohne mich, ich ohne Ihn nicht sein.» Trotzdem also das empirische Symbol zwei diametral entgegengesetzte Deutungen erfordert, kann weder die eine noch die andere als gültig bewiesen werden. Das Symbol meint beides und ist daher ein Paradox. Es ist hier nicht der Ort, des näheren zu zeigen, was für eine Rolle diese numerischen Symbole praktisch spielen. Ich muß meinen Leser dafür auf das Traummaterial in *Psychologie und Alchemie*, 1. Teil, verweisen. (GW 11, § 282)

Heilung

Obwohl der Begriff der H. nicht genuin jungianisch ist, habe ich ihn hier aufgenommen, weil Jung zum tieferen Verständnis von Therapie und H. Wesentliches zu sagen hat. Für den psychischen Heilungsprozeß ist sowohl die vertrauensvolle Beziehung zwischen Patient und Therapeut (→ Übertragung) von grundlegender Bedeutung als auch ein transpersonelles Geschehen, in dem ein gehemmter und neurotischer Mensch wieder Anschluß an seine Wurzeln findet und die heilenden Kräfte der archetypischen Bilder erfährt. Durch den Beistand des Therapeuten, dessen Einfühlung und seine Deutungen, wird es dem Patienten möglich, sich mit seinen angsterregenden Gefühlen und seinen traumatischen Komplexen auseinanderzusetzen, indem er sie wieder belebt und deren Psychodynamik ordnet (1). In diesem vielschichtigen Prozeß darf der Therapeut nicht seine Heilungsabsichten und Überzeugungen dem Patienten aufzwingen, sondern muß dessen Entwicklungsmöglichkeiten beachten und akzeptieren. Im Gesundungs- und Heilungsprozeß verhelfen die archetypischen Bilder und mythologischen Vorstellungen dazu, «das Innerste des Menschen in Schwingung zu versetzen», um die heilenden Kräfte aus der seelischen Tiefe zu integrieren (2). Wichtig für die psychische Ganzwerdung ist, daß die genannten Lebensenergien nicht nur wahrgenommen und angenommen werden, sondern auch zur fundamentalen Änderung des Lebens führen (3). Wenn der Patient nach langem Bemühen den verborgenen Sinn eines neurotischen Symptoms findet und realisiert, wird dieses oft hinfällig und sinnlos. Für den Gesundungsprozeß sind auch die Bilder, Symbole und die mythischen Vorstellungen wichtig, weil diese mit der seelischen Tiefe verbinden und damit eine neue Orientierung ermöglichen.

(1) **Wäre die Heilwirkung einzig von der Wiederholung des Erlebnisses abhängig, so könnte das Abreagieren vom Patienten ganz allein, sozusagen als eine Übung, ausgeführt werden. Er würde kein menschliches Gegenüber brauchen, das ihm seinen Affekt abnähme. Das Eingreifen des Arztes ist aber absolut notwendig, und es ist ohne weiteres ersichtlich, was es dem Patienten bedeutet, wenn er sein Erlebnis einem mitfühlenden und verständnisvollen Arzt anvertrauen kann. Sein Bewußtsein findet im Arzt eine moralische Stütze gegen den sonst nicht zu bewältigenden Affekt seines traumatischen Komplexes. Er steht nicht länger allein im Kampf gegen diese elementaren Mächte, sondern ein Mensch, dem er Vertrauen entgegenbringt, steht ihm zur Seite und verleiht ihm dadurch die moralische Kraft, deren er bedarf, um die Tyrannei der unkontrollierbaren Emotionen zu bekämpfen. Auf diese Weise wird sein Bewußtsein gestärkt, bis er den Komplex zu integrieren vermag und der Affekt schließlich wieder beherrscht werden kann. (GW 16, § 270)**

(2) **Es scheint nun, als ob der Gesundungsprozeß diese Kräfte zu seinen Zwecken mobilisierte. Die mythischen Vorstellungen nämlich mit ihrer eigentümlichen Symbolik greifen in die Tiefe der menschlichen Seele, in**

historische Untergründe, wohin unsere Vernunft, der Wille und die gute Absicht nie gelangen, denn sie stammen auch aus jenen Tiefen und sprechen eine Sprache, welche unsere heutige Vernunft zwar nicht versteht, die aber sozusagen das Innerste des Menschen in Schwingung versetzt. Was uns also zunächst als Regression erschrecken könnte, ist vielmehr ein «reculer pour mieux sauter», eine Sammlung und Integration der Kräfte, welche im Laufe der Entwicklung eine neue Ordnung bewirken.

Neurose auf dieser Stufe ist ein durchaus seelisches Leiden, dem mit den gewöhnlichen rationalen Methoden nicht beizukommen ist. Es gibt darum nicht wenige Psychotherapeuten, die in letzter Linie, d. h. wenn alle Stricke reißen, zu einer der bekannten Religionen oder vielmehr Konfessionen ihre Zuflucht nehmen. Es liegt mir fern, diese Bestrebungen ins Lächerliche zu ziehen. Ich muß vielmehr hervorheben, daß ihnen ein sehr richtiger Instinkt zugrunde liegt, enthalten doch die heutigen Religionen noch die lebendigen Reste eines mythischen Zeitalters. (GW 16, § 19)

(3) Für das objektive Verständnis seiner Krankheit und für das Schaffen einer menschlichen Beziehung ist Wissen notwendig – und zwar nicht nur rein medizinisches Wissen, das ein begrenztes Gebiet betrifft, sondern eine umfassende Kenntnis aller Aspekte der menschlichen Seele. Die Behandlung muß mehr erreichen als nur die Auflösung der alten krankhaften Einstellung; sie muß zu einer neuen Einstellung führen, die gesund und lebensfähig ist. Dazu ist oft eine fundamentale Änderung der Lebensauffassung notwendig. Der Patient soll nicht nur fähig sein, Ursache und Ursprung seiner Neurose zu erkennen, er muß auch das Ziel sehen, dem er zustrebt. Das Krankhafte kann nicht einfach wie ein Fremdkörper beseitigt werden, ohne daß man Gefahr läuft, zugleich etwas Wesentliches, das auch leben sollte, zu zerstören. Unsere Aufgabe besteht nicht darin, es zu vernichten, sondern wir sollten vielmehr das, was wachsen will, hegen und pflegen, bis es schließlich seine Rolle in der Ganzheit der Seele spielen kann. (GW 16, § 293).

Ich (Ich-Komplex)

Das Ich bzw. der Ich-K. ist als Zentrum des Bewußtseins nur ein Ausschnitt und ein Teil der Gesamtpersönlichkeit. «Der Ich-K. ist ein Inhalt des Bewußtseins sowohl wie eine Bedingung des Bewußtseins, denn bewußt ist mir ein psychisches Element, insofern es auf den Ich-K. bezogen ist» (1). Jung spricht von einem Ich-K., um

die Vielzahl von seelischen Elementen und Funktionen anzu-
deuten, die in diesem Teilkomplex der Gesamtpersönlichkeit
enthalten sind. Während das Selbst das Ganze des menschlichen Wesens und der Seele umfaßt, ist das Ich ein verbindender Faktor des Bewußtseins, indem es Erinnerungsbilder und
die Sinnesfunktionen koordiniert und steuert (2). Das Ich ist
zuständig für die Aufrechterhaltung der Persönlichkeit und
deren Kontinuität sowie für die persönliche Identität. Mit
dem Ich geschieht auch die Realitätsprüfung um uns und in
uns. Im Ich-Komplex nehmen wir die Gegensätze und Spannungen zwischen dem Bewußtsein und dem Unbewußten
wahr. Das Ich versucht fortwährend die unbewußten Inhalte
zu assimilieren und in die Erfahrungsmöglichkeiten des Bewußtseins zu übersetzen. Ferner ist das Ich ein verbindender
Faktor und Mittler zum → «Schatten» und zu den Seelenbildern wie Anima und Animus. Wenn das Ich mit dem Selbst
gleichgesetzt wird und in einer ursprünglichen und unbewußten Identität mit demselben verhaftet bleibt, kommt es zu
einer Inflation des Bewußtseins und zu Anpassungsschwierig-
keiten in der Realität. Daher sollte nach Jung das Ich stets in
einer kompensatorischen (sich ergänzenden) Funktion zum
Selbst stehen. Mit zunehmender Selbsterkenntnis können
sich auch die Selbstregulierungsprozesse der Gesamtpsyche
durchsetzen. Dadurch werden die Beziehungsmöglichkeiten
zu den Mitmenschen und zur Welt verbessert, weil der einzelne nicht mehr von seinen unbewußten Komplexen und
Motivationen gesteuert wird.

(1) Unter «Ich» verstehe ich einen Komplex von Vorstellungen, der mir das
Zentrum meines Bewußtseinsfeldes ausmacht und mir von hoher Kontinui-
tät und Identität mit sich selber zu sein scheint. Ich spreche daher auch von
Ich-Komplex. Der Ich-Komplex ist ein Inhalt des Bewußtseins sowohl wie
eine Bedingung des *Bewußtseins,* denn bewußt ist mir ein psychisches
Element, insofern es auf den Ich-Komplex bezogen ist. Insofern aber das Ich
nur das Zentrum meines Bewußtseinsfeldes ist, ist es nicht identisch mit dem
Ganzen meiner Psyche, sondern bloß ein Komplex unter andern Komple-

xen. Ich unterscheide daher zwischen *Ich* und *Selbst,* insofern das Ich nur das Subjekt meines Bewußtseins, das Selbst aber das Subjekt meiner gesamten, also auch der unbewußten Psyche ist. In diesem Sinne wäre das Selbst eine (ideelle) Größe, die das Ich in sich begreift. (GW 6, § 810)

(2) Das Bewußtsein dürfte damit als Beziehung zum Ich genügend verständlich sein. Der kritische Punkt aber ist das Ich. Was sollen wir unter dem Ich verstehen? Offenbar handelt es sich bei aller Einheit des Ich um eine höchst mannigfaltig zusammengesetzte Größe. Es beruht auf den Abbildern der Sinnesfunktionen, welche Reize von innen und außen vermitteln, und es beruht des ferneren auf einer ungeheuren Ansammlung von Bildern vergangener Vorgänge. Alle diese überaus verschiedenen Bestandteile bedürfen eines starken Zusammenhaltes, als welchen wir eben das Bewußtsein erkannt haben. Das Bewußtsein scheint damit die unerläßliche Vorbedingung des Ich zu sein. [...] Durch diese Auffassung des Ich als einer Zusammensetzung von seelischen Elementen werden wir logisch zu der Frage geführt: ist das Ich das zentrale Bild, der ausschließliche Vertreter des ganzen menschlichen Wesens? Hat es alle Inhalte und Funktionen auf sich bezogen und in sich ausgedrückt? Diese Frage müssen wir verneinen. Das Ichbewußtsein ist ein Komplex, der nicht das Ganze des menschlichen Wesens umfaßt: es hat vor allem unendlich mehr vergessen, als es weiß. Es hat unendlich vieles gehört und gesehen und ist sich dessen nie bewußt geworden. Gedanken wachsen jenseits seines Bewußtseins, ja sie stehen schon fix und fertig bereit, und es weiß nichts davon. Von der unglaublich wichtigen Regulierung der inneren Körpervorgänge, welcher das sympathische Nervensystem dient, hat das Ich kaum eine dämmerhafte Ahnung. Was das Ich in sich begreift, ist vielleicht der kleinste Teil von dem, was ein vollständiges Bewußtsein in sich begreifen müßte. (GW 8, § 611 ff.)

Identifikation Die I. ist ein fortwährender unbewußter psychischer Prozeß, in dem sich ein Individuum Eigenschaften und Persönlichkeitsanteile von anderen aneignet. Durch diesen Vorgang entwickelt und konstituiert sich nicht nur der heranwachsende Mensch, sondern auch jede erwachsene Person bei der Entfaltung und Differenzierung der eigenen Persönlichkeit. In der I. «verkleidet» sich ein Subjekt eine Zeitlang mit bestimmten Objekten und versucht so zu werden, wie diese zu sein scheinen. Die I. ist für jeden Menschen ein notwendiges Durchgangsstadium auf dem Wege der → Individuation. Meist geschieht die I. mit den Schattenanteilen des anderen und/oder mit einem Elternteil (1).

Im Zusammenhang mit den vier Orientierungsfunktionen (Denken, Fühlen, Empfinden, Intuition) verweist Jung darauf, daß von der Hauptfunktion des Menschen ein prägender Einfluß ausgeht und damit eine typische Disposition der Persönlichkeit bewirkt wird. Diese wiederum wird häufig verstärkt durch eine Identifizierung mit einer ganz bestimmten Berufsrolle, indem z. B. der Denktyp im Bereich der Geisteswissenschaften arbeitet, was zwangsläufig zu bestimmten Einseitigkeiten führt (und damit die Fühlfunktion vernachlässigt oder gar unterdrückt). Ähnlich geht es den naturwissenschaftlich orientierten Menschen mit ihrer gut entwickelten Empfindungsfunktion, was häufig zu einer Vernachlässigung der Intuition und des bildhaften Denkens führt. Weitere Schwierigkeiten ergeben sich für das Individuum z. B. durch die I. des Ich mit dem Selbst. So eine Person wird ein aufgeblasenes Größen-Ich entwickeln und durch die Imbalance zwischen Ich und Selbst einer psychischen Störung erliegen.

(1) *Identifikation*. Unter I. ist ein psychologischer Vorgang verstanden, bei dem die Persönlichkeit teilweise oder total von sich selbst *dissimiliert* wird. I. ist eine Entfremdung des Subjektes von sich selbst zugunsten eines Objektes, in das sich das Subjekt gewissermaßen verkleidet. I. mit dem Vater z. B. bedeutet praktisch eine Adoption der Art und Weise des Vaters, wie wenn der Sohn dem Vater gleich wäre und nicht eine vom Vater verschiedene Individualität. I. unterscheidet sich von *Imitation* dadurch, daß die I. eine *unbewußte Imitation* ist, während Imitation ein bewußtes Nachahmen ist. Die Imitation ist ein unerläßliches Hilfsmittel für die sich noch entwickelnde jugendliche Persönlichkeit. Sie wirkt fördernd, solange sie nicht als Mittel bloßer Bequemlichkeit dient und damit die Entwicklung einer passenden individuellen Methode verhindert. Ebenso kann die I. fördernd sein, solange der individuelle Weg noch nicht gangbar ist. Eröffnet sich aber eine bessere individuelle Möglichkeit, so beweist die I. ihren pathologischen Charakter dadurch, daß sie nunmehr ebenso hinderlich ist, wie sie vorher unbewußt tragend und fördernd war. Sie wirkt dann dissoziierend, indem

das Subjekt durch sie in zwei einander fremde Persönlichkeitsteile zerspalten wird.

Die I. bezieht sich nicht immer auf Personen, sondern auch auf Sachen (z. B. auf eine geistige Bewegung, ein Geschäft usw.) und auf psychologische Funktionen. Letzterer Fall ist sogar besonders wichtig. In diesem Fall führt die I. zur Ausbildung eines sekundären Charakters und zwar dadurch, daß sich das Individuum mit seiner am besten entwickelten Funktion dermaßen identifiziert, daß es sich von seiner ursprünglichen Charakteranlage zum großen Teil oder gänzlich entfernt, wodurch seine eigentliche Individualität dem Unbewußten verfällt. Dieser Fall bildet fast die Regel bei allen Menschen mit einer differenzierten Funktion. Er ist sogar ein notwendiger Durchgangspunkt auf dem Wege der Individuation überhaupt. Die I. mit den Eltern oder den nächsten Familienangehörigen ist zum Teil eine normale Erscheinung, insofern sie zusammenfällt mit der a priori bestehenden *familiären Identität*. In diesem Fall empfiehlt es sich, nicht von I. zu reden, sondern, wie es der Sachlage entspricht, von Identität. Die I. mit den Familienangehörigen unterscheidet sich nämlich dadurch von der Identität, daß sie keine a priori gegebene Tatsache ist, sondern erst sekundär entsteht durch folgenden Prozeß: das aus der ursprünglichen familiären Identität sich herausentwickelnde Individuum stößt in seinem Anpassungs- und Entwicklungsprozeß auf ein nicht ohne weiteres zu bewältigendes Hindernis; infolgedessen entsteht eine Libidostauung, welche allmählich einen regressiven Ausweg sucht. Durch die Regression werden frühere Zustände wiederbelebt, u. a. die familiäre Identität. Diese regressiv wiederbelebte, eigentlich schon fast überwundene Identität ist die I. mit den Familienangehörigen. Alle I. mit Personen erfolgen auf diesem Wege. Die I. verfolgt immer den Zweck, auf die Art und Weise des andern einen Vorteil zu erreichen oder ein Hindernis zu beseitigen oder eine Aufgabe zu lösen. (GW 6, § 819 f.)

Identität Im Unterschied zu dem allgemeinen Verständnis von I. in dem Sinne, daß jemand seine persönliche Gleichung und Balance im Leben gefunden hat, versteht Jung darunter ein unbewußtes Phänomen als eine Ununterschiedenheit des Subjektes von anderen Objekten (1). Im Unterschied zu dem Prozeß des Identifizierens oder dem Sich-Vergleichen mit anderen meint I. ein Gleichsein. Dieses gibt es in positven wie in negativen Ausprägungen, indem alle sozialen und idealen Einstellungen darauf beruhen, wie auch alle psychopathologischen Vorgänge (z. B. paranoischer Beziehungswahn oder Massenhysterien). Dieser Begriff ist besonders wichtig im Bereich der Entwicklungspsychologie, um z. B. die unbewußte I. des Kindes mit dem Unbewußten seiner Eltern begreifen zu können. Da sich das Kind noch nicht von den Eltern unterscheiden kann, nimmt es häufig die unbewußten sowie verdrängten Konflikte der Eltern wahr und stellt diese in seinen Symptomen und Schwierigkeiten dar. Infolge der unbewußten I. und des Gleichseins werden Kinder in ungerechtfertigter Weise zu Symptomträgern der Eltern und Beziehungspersonen. In seiner Modellvorstellung des Kollektiven Unbewußten geht Jung auch auf die «Ahnenreihe» und die Kollektivseele ein, die ebenfalls grundlegende Wirkfaktoren in der unbewußten I. sind.

(1) *Identität.* Von I. spreche ich im Falle eines psychologischen Gleichseins. Die I. ist immer ein unbewußtes Phänomen, denn ein bewußtes Gleichsein würde immer schon das Bewußtsein zweier Dinge, die einander gleich sind, mithin also eine Trennung von Subjekt und Objekt voraussetzen, wodurch das Phänomen der I. bereits aufgehoben wäre. Die psychologische I. setzt ihr Unbewußtsein voraus. Sie ist ein Charakteristikum der primitiven Mentalität und die eigentliche Grundlage der «participation mystique», welche nämlich nichts anderes ist, als ein Überbleibsel der uranfänglichen psychischen Ununterschiedenheit von Subjekt und Objekt, also des primordialen unbewußten Zustandes; sodann ist sie ein Charakteristikum des früh-infantilen Geisteszustandes, und schließlich ist sie auch ein Charakteristikum des Unbewußten beim erwachsenen Kulturmenschen, das, insofern es nicht zum Bewußtseinsinhalt geworden ist, dauernd im Zustand der I. mit den Objekten verharrt. Auf der I. mit den Eltern beruht die *Identifikation* mit den Eltern; ebenso beruht auf ihr die Möglichkeit der *Projektion* und der *Introjektion.*
Die I. ist in erster Linie ein unbewußtes Gleichsein mit den Objekten. Sie ist *keine Gleichsetzung,* keine Identifikation, sondern ein apriorisches Gleichsein, das überhaupt nie Gegenstand des Bewußtseins war. Auf der I. beruht das naive Vorurteil, daß die Psychologie des einen gleich sei der des andern, daß überall dieselben Motive gälten, daß, was mir angenehm ist, selbstverständlich für den andern auch ein Vergnügen sei, daß, was für mich unmora-

lisch ist, für den andern auch unmoralisch sein müsse usw. Auf I. beruht auch das allgemein verbreitete Streben, am andern das verbessern zu wollen, was man bei sich selber ändern sollte. Auf I. beruht ferner die Möglichkeit der Suggestion und der psychischen Ansteckung. Besonders klar tritt die I. hervor in pathologischen Fällen, z. B. im paranoischen Beziehungswahn, wo beim andern selbstverständlich der eigene subjektive Inhalt vorausgesetzt wird. Die I. ist aber auch die Möglichkeit eines bewußten Kollektivismus, einer bewußten sozialen Einstellung, die im Ideal der christlichen Nächstenliebe ihren höchsten Ausdruck gefunden hat. (GW 6, § 821 f.)

Imagination, aktive

Die aktive I. ist eine wichtige therapeutische Methode der Jungschen Psychologie, mit deren Hilfe seelische Stimmungen und andere Inhalte des Unbewußten bearbeitet werden. Im Unterschied zum Träumen, das dem Menschen widerfährt, setzt sich das Ich bei der I. aktiv mit den inneren Bildern und Phantasien auseinander. Mit bewußter Einbildungskraft kann ein unbefriedigender Traum ins Bild übersetzt und weitergestaltet werden, indem er gemalt, erzählt oder aufgeschrieben wird. Diese Methode eignet sich besonders dazu, Affekten und anderen beängstigenden Gefühlen in Bildern Ausdrucksmöglichkeiten zu geben. Nach den beigefügten Zitaten kann sich der Leser selber ein Bild darüber machen, wie Jung im Jahre 1913 diese Methode entdeckte. Wir erfahren dabei auch, welche Ängste und Widerstände überwunden werden mußten, um sich dieser aktiven Auseinandersetzung mit dem Unbewußten zu stellen (1). Die aktive I. kann auch in Form von Briefeschreiben geschehen. Jung machte dabei die Erfahrung, daß das Niederschreiben oftmals noch hilfreicher ist als das bloße Erzählen. In der I. werden die Inhalte des Unbewußten personifiziert und mit ihnen wird so umgegangen, als wären es reale Gestalten (2). Es ist wichtig, die Bilder nicht nur vor sich erscheinen zu lassen, sondern die Botschaft auch zu verstehen und die Inhalte rational einzuordnen und Konsequenzen daraus zu ziehen (3). Schließlich noch ein Hinweis auf die Eigenschaften der bildnerischen Gestalten, die in der Regel keine künstlerischen Ausdrucksformen sein können und wollen: Sie gleichen oftmals eher archaischen Bildern und haben einen primitiven symbolischen Charakter, weil sie aus tieferen Schichten des Unbewußten stammen.

(1) Um die Phantasien, die mich unterirdisch bewegten, zu fassen, mußte ich mich sozusagen in sie hinunterfallen lassen. Dagegen empfand ich nicht nur Widerstände, sondern ich fühlte auch ausgesprochene Angst. Ich fürchtete, meine Selbstkontrolle zu verlieren und eine Beute des Unbewußten zu werden, und was das heißt, war mir als Psychiater nur allzu klar. Ich mußte jedoch wagen, mich dieser Bilder zu bemächtigen. Ein wichtiges Motiv bei diesen Erwägungen bildete der Umstand, daß ich von meinen Patienten nichts erwarten konnte, was ich selber nicht zu tun wagte. Die Ausrede, daß neben dem Patienten ein Helfer stünde, wollte nicht verfangen. Ich wußte, daß der sogenannte Helfer, das heißt ich, die Materie noch nicht aus eigener Anschauung kannte, sondern daß ich höchstens einige theoretische Vorurteile von zweifelhaftem Wert darüber besaß. Der Gedanke, daß ich die abenteuerliche Unternehmung, in die ich mich verstrickte, schließlich nicht für mich persönlich, sondern auch für meine Patienten wagte, hat mir in mehreren kritischen Phasen mächtig geholfen. (Erinnerungen, S. 182)

(2) Ich schrieb sozusagen an einen Teil meiner selbst, der einen anderen Standpunkt vertrat als mein Bewußtsein – und erhielt überraschende und ungewöhnliche Antworten. Ich kam mir vor wie ein Patient in Analyse bei einem weiblichen Geist! Jeden Abend machte ich mich an meine Aufzeichnungen; denn ich dachte: Wenn ich der Anima nicht schreibe, kann sie meine Phantasien nicht fassen. – Es gab aber noch einen anderen Grund für meine Gewissenhaftigkeit: das Geschriebene konnte die Anima nicht verdrehen, sie konnte keine Intrigen daraus spinnen. In dieser Beziehung macht es einen gewaltigen Unterschied, ob man lediglich im Sinn hat, etwas zu erzählen, oder ob man es wirklich niederschreibt. In meinen «Briefen» versuchte ich, so ehrlich wie möglich zu sein, der alten griechischen Weisung folgend: «Gib weg von dir, was du besitzest, und du wirst empfangen.» [...] Worauf es vor allem ankommt, ist die Unterscheidung zwischen dem Bewußtsein und den Inhalten des Unbewußten. Diese muß man sozusagen isolieren, und das geschieht am leichtesten, indem man sie personifiziert und dann vom Bewußtsein her einen Kontakt mit ihnen herstellt. Nur so kann man ihnen die Macht entziehen, die sie sonst auf das Bewußtsein ausüben. Da die Inhalte des Unbewußten einen gewissen Grad von Autonomie

besitzen, bietet diese Technik keine besonderen Schwierigkeiten. Etwas ganz anderes ist es, sich überhaupt mit der Tatsache der Autonomie unbewußter Inhalte zu befreunden. Und doch liegt gerade hierin die Möglichkeit, mit dem Unbewußten umzugehen. (Erinnerungen, S. 189f.)

(3) Ich verwende große Sorgfalt darauf, jedes einzelne Bild, jeden Inhalt zu verstehen, ihn – soweit dies möglich ist – rational einzuordnen und vor allem im Leben zu realisieren. Das ist es, was man meistens versäumt. Man läßt die Bilder aufsteigen und wundert sich vielleicht über sie, aber dabei läßt man es bewenden. Man gibt sich nicht die Mühe zu verstehen, geschweige denn die ethischen Konsequenzen zu ziehen. Damit beschwört man die negativen Wirkungen des Unbewußten herauf.
Auch wer die Bilder einigermaßen versteht, jedoch glaubt, es sei mit dem Wissen getan, erliegt einem gefährlichen Irrtum. Denn wer seine Erkenntnis nicht als eine ethische Verpflichtung anschaut, verfällt dem Machtprinzip. Es können daraus destruktive Wirkungen entstehen, die nicht nur andere zerstören, sondern auch den Wissenden selber. Mit den Bildern des Unbewußten ist dem Menschen eine schwere Verantwortung auferlegt. Das Nichtverstehen sowie der Mangel an ethischer Verpflichtung berauben die Existenz ihrer Ganzheit und verleihen manchem individuellen Leben den peinlichen Charakter der Fragmenthaftigkeit. (Erinnerungen, S. 196)

Individuation Die I. ist ein psychischer Reifungs- und Wandlungsprozeß, dem in der Jungschen Psychologie große Beachtung geschenkt wird. Häufig wird die I. auch mit den Begriffen der Selbstverwirklichung und Ganzwerdung der Person beschrieben. Von der Vielzahl der Aspekte der I. sei zunächst der Differenzierungsprozeß genannt, «der die Entwicklung der individuellen Persönlichkeit zum Ziele hat» (1). Damit aufs engste verbunden ist das Herauswachsen der Individualität aus den Kollektivnormen und aus den kollektiven psychischen Strukturen. Dieser individuelle Weg führt nicht in einen Gegensatz zur Kollektivnorm, sondern es kommt nur dann zu Konflikten, wenn individuelle Normen zur Allgemeingültigkeit erklärt werden (2).
Für Jung ist die I. ein psychischer Naturvorgang und ein

Modell für seine Behandlungsmethode. Zu den einzelnen Etappen des I.weges gehört die Auseinandersetzung mit dem → «Schatten» sowie die Beziehung zu den Seelenbildern von → Anima und Animus und schließlich die Begegnung mit dem → Selbst als dem Zentrum der ganzen Person. Zur I. verhilft auch der rechte Umgang mit den eigenen vier Orientierungsfunktionen (Denken, Fühlen, Empfinden und Intuition), insbesondere der Ausgleich zwischen der Hauptfunktion und der minderwertigen Funktion sowie die Entwicklung von letzterer. Zur I. und Selbstwerdung gehört schließlich auch die Auseinandersetzung mit allen unbewußten und überpersönlichen «seelischen Dominanten».

(1) *Individuation.* Der Begriff der I. spielt in unserer Psychologie keine geringe Rolle. Die I. ist allgemein der Vorgang der Bildung und Besonderung von Einzelwesen, speziell die Entwicklung des psychologischen Individuums als eines vom Allgemeinen, von der Kollektivpsychologie unterschiedenen Wesens. Die I. ist daher ein *Differenzierungsprozeß,* der die Entwicklung der individuellen Persönlichkeit zum Ziele hat. Die Notwendigkeit der I. ist insofern eine natürliche, als eine Verhinderung der I. durch überwiegende oder gar ausschließliche Normierung an Kollektivmaßstäben eine Beeinträchtigung der individuellen Lebenstätigkeit bedeutet. Die Individualität ist aber schon physisch und physiologisch gegeben und drückt sich dementsprechend auch psychologisch aus. Eine wesentliche Behinderung der Individualität bedeutet daher eine künstliche Verkrüppelung. Es ist ohne weiteres klar, daß eine soziale Gruppe, die aus verkrüppelten Individuen besteht, keine gesunde und auf die Dauer lebensfähige Institution sein kann; denn nur diejenige Sozietät, welche ihren inneren Zusammenhang und ihre Kollektivwerte bei größtmöglicher Freiheit des Einzelnen bewahren kann, hat eine Anwartschaft auf dauerhafte Lebendigkeit. Da das Individuum nicht nur Einzelwesen ist, sondern auch kollektive Beziehung zu seiner Existenz voraussetzt, so führt auch der Prozeß der I. nicht in die *Vereinzelung,* sondern in einen intensiveren und allgemeineren Kollektivzusammenhang. (GW 6, § 825).

(2) Die I. befindet sich immer mehr oder weniger im Gegensatz zur Kollektivnorm, denn sie ist Abscheidung und Differenzierung vom Allgemeinen und Herausbildung des Besonderen, jedoch nicht einer *gesuchten* Besonderheit, sondern einer Besonderheit, die a priori schon in der Anlage begründet ist. Der Gegensatz zur Kollektivnorm ist aber nur ein scheinba-

rer, indem bei genauerer Betrachtung der individuelle Standpunkt *nicht* *gegensätzlich* zur Kollektivnorm, sondern nur *anders* orientiert ist. Der individuelle Weg kann auch gar nicht eigentlich ein Gegensatz zur Kollektivnorm sein, weil der Gegensatz zu letzterer nur eine entgegengesetzte *Norm* sein könnte. Der individuelle Weg ist aber eben niemals eine Norm. Eine Norm entsteht aus der Gesamtheit individueller Wege und hat nur dann eine Existenzberechtigung und eine lebenfördernde Wirkung, wenn individuelle Wege, die sich von Zeit zu Zeit an einer Norm orientieren wollen, überhaupt vorhanden sind. Eine Norm dient zu nichts, wenn sie absolute Geltung hat. Ein wirklicher Konflikt mit der Kollektivnorm entsteht nur dann, wenn ein individueller Weg zur Norm erhoben wird, was die eigentliche Absicht des extremen Individualismus ist. Diese Absicht ist natürlich pathologisch und durchaus lebenswidrig. Sie hat demgemäß nichts mit I. zu tun, welch letztere zwar den individuellen Nebenweg einschlägt, eben deshalb aber auch die Norm braucht zur Orientierung der Gesellschaft gegenüber und zur Herstellung des lebensnotwendigen Zusammenhanges der Individuen in der Sozietät. Die I. führt daher zu einer natürlichen Wertschätzung der Kollektivnormen, während einer ausschließlich kollektiven Lebensorientierung die Norm in zunehmendem Maße überflüssig wird, wodurch die eigentliche Moralität zugrunde geht. *Je stärker die kollektive Normierung des Menschen, desto größer ist seine individuelle Immoralität.* Die I. fällt zusammen mit der Entwicklung des Bewußtseins aus dem ursprünglichen *Identitätszustand* (s. *Identität*). Die I. bedeutet daher eine Erweiterung der Sphäre des Bewußtseins und des bewußten psychologischen Lebens. (GW 6, § 828)

Inflation Von einer I. im analytischen Sinne ist dann die Rede, wenn das Ich die ihm gesetzten Begrenzungen überschreitet und zu weit in den Bereich des Selbst vordringt. Durch die Identifikation mit dem Kollektiven Unbewußten ereignet sich eine Invasion von archetypischen Inhalten in das Ich. Im religiösen Sprachgebrauch heißt dies, daß die Menschen sein wollen wie Gott. In einer solchen Hybris wird die notwendige Unterscheidung zwischen Ich und Gottesbild aufgehoben, und es kommt zur Inflation des Ich. Daher warnt Jung, daß es für das Ich gefährlich ist, sich mit dem Selbst bzw. dem Gottesbild zu identifizieren (I).

Die psychischen Zustände der I. kommen z. B. zum Ausdruck im Größenwahn und extremen Gefühlen von Einzigartigkeit und Erwähltsein. Doch auch die gegenteiligen Gefühle von übertriebenem Unwert und tiefster Minderwertigkeit können zur I. gehören. Ferner findet sich die I. in den verschiedensten Formen der Depression und der Manie.

(1) **Ein aufgeblasenes Bewußtsein ist immer egozentrisch und nur seiner eigenen Gegenwart bewußt. Es ist unfähig, aus der Vergangenheit zu lernen, unfähig, das gegenwärtige Geschehen zu begreifen, und unfähig, richtige Schlüsse auf die Zukunft zu ziehen. Es ist von sich selber hypnotisiert und läßt darum auch nicht mit sich reden. Es ist daher auf Katastrophen angewiesen, die es nötigenfalls totschlagen. Inflation ist paradoxerweise ein Unbewußtwerden des Bewußtseins. Dieser Fall tritt ein, wenn letzteres sich an Inhalten des Unbewußten übernimmt und die Unterscheidungsfähigkeit, diese conditio sine qua non aller Bewußtheit, verliert. Als das Schicksal Europa während vier Jahren einen Krieg von grandioser Scheußlichkeit vorspielte, einen Krieg, den niemand wollte, da fragte sich sozusagen keiner, wer denn eigentlich den Krieg und dessen Fortsetzung verursache. Niemand gab sich Rechenschaft darüber, daß der europäische Mensch von etwas besessen war, das ihm jede freie Willensentscheidung raubte. Dieser besessene und unbewußte Zustand geht unentwegt weiter, bis es dem Europäer einmal «vor seiner Gottähnlichkeit bange» wird. (GW 12, § 563)**

Initialtraum

Unter einem IT. wird allgemein jener T. verstanden, der beim Eintritt in eine neue Lebenssituation oder beim Neubeginn verschiedenster Art geträumt wird (z. B. zu Beginn des Berufes oder Studiums, in der Hochzeitsnacht, Lebensmitte usw.). Im speziellen Sinne jedoch betrachten wir hier den IT. als den Anfangstraum zu Beginn der analytischen Arbeit in der Therapie. Jung selber und die nach seiner Methode arbeitenden Therapeuten haben den Begriff nicht eindeutig festgelegt oder auf einen einzigen T. begrenzt. Das Besondere und Wesentliche dieses IT.s im Unterschied zu den anderen T.en ist, daß hierin die verursachenden Faktoren für die neurotische Erkrankung oder eine schwierige Lebenssituation zum

Ausdruck kommen. Daher hat der IT. für die Diagnostik eine wichtige Bedeutung, weil er die unbewußten und verborgenen Beweggründe für die Schwierigkeiten erkennen läßt. Jung zeigt diese Bedeutung des IT. an dem beigefügten Beispiel auf, das nach seinen eigenen Worten auch ohne besonderes Wissen in der Traumdeutung aus sich selber heraus verständlich ist (1).

Neben dem diagnostischen Aspekt scheint in vielen IT.en auch eine prognostische Dimension auf, indem die Traumbilder die künftigen Entwicklungsmöglichkeiten des Träumers erkennen lassen (2). Ähnlich wie die initiativen Erfahrungen in ursprünglichen Kulturen oder in religiösen Riten und Symbolen (z. B. Taufe, Erstkommunion, Konfirmation usw.) den Betreffenden in eine wichtige Lebens- oder Glaubenserfahrung einführen, so lassen die IT.e grundlegende Erfahrungen aufscheinen und leiten damit zukünftige Entwicklungsmöglichkeiten ein.

(1) Träume, namentlich Initialträume, d. h. solche aus dem unmittelbaren Beginn der Behandlung, heben nicht selten den ätiologisch wesentlichen Faktor unmißverständlich ans Licht. Folgendes Beispiel diene zur Illustration des Gesagten:
Ein Mann in führender Stellung konsultiert mich. Er leidet an Ängstlichkeit, Unsicherheit, Schwindel, gelegentlich bis zum Erbrechen, Benommenheit des Kopfes, Atembeklemmung; ein Zustand, welcher der Bergkrankheit zum Verwechseln ähnlich sieht. Der Patient hat eine außerordentlich erfolgreiche Karriere hinter sich. Er begann sein Leben als strebsamer Sohn eines armen Bauern und stieg durch großen Fleiß und gute Begabung von Stufe zu Stufe bis zu einer führenden Stellung, welche für einen noch weiteren sozialen Aufstieg ungemein aussichtsreich war. In der Tat hatte er nunmehr das eigentliche Sprungbrett erreicht, von dem er den Flug ins Weite hätte antreten können, wenn nicht plötzlich seine Neurose dazwischen getreten wäre. Der Patient konnte nicht umhin, an dieser Stelle jene nur allzu bekannte Phrase auszusprechen, welche mit den stereotypen Worten beginnt: «Und gerade jetzt, wo...» usw. Die Symptomatologie der Bergkrankheit scheint besonders geeignet zu sein, die eigentümliche Situation des Patienten drastisch darzustellen. Der Patient hatte auch gleich zwei Träume der letzten Nacht zur Konsultation mitgebracht. Der erste Traum

lautet: «*Ich bin wieder in dem kleinen Dorf, wo ich geboren wurde. Auf der Straße stehen einige Bauernjungen zusammen, die mit mir zur Schule gegangen sind. Ich tue so, als ob ich sie nicht kenne und gehe an ihnen vorüber. Da höre ich, wie einer von ihnen sagt, auf mich deutend:* ‹*Der kommt auch nicht oft in unser Dorf zurück*›.»

Es bedarf keiner Deutungsakrobatik, um in diesem Traum den Hinweis auf den bescheidenen Ausgangspunkt seiner Karriere zu erkennen und zu verstehen, was diese Andeutung besagen will. Sie meint offenbar: «Du vergißt, wie tief unten Du begonnen hast.» (GW 16, § 296 ff.)

(2) Der zweite Traum lautet: «*Ich bin in größter Hast, da ich verreisen will. Ich suche noch mein Gepäck zusammen, finde nichts. Die Zeit eilt, der Zug wird bald abfahren. Endlich gelingt es mir, meine Siebensachen zusammenzukriegen, ich eile auf die Straße, entdecke, daß ich eine Mappe mit wichtigen Schriftstücken vergessen habe, eile atemlos zurück, finde sie endlich, renne dann zum Bahnhof, komme aber kaum vorwärts. Endlich, mit letzter Anstrengung, stürze ich auf den Bahnsteig, um zu sehen, wie der Zug eben aus der Halle hinausfährt. Er fährt in einer merkwürdigen S-förmigen Kurve, ist sehr lang und ich denke, wenn der Lokomotivführer nun nicht aufpaßt und Volldampf gibt, sobald er die gerade Strecke erreicht, dann sind die hinteren Wagen aus dem Geleise geworfen. Tatsächlich gibt der Lokomotivführer Volldampf, ich versuche zu schreien, die hinteren Wagen schwanken entsetzlich und werden nun wirklich aus dem Geleise geworfen. Es ist eine furchtbare Katastrophe. Ich erwache mit Angst.*»

Auch hier kostet es keine Mühe, die Darstellung des Traumes zu verstehen. Der Traum schildert zunächst die vergebliche nervöse Hast, doch noch weiter zu kommen. Da der Lokomotivführer vorne aber doch rücksichtslos vorwärts fährt, entsteht hinten die Neurose, das Schwanken und die Entgleisung. Der Patient hat offenbar im gegenwärtigen Abschnitt seines Lebens seinen Höhepunkt erreicht, niedere Herkunft und die Mühe des langen Aufstiegs haben seine Kräfte erschöpft. Er sollte sich mit dem Erreichten begnügen, statt dessen treibt ihn sein Ehrgeiz weiter, höher hinauf in eine für ihn zu dünne Luft, an die er nicht angepaßt ist. Deshalb erreicht ihn die warnende Neurose. (GW 16, § 299 ff.)

Integration
Die psychische Ig. dient der Herstellung der personalen Ganzwerdung, indem die abgespaltenen Persönlichkeitsanteile in die Person eingefügt werden. Die Ig. ist ein wesentlicher Schritt auf dem Weg der Individuation und der Selbstverwirk-

lichung. Wenn die verschiedenen Teilaspekte der Person unverbunden existieren, kann es zu einer Dissoziation (Trennung und krankhafte Spaltung) der Persönlichkeit kommen. Die Ig.sfähigkeit ist Ausdruck eines gesunden und normalen Ich. Besonders bei der Therapie der Neurosen ist die Ig. der abgespaltenen und verdrängten Inhalte ein wichtiger Vorgang (1).

In Jungs Schriften ist der Begriff der Ig. in folgenden zwei Bereichen von grundlegender Bedeutung. Zum einen bei der Auseinandersetzung mit dem → «Schatten» und zum anderen bei den vielschichtigen Interaktionen zwischen dem Bewußtsein und dem Unbewußten. Häufig spricht Jung von der Ig. des Schattens als der Dunkelseite der Persönlichkeit. Während viele Menschen ihren Schatten auf andere projizieren oder auf die «Gesellschaft», führt eine Neurose am ehesten dazu, sich um die Ig. jener Kräfte zu bemühen. Darüber hinaus bezeichnet Jung die Ig. unbewußter Inhalte als die «Hauptoperation» seiner komplexen Psychologie (2).

(1) **Die Konfrontation mit dem Archetypus oder dem Trieb bedeutet ein** *ethisches Problem* **erster Ordnung, dessen Dringlichkeit allerdings nur der zu spüren bekommt, welcher sich vor die Notwendigkeit gestellt sieht, sich über die Assimilation des Unbewußten und die Integration seiner Persönlichkeit zu entscheiden. Diese Not befällt allerdings nur den, der einsieht, daß er eine Neurose hat, oder daß es mit seiner seelischen Beschaffenheit sonst nicht zum besten steht. Das ist gewiß nicht die Mehrzahl. Wer in etwas überwiegendem Maße Massenmensch ist, sieht prinzipiell nichts ein, braucht auch gar nichts einzusehen, denn der einzige, der wirklich Fehler begehen kann, ist der große Anonymus, konventionell als «Staat» oder «Gesellschaft» bezeichnet. Derjenige aber, der weiß, daß etwas von ihm abhängt oder wenigstens abhängen sollte, fühlt sich für seine seelische Beschaffenheit verantwortlich und dies umso mehr, je klarer er sieht, wie er sein müßte, um gesünder, stabiler und tauglicher zu werden. Befindet er sich gar auf dem Wege zur Assimilation des Unbewußten, so kann er sicher sein, keiner Schwierigkeit zu entgehen, welche unerläßliche Komponente seiner Natur ist. Der Massenmensch dagegen hat das Vorrecht, an seinen großen politischen und sozialen Katastrophen, in die alle Welt verwickelt wird, jeweils völlig unschuldig zu sein. Seine Schlußbilanz fällt dementsprechend**

aus, während der andere die Möglichkeit hat, einen geistigen Standort zu finden, ein Reich, das «nicht von dieser Welt» ist. (GW 8, § 410)

(2) Die Integration unbewußter Inhalte ins Bewußtsein, welche die Hauptoperation der komplexen Psychologie darstellt, bedeutet insofern eine prinzipielle Änderung, als sie die Alleinherrschaft des subjektiven Ichbewußtseins beseitigt und ihm unbewußte kollektive Inhalte gegenüberstellt. Das Ichbewußtsein erscheint als von zwei Faktoren abhängig: erstens von den Bedingungen des kollektiven, respektive sozialen Bewußtseins, und zweitens von den unbewußten kollektiven Dominanten, respektive Archetypen. Letztere zerfallen phänomenologisch in zwei Kategorien, einerseits in die Trieb- und andererseits in die archetypische Sphäre. Erstere repräsentiert die natürlichen Antriebe, letztere jene Dominanten, die als allgemeine Ideen ins Bewußtsein treten. Zwischen den Inhalten des kollektiven Bewußtseins, die sich als allgemein anerkannte Wahrheiten präsentieren, und denen des kollektiven Unbewußten besteht ein Gegensatz, welcher dermaßen ausgeprägt ist, daß letztere als völlig irrational, ja als sinnlos verworfen und, in allerdings sehr ungerechtfertigter Weise, von der wissenschaftlichen Untersuchung und Betrachtung ausgeschlossen werden, gerade wie wenn sie überhaupt nicht existierten. Psychische Phänomene dieser Art existieren aber, und wenn sie uns als unsinnig erscheinen, so beweist das nur, daß wir sie nicht verstehen. Wenn ihre Existenz einmal erkannt ist, so können sie aus dem Weltbild nicht mehr verbannt werden, auch wenn die das Bewußtsein beherrschende Weltanschauung sich als unfähig erweist, die in Frage stehenden Phänomene zu erfassen. Eine gewissenhafte Untersuchung dieser Erscheinungen zeigt deren ungemeine Bedeutung und kann sich darum der Erkenntnis nicht entziehen, daß zwischen dem kollektiven Bewußtsein und dem kollektiven Unbewußten ein beinahe unüberbrückbarer Gegensatz besteht, in welchen das Subjekt sich hineingestellt sieht. (GW 8, § 423)

Introversion

Die I. ist ein Einstellungstypus, bei dem sich das Interesse vor allem auf innerseelische Vorgänge richtet. Wenn das Bewußtsein eines Menschen introvertiert ausgerichtet und geprägt ist, ist das Unbewußte dazu kompensatorisch, also extravertiert. Beide Einstellungen kennzeichnen eine grundlegende psychologische Haltung des Menschen und zeigen die Ausrichtung der psychischen Energie (Libido) an. Alle Aufmerksamkeit und die Beziehungen des Introvertierten richten sich weniger auf die Objekte in der äußeren Realität, sondern mehr auf das Subjekt und seine Subjektivität (1). Der Einstellungstypus ist von Geburt an relativ festgelegt, wohingegen die vier Orientierungsfunktionen variabler sind. Während die anlagemäßige Einstellung in der ersten Lebenshälfte vorherrschend ist und dazu verhilft, seinen Platz im Leben zu finden, sollte in der zweiten Lebenshälfte auch der Gegentypus (als die unbewußte Extraversion) entwickelt werden.

An einigen lebensnahen Beispielen und Erfahrungen sei der introvertierte Einstellungstypus näher gekennzeichnet (2). Introvertierte sind Menschen von einem ernsten Temperament und gerne mit nachdenklichen Leuten zusammen. Sie sind zu Hause und in Gesellschaft eher still, zurückhaltend und hören lieber zu, anstatt selber zu reden. Sie können sich schriftlich besser ausdrücken als mündlich. Sie neigen mehr zu einer betrachtenden Einstellung, als das Leben aktiver zu gestalten. In der Praxis des Lebens findet sich kaum eine reine und eindeutige Ausprägung dieses Typus, sondern zumeist gemischte Einstellungstypen.

(1) *Introversion.* I. heißt Einwärtswendung der *Libido.* Damit ist eine negative Beziehung des Subjektes zum Objekt ausgedrückt. Das Interesse bewegt sich nicht zum Objekt, sondern zieht sich davor zurück auf das Subjekt. Jemand, der introvertiert eingestellt ist, denkt, fühlt und handelt in einer Art und Weise, die deutlich erkennen läßt, daß das Subjekt in erster Linie motivierend ist, während dem Objekt höchstens ein sekundärer Wert zukommt. Die I. kann einen mehr intellektuellen oder mehr gefühlsmäßigen Charakter haben, ebenso kann sie durch Intuition oder durch Empfindung gekennzeichnet sein. Die I. ist *aktiv,* wenn das Subjekt eine gewisse Abschließung gegenüber dem Objekt *will, passiv,* wenn das Subjekt nicht imstande ist, die vom Objekt zurückströmende Libido wieder auf das Objekt zurückzubringen. Ist die I. habituell, so spricht man von einem *introvertierten Typus.* (GW 6, § 833)

(2) Die *Introversion* dagegen, welche sich nicht dem Objekt, sondern dem Subjekt zuwendet und sich eben gerade nicht am Objekt orientiert, ist nicht ohne weiteres durchschaubar. Der Introvertierte kommt nämlich nicht entgegen, sondern ist wie auf einem ständigen Rückzug vor dem Objekt begriffen. Er ist dem äußeren Vorgang gegenüber verschlossen, tut nicht mit, hat eine ausgesprochene Gemeinschaftsunlust, sobald er sich unter zu vielen Menschen befindet. In größeren Versammlungen fühlt er sich einsam und verloren. Je mehr auf ihn eindringt, desto größer wird sein Widerstand dagegen. Er liebt das «Dabeisein» keineswegs, ebensowenig enthusiastisches Mittun und Nachahmung. Was er tut, wird er auf seine Art tun, indem er äußere Beeinflussung weitgehend ausschaltet. Sein Auftreten neigt zur Ungeschicklichkeit, er erscheint deshalb oft gehemmt, und es passiert ihm häufig, daß er durch eine gewisse schroffe oder verdrossene Unzugänglichkeit oder durch eine unzeitgemäße Bedenklichkeit die Leute vor den Kopf stößt. Seine besseren Eigenschaften behält er in erster Linie für sich, und nicht allzuselten tut er alles, um sie zu verheimlichen. Er ist leicht mißtrauisch, eigensinnig, leidet oft an Minderwertigkeitsgefühlen und ist aus diesem Grunde auch neidisch. Seine Ängstlichkeit gegenüber dem Objekt beruht nicht etwa auf Furchtsamkeit, sondern darauf, daß es ihm negativ, aufdrängerisch, überwältigend oder sogar bedrohlich erscheint. Er vermutet daher gerne schlechte Motive, hat eine ewige Angst, er könnte sich lächerlich machen, ist in der Regel persönlich sehr empfindlich und umgibt sich daher mit einer Stacheldrahthecke, die oft so dicht und undurchdringlich ist, daß er selber lieber alles andere täte als dahinter sitzen. Er wendet gegenüber der Welt ein ausgedehntes Sicherungssystem an, das aus Skrupulosität, Pedanterie, Sparsamkeit, Sorgfältigkeit, ängstlicher Gewissenhaftigkeit, Vorsicht, peinlicher Korrektheit, Höflichkeit und einem immer wachen Mißtrauen besteht. Sein Weltbild ermangelt der rosigen Töne, denn er ist kritisch und findet in jeder Suppe ein Haar. Unter normalen Umständen ist er pessimistisch und besorgt, denn Welt und Menschheit sind nicht gut, sondern erdrücken und überwältigen den einzelnen, der sich nie in ihrem Schoße aufgenommen fühlt. Er nimmt aber auch die Welt nicht an, jedenfalls nicht unmittelbar, sondern es muß alles zuerst an seinen kritischen Maßstäben gemessen und bewertet werden. Schließlich wird nur das angenommen, was man aus so und so vielen subjektiven Gründen zum eigenen machen kann. (GW 6, § 1046)

Intuition Die I. im Sinne der Jungschen Typologie ist eine Wahrnehmung auf unbewußtem Wege. Das Ahnungsvermögen verleiht die Fähigkeit, die Möglichkeiten, die in den Dingen liegen, zu erkennen, sowie die Hintergründe bestimmter Situationen zu gewahren. Es ist eine Art instinktives Erfassen des Gesamteindrucks (1). Während sich die Empfindungstypen mit ihrer gut entwickelten Realitätsanpassung an Ordnungen und Regeln halten können, lassen sich die Intuitiven stärker von ihren Phantasien und Imaginationen leiten. Nach den Einstellungstypen unterscheiden wir den introvertierten und den extravertierten Intuitions-Typus. Letzterer wendet sein Ahnungsvermögen meistens erfolgreich in der Realität an, indem er z. B. als Geschäftsmann spürt, was Erfolg bringen wird, oder als Journalist aktuelle Themen aufspürt. Alle kreativen Menschen und schöpferischen Künstler verfügen über eine gut entwickelte extravertierte I., die es ihnen ermöglicht, die inneren Vorstellungen zu realisieren. Bei der introvertierten I. ist das Ahnungsvermögen vor allem nach innen gerichtet. Zu diesem Typus gehören die religiösen Propheten und visionären Seher, wie z. B. der Mystiker Jakob Böhme, Swedenborg u. a. Auch die Schamanen ahnen und erspüren die Botschaften ihrer Ahnen und der Geister und teilen diese ihrem Volke mit. Die introvertierte I. ist eine Wahrnehmungsfunktion für die Veränderungen und Wandlungen in der archetypischen Welt.

Allgemeine Kennzeichen der Intuitiven sind u. a. folgende. Sie tun gerne etwas Phantasiereiches und haben dazu viele kreative Einfälle aus der Bilderwelt ihrer Seele. Aus der Literatur lesen sie gerne Dichtungen und phantasiereiche Geschichten. Wenn sie verreisen wollen, packen sie den Koffer meistens erst im letzten Augenblick, weil ihnen die Spontaneität wichtig ist und weniger die langfristigen Planungen liegen. Auch in ihren Ferien machen sie meistens keine festen Pläne, sondern folgen ihren spontanen Einfällen. Ihre Entschlüsse entspringen meistens momentanen Einfällen. Bei vielen Dingen erfassen sie den Gesamteindruck, Einzelheiten dagegen nehmen sie nicht so genau wahr.

(1) *Intuition* (von intueri-anschauen) ist nach meiner Auffassung eine psychologische Grundfunktion. Die I. ist diejenige psychologische Funktion,

welche Wahrnehmungen *auf unbewußtem Wege* vermittelt. Gegenstand dieser Wahrnehmung kann alles sein, äußere und innere Objekte oder deren Zusammenhänge. Das Eigentümliche der I. ist, daß sie weder Sinnesempfindung noch Gefühl noch intellektueller Schluß ist, obschon sie auch in diesen Formen auftreten kann. Bei der I. präsentiert sich irgendein Inhalt als fertiges Ganzes, ohne daß wir zunächst fähig wären, anzugeben oder herauszufinden, auf welche Weise dieser Inhalt zustandegekommen ist. Die I. ist eine Art instinktiven Erfassens, gleichviel welcher Inhalte. Sie ist, wie die *Empfindung*, eine *irrationale* Wahrnehmungsfunktion. Ihre Inhalte haben, wie die der Empfindung, den Charakter der Gegebenheit, im Gegensatz zu dem Charakter des «Abgeleiteten», «Hervorgebrachten» der Gefühls- und Denkinhalte. Die intuitive Erkenntnis hat daher ihren Charakter von Sicherheit und Gewißheit, derzufolge Spinoza vermochte, die «scientia intuitiva» für die höchste Form der Erkenntnis zu halten. Die I. hat diese Eigenschaft mit der Empfindung gemein, deren physische Grundlage Grund und Ursache ihrer Gewißheit ist. Ebenso beruht die Gewißheit der I. auf einem bestimmten psychischen Tatbestand, dessen Zustandekommen und Bereitsein aber unbewußt war.

Die I. tritt auf in *subjektiver* oder *objektiver* Form; erstere ist eine Wahrnehmung unbewußter psychischer Tatbestände, die wesentlich subjektiver Provenienz sind, letztere eine Wahrnehmung von Tatbeständen, die auf subliminalen Wahrnehmungen am Objekt und auf durch sie veranlaßten subliminalen Gefühlen und Gedanken beruhen. Es sind auch *konkrete* und *abstrakte* Formen der I. zu unterscheiden, je nach dem Grade der Mitbeteiligung der Empfindung. Die konkrete I. vermittelt Wahrnehmungen, welche die Tatsächlichkeit der Dinge betreffen, die abstrakte I. dagegen vermittelt die Wahrnehmung ideeller Zusammenhänge. Die konkrete I. ist ein reaktiver Vorgang, indem sie aus gegebenen Tatbeständen ohne weiteres erfolgt. Die abstrakte I. dagegen benötigt, wie die abstrakte Empfindung, eines gewissen Richtungselementes, eines Willens oder einer Absicht. (GW 6, § 834)

Inzest In der Symbolik des I.s kommt die tiefe Sehnsucht des Menschen nach Ganzwerdung und Wiedergeburt zum Ausdruck. Es geht also nicht um die sexuelle Symbolik und das Streben nach sexueller Vereinigung mit dem gegengeschlechtlichen Elternteil, sondern zutiefst um die Vereinigung mit sich selbst (1). Das I.verbot hat nach Jung die Bedeutung, das sexuelle Begehren auf die

Mutter oder den Vater zu verhindern und zugleich die Phantasie anzuregen, nach anderen Lösungsmöglichkeiten und symbolischen Bedeutungen des I.s Ausschau zu halten. Während das konkretistische Mißverständnis des sexuellen Begehrens zu verhängnisvollen Bindungen und zur Symbiose zwischen Eltern und Kindern führen würde, ermöglicht das symbolische Verständnis eine ganzheitliche Entwicklung und eröffnet eine persönliche Freiheit. Für Jung treibt der I.wunsch den Menschen zur seelischen Wiedergeburt und Erneuerung, die nicht nur als psychologische Aufgabe verstanden wird, sondern zugleich auch eine religiöse Erfahrung ist. Als Beispiel aus der biblischen Überlieferung sei für dieses Verständnis das Gespräch Jesu mit dem Gemeindevorsteher Nikodemus erwähnt. Als Jesus ihm von dem Geheimnis der Wiedergeburt erzählt, stellt sich Nikodemus dies ganz konkret vor und meint, er müsse wieder in den Leib seiner Mutter eingehen und ein zweites Mal geboren werden. Jesus deutet ihm dann, ähnlich wie ein Therapeut heute, diese Symbolik als eine geistige Erfahrung (Johannes 3).

Die Symbolik des I.s ist nicht nur eine Modellvorstellung für Jungen und Männer, sondern gilt auch für Mädchen und Frauen. Ähnlich wie ein Junge durch seine I.phantasien in die eigene Sexualität eingeführt wird, geschieht dies auch der Tochter in ihrem erotisch-sexuellen Bezug zum Vater. Wenn dagegen ein Vater seine erotischen Empfindungen unterdrückt oder sexuell indifferent ist, wird die Tochter in ihrer psycho-sexuellen Entwicklung behindert. Das Inzesttabu verhindert eine sexuelle Erfahrung mit den Eltern (obwohl diese immer wieder vorkommt), so daß die I.phantasien zu einer emotionalen Stimulation führen und damit zugleich Tiefenschichten der Seele eröffnen.

Jung sieht in den inzestuösen Phantasien und Wünschen des Kindes die aufkeimenden Möglichkeiten, durch die enge und emotionale Beziehung zu den Eltern sich der eigenen sexuellen Gefühle bewußt zu werden. Ähnliches bewirkt dieses

Lebensmuster auch bei einem Erwachsenen und stellt die Suche der Seele nach Regeneration und Wiedergeburt dar. Dabei zeigen die sexuellen Bilder und Gefühle die Intensität und das Begehrenswerte der Erneuerung und Vereinigung mit sich selber an (2).

Das Hilfreiche und Neue an Jungs Verständnis des Inzests ist, daß durch die psychische Vereinigung mit den bisher nicht integrierten Persönlichkeitsanteilen eine ganzheitliche Beziehung zu diesen Lebenskräften in sich selber möglich wird. Wenn ein Mensch in dieses Lebensmuster regrediert, gelangt seine Seele in den Bereich der mütterlichen Instinktsphäre und erhält von dorther belebende und schöpferische Impulse. Während einerseits eine ängstliche Überbetonung des I.tabus zu einer Intellektualisierung und Rationalisierung des Lebens führen kann, wollen andererseits die «wilden Inzestphantasien» gerade eine «Austrocknung» des Gemütes verhindern (3).

Das Bewußtwerden unserer inzestuösen Phantasien, die therapeutische Bearbeitung dieser Verdrängungen oder gar das behutsamere Umgehen mit der eigenen Inzestwunde ist ein mühsames Unterfangen und zugleich sehr wesentlich für die psycho-sexuelle Entwicklung und zur Begegnung mit dem eigenen Seelengrund.

(1) Der Inzest symbolisiert die Vereinigung mit dem eigenen Wesen, die Individuation oder Selbstwerdung, und hat, wegen der hohen vitalen Bedeutung letzterer, eine gelegentlich fast unheimliche Faszination, wenn nicht in brutaler Wirklichkeit, so doch wenigstens in dem vom Unbewußten kontrollierten psychischen Geschehen, wie dies jedem Kenner der Psychopathologie geläufig ist. Aus diesem Grunde, und nicht etwa wegen gelegentlicher Inzestfälle, zeugen Urgötter fast immer durch Inzest. Der Inzest ist einfach die der Uridee der Selbstbefruchtung unmittelbar folgende Stufe der Vereinigung von Gleichartigem. (GW 16, § 419)

(2) Das Vorhandensein des inzestuösen Aspektes bedeutet nicht nur eine intellektuelle Schwierigkeit, sondern vor allem eine affektive Erschwerung der therapeutischen Situation. In diesem Aspekt verbergen sich nämlich die

heimlichsten, peinlichsten, intensivsten, zartesten, schamhaftesten, ängst-
lichsten, ausgefallensten, unmoralischsten und zugleich heiligsten Gefühle,
welche die unbeschreibliche und unerklärliche Fülle menschlicher Beziehungen gestalten und mit zwingender Gewalt ausstatten. Wie die Fangarme
eines Octopus schlingen sie sich unsichtbar um Eltern und Kinder und durch
Übertragung um Arzt und Patient. Dieser Zwang zeigt sich in der Unwider-
stehlichkeit und Hartnäckigkeit des neurotischen Symptoms und in der
verzweifelten Anklammerung an die Infantilwelt oder an den Arzt. Mit dem
Worte «Besessenheit» ist dieser Zustand wohl unübertrefflich gekennzeichnet. (GW 16, § 371)

(3) Es läge gewiß nahe, anzunehmen, daß es bequemer sei, eine so unerhört
schwierige Frage auf ein anderes Gebiet abzuschieben und dort als gelöst
darzustellen. Aber eine solche Erklärung ist doch zu billig und insofern
psychologisch falsch, als man annehmen müßte, das Problem wäre als
solches einmal bewußt gestellt, als peinlich erkannt und infolgedessen auf
eine andere Basis verschoben worden. Dieser Kniff entspricht modernen
Überlegungen, nicht aber dem Geiste der Vorzeit, und es gibt keine historischen Belege für dergleichen neurotische Operationen. Vielmehr sprechen
alle Dokumente dafür, daß das Problem schon immer als außerhalb des uns
bekannten Psychischen liegend erschien. Es war der Hierosgamos der Götter, die mystische Prärogative der Herrscher, der priesterliche Ritus usw. Es
handelt sich um einen Archetypus des kollektiven Unbewußten, der mit
steigendem Bewußtsein einen immer größeren Einfluß auf das Bewußt-
seinsleben ausübte. Es scheint allerdings heute, als ob die kirchliche Allegorik von Bräutigam und Braut, ganz zu schweigen von der völlig obsoleten
coniunctio der Alchemie, dermaßen verblaßt sei, daß man dem Begriff des
Inzestes nur noch in der Kriminalistik und der Psychopathologia sexualis
begegne. Freuds Entdeckung des sog. «Oedipuskomplexes», eines Spezial-
falles des Inzestproblems überhaupt und dessen geradezu universaler Ver-
breitung, hat aber die alte Problematik reaktiviert, jedoch zunächst nur für
psychologisch interessierte Ärzte. (GW 14/I, § 104)

Katholizismus

Obwohl Jung Protestant war, hatte er
ein tiefes Verständnis für den K. In
seinen bedeutsamen religionspsycho-
logischen Arbeiten zur Messe (1) und zur Beichte hat Jung
gezeigt, wie diese religiösen Rituale und Symbole auf das
Seelenleben der Menschen wirken können. Es wird sogar

angenommen, daß das Unbewußte des Menschen besonders durch die katholischen Glaubensformen erfaßt wird. Dazu gehört z. B. die reich entwickelte dogmatische und religiöse Vorstellungswelt des K., die die unbewußten Seelenkräfte strukturieren hilft (2). Auch in der Praxis seiner Psychotherapie war es Jung bei der Behandlung von gläubigen Katholiken hilfreich, bei den komplexen Übertragungsprozessen das Vaterbild auf den Papst überleiten zu können. Ähnlich verhält es sich bei der Projektion und Übertragung des Mutterbildes auf Maria. Jung nimmt ferner an, daß die religiöse Orientierung eines Menschen und seine Weltanschauung wesentlich sind für das psychische Wohlbefinden und die innere seelische Balance. Schließlich wird noch der interessanten Frage nachgegangen, ob Religionslosigkeit die Komplexe im Unbewußten verstärke. Nach einer Untersuchung in USA, die Jung durch seine Patienten aus allen Religionen und Konfessionen bestätigt sieht, ist die Komplexhaftigkeit bei Juden am größten, gefolgt von den Protestanten, und erst an dritter Stelle folgen die Katholiken. Dies wird u. a. auf die hilfreiche und entlastende Funktion der Beichte und auf die Geborgenheit im Glauben zurückgeführt. Da die genannte Untersuchung schon älteren Datums ist, möchte ich ergänzend kurz auf eine eigene Untersuchung verweisen, wonach der Psychoneurotizismus der Katholiken bei den meisten Fragen im Vergleich mit den Protestanten etwas höher ist (s. H. Hark: Religiöse Neurosen, Suttgart 1984, S. 276).

(1) **Ein lebendes Beispiel des Mysteriendramas, welches die Permanenz und Wandlung des Lebens darstellt, ist die Messe. Wenn wir das Publikum während der heiligen Handlung beobachten, so können wir alle Grade von indifferenter, bloßer Gegenwart bis zum tiefsten Ergriffensein sehen. Die Männergruppen, die während der Messe in der Nähe des Ausgangs zusammenstehen, allerhand weltliche Unterhaltung pflegen und ganz mechanisch die Bekreuzigungen vornehmen und ein Knie beugen, haben trotz ihrer Unaufmerksamkeit doch Anteil an der heiligen Handlung, und zwar durch ihre bloße Gegenwart in dem von Gnade erfüllten Raum. In der Messe wird**

als ein außerweltlicher und unzeitlicher Akt Christus geopfert, und Er ersteht wieder in den gewandelten Substanzen. Der rituelle Opfertod ist keine Wiederholung des historischen Geschehens, sondern der erst- und einmalige, *ewige* Vorgang. Das Erlebnis der Messe ist daher eine Anteilnahme an einer alle Schranken von Raum und Zeit überwindenden Transzendenz des Lebens. (GW 9/I, § 209)

(2) Subtiler dagegen ist die Lage auf katholischem Gebiet. Dort besteht vor allem der Ritus mit seiner sakralen Handlung, welche das lebendige Geschehen des archetypischen Sinnes veranschaulicht und damit das Unbewußte direkt berührt. Wer könnte sich z. B. dem Eindruck der Messehandlung entziehen, wenn er ihr auch nur mit einem Minimum von Verständnis beiwohnt? Sodann hat die katholische Kirche die Institution der Beichte und des «Directeur de conscience», welche von größter praktischer Bedeutung sind, wenn geeignete Persönlichkeiten diesen Tätigkeiten obliegen. Daß dies nicht immer der Fall ist, bedeutet leider einen ebenso großen Nachteil. Zum Dritten besitzt die katholische Kirche eine reich entwickelte und unverkürzte dogmatische Vorstellungswelt, welche dem Gestaltenreichtum des Unbewußten ein würdiges Gefäß anbietet und damit gewissen lebenswichtigen Wahrheiten, mit denen das Bewußtsein in Verbindung stehen sollte, anschaulichen Ausdruck verleiht. Der Glaube des katholischen Menschen ist nicht besser oder stärker als der des protestantischen. Aber der Mensch, unbekümmert um die Schwäche seines Glaubens, ist durch die katholische Form unbewußt erfaßt. Darum gleitet er auch, wenn einmal aus der Form gefallen, leicht in einen oft fanatischen Atheismus ab, wie wir dies besonders in romanischen Ländern so oft beobachten. (GW 11, § 285, S. 207)

Kindarchetypus Der KA. ist ein Symbol und personifiziert in den Märchen, Mythen und Träumen ein neues Lebensgefühl und die beginnende Lebenserneuerung. Das Kindmotiv zeigt künftige innere, psychische Entwicklungsmöglichkeiten in den Träumen an. Insbesondere in der zweiten Lebenshälfte wird der Kind-Archetypus in vielen Menschen lebendig und bewirkt eine grundlegende Wandlung der Persönlichkeit. Es sind besondere schöpferische Augenblicke, wenn das Urbild des Kindes mit starker psychodynamischer Energie in das

Bewußtsein dringt. Die folgenden Aspekte des KA zeigen an, daß dieses Urbild in der Psyche nicht mit den konkreten Erfahrungen mit Kindern ineinszusetzen ist oder aus der äußeren Realität abgeleitet werden kann (1).

Viele Mythen und Märchen wissen von einem göttlichen Kind oder von einem Heldenkind zu erzählen, das auf besondere Weise zur Welt kommt und alsbald Bedrohungen und Gefahren ausgesetzt ist. Es verfügt jedoch über besondere Fähigkeiten und Gaben, die das menschliche Maß übersteigen. Einerseits ist es unansehnlich und eben nur ein Kind, und andererseits ist es göttlich und erweist sich als Erlöser für viele oder als besonderer Held. Es lebt und verwirklicht jenes ganzheitliche Leben, das in jedem Menschen als Drang zur Selbstverwirklichung innewohnt (2). Nach Jung personifiziert es eine Lebenswirklichkeit jenseits des beschränkten Bewußtseinsfeldes und weist Wege und Möglichkeiten zur Ganzwerdung. Im Christentum symbolisiert das göttliche Kind die Erlösung und eröffnet den Zugang zum Reich Gottes. Das Kind ist demnach ein Symbol, das Gegensätzliches in sich vereint und versöhnt. Im analytischen Sinne ist das Kind auch ein Symbol des Selbst und wird damit zu dem entscheidenden Wirkfaktor bei der Selbstverwirklichung des Menschen.

(1) «Es ist vielleicht nicht überflüssig, zu bemerken, daß ein laienhaftes Vorurteil stets geneigt ist, das Kindmotiv mit der konkreten Erfahrung ‹Kind› in eins zu setzen, als ob das reale Kind die kausale Voraussetzung für die Existenz des Kindmotives wäre. In der psychologischen Wirklichkeit ist die empirische Vorstellung ‹Kind› aber nur Ausdrucksmittel (und nicht einmal das einzige!), um einen nicht näher zu fassenden seelischen Tatbestand auszudrücken. Darum ist auch die mythologische Kindvorstellung ausdrücklich keine Kopie des empirischen ‹Kindes›, sondern ein als solches klar erkennbares Symbol: es handelt sich um ein göttliches, wunderbares, eben gerade nicht menschliches Kind, gezeugt, geboren und aufgezogen unter ganz außergewöhnlichen Umständen. Seine Taten sind ebenso wunderbar oder monströs wie seine Natur und körperliche Beschaffenheit. Einzig und allein vermöge dieser nicht empirischen Eigenschaften besteht

überhaupt die Notwendigkeit, von einem ‹Kindmotiv› zu sprechen. Überdies ist das mythologische ‹Kind› auch variiert als Gott, Riese, Däumling, Tier usw., was auf eine nichts weniger als rationale oder konkrete menschliche Kausalität hinweist. Dasselbe gilt von den Archetypen des ‹Vaters› und der ‹Mutter›, welche mythologisch ebenfalls irrationale Symbole sind.» (GW 9/I, § 273, Anm. 20)

(2) Das «Kind» tritt als eine Geburt des Unbewußten aus dessen Schoß hervor, gezeugt aus der Grundlage menschlicher Natur, oder besser auch, der lebenden Natur überhaupt. Es personifiziert Lebensmächte jenseits des beschränkten Bewußtseinsumfanges, Wege und Möglichkeiten, von denen das Bewußtsein in seiner Einseitigkeit nichts weiß, und eine Ganzheit, welche die Tiefen der Natur einschließt. Es stellt den stärksten und unvermeidlichsten Drang des Wesens dar, nämlich den, sich selber zu verwirklichen. Es ist ein mit allen natürlichen Instinktkräften augerüstetes Nichtanderskönnen, während das Bewußtsein sich stets in einem vermeintlichen Anderskönnen verfängt. Der Drang und Zwang zur Selbstverwirklichung ist Naturgesetzlichkeit und daher von unüberwindlicher Kraft, auch wenn der Beginn ihrer Wirkung zunächst unansehnlich und unwahrscheinlich ist. (GW 9/I, § 289)

Kompensation

Unter der K. wird ein fortwährender psychischer Prozeß des Ausgleichs und der Balance zwischen dem Bewußtsein und dem Unbewußten verstanden, welcher der Erhaltung der Gesundheit und der persönlichen Ausgeglichenheit dient. Das Unbewußte verhält sich kompensatorisch zum Bewußtsein, indem es z. B. in den Träumen diejenigen Persönlichkeitsanteile bewußt macht, die bisher weitgehend unbeachtet und unbewußt waren. Durch die kompensatorische Funktion der Seele und des Träumens werden fortwährend die zwei psychischen Welten verbunden, vergleichbar mit einer Brücke, die eine Verbindung zu dem jenseitigen Ufer ermöglicht. Dies ist zugleich auch ein Bild für die Funktion des Symbols, insbesondere für die symbolbildende Funktion der Seele. Doch diese kompensatorische Funktion des Symbols kann nur wirksam werden, wenn die Symbole vom Ich verstanden und anerkannt werden und in einem fortwährenden Prozeß ins bewußte Leben integriert werden. Im Unterschied zu A. Adler, der diesen Begriff vor allem auf die Ausgleichung des Minderwertigkeitsgefühls begrenzt, faßt Jung die K. «allgemein als funktionelle Ausgleichung, als Selbstregulierung des psychischen Apparates» auf (1).

Während einesteils sich das Bewußtsein sowie das Ich des Menschen vor allem auswählend verhält, indem aus der Fülle der Antriebe und Eindrücke ausgewählt und eingeordnet wird, gibt es andernteils im psychischen System auch die genannte kompensatorische Funktion. Jung vergleicht die K. als das sich selber regulierende System der Psyche mit den fortwährenden Ausgleichsprozessen bei den körperlichen Funktionen. Meistens verläuft die K. autonom und auf unbewußten Wegen, aber bei psychischen Erkrankungen und neurotischen Irritationen ist dieser Selbstregulierungsprozeß gestört, indem negative Komplexe das Bewußtsein überschwemmen und die steuernde Funktion des Ich außer Kraft setzen (wie z. B. in der Psychose) (2).

Besonders im Hinblick auf die Traumdeutung ist die K.-Lehre von größter Wichtigkeit und von grundlegender Bedeutung, weil die Träume kompensatorisch zum Bewußtsein sind. Die K. ist nicht nur ein innerseelischer Ausgleichsprozeß im Individuum, sondern geschieht auch fortwährend in der Übertragungs-Beziehung zwischen Analytiker und Patient, indem der Therapeut dem Patienten hilft, seine krankmachenden Dissoziationen und seine seelische Zersplitterung zu überwinden und zu einem ganzheitlichen Erleben zu finden. Doch nicht nur im individuellen und psychologischen Bereich ist die K.-Lehre ein hilfreiches Verstehensmodell, sondern auch, um gesellschaftliche, politische und religiöse Vorgänge zu deuten. Wenn z. B. in einer Geschichtsepoche eine übertriebene Einseitigkeit vorherrscht, schlägt wie bei einer Standuhr das Pendel zur Gegenseite aus und führt damit die ausgleichende und notwendige geschichtliche Gegenbewegung.

(1) *Kompensation* bedeutet *Ausgleichung* oder *Ersetzung*. Der Begriff der Kompensation wurde eigentlich von A. Adler in die Neurosenpsychologie eingeführt. Er versteht unter Kompensation die funktionelle Ausgleichung des Minderwertigkeitsgefühles durch ein kompensierendes psychologisches System, vergleichbar den kompensierenden Organentwicklungen bei Organminderwertigkeit. [...] Das Minderwertigkeitsgefühl des Neurotikers, das nach Adler ätiologisch einer Organminderwertigkeit entspricht, gibt Anlaß zu einer «Hilfskonstruktion», eben einer Kompensation, welche in der Herstellung einer die Minderwertigkeit ausgleichenden Fiktion besteht. Die Fiktion oder «fiktive Leitlinie» ist ein psychologisches System, welches die Minderwertigkeit in eine Mehrwertigkeit umzuwandeln sucht. Bedeutsam an dieser Auffassung ist die erfahrungsgemäß nicht zu leugnende Existenz einer kompensierenden Funktion im Gebiet der psychologischen Vorgänge. Sie entspricht einer ähnlichen Funktion auf physiologischem Gebiet, der Selbststeuerung oder Selbstregulierung des Organismus.
Während Adler seinen Begriff der Kompensation auf die Ausgleichung des Minderwertigkeitsgefühles einschränkt, fasse ich den Begriff der Kompensation allgemein als funktionelle Ausgleichung, als Selbstregulierung des psychischen Apparates auf. In diesem Sinne fasse ich die Tätigkeit des *Unbewußten* als Ausgleichung der durch die Bewußtseinsfunktion erzeugten Einseitigkeit der allgemeinen Einstellung auf. (GW 6, § 839)

(2) Der Grundirrtum in Bezug auf das Wesen des Unbewußten ist wohl der, daß man allgemein annimmt, seine Inhalte seien eindeutig und mit unveränderlichem Vorzeichen versehen. Diese Auffassung ist, meines unmaßgeblichen Erachtens, zu naiv. Die Seele als ein selbstregulierendes System ist balanciert wie das Leben des Körpers. Für alle exzessiven Vorgänge treten sofort und zwangsläufig Kompensationen ein, ohne sie gäbe es weder einen normalen Stoffwechsel, noch eine normale Psyche. In diesem Sinne kann man die *Kompensationslehre* als eine Grundregel für das psychische Verhalten überhaupt erklären. Das Zuwenig hier erzeugt ein Zuviel dort. So ist auch das Verhältnis zwischen Bewußt und Unbewußt ein kompensatorisches. Dies ist eine der am besten bestätigten Handwerksregeln der Traumdeutung. Immer können wir mit Nutzen in der praktischen Traumdeutung die Frage aufwerfen: Welche bewußte Einstellung wird durch den Traum kompensiert?
Die Kompensation ist in der Regel nicht bloß eine illusionäre Wunscherfüllung, sondern eine Tatsächlichkeit, die um so tatsächlicher wird, je mehr man sie verdrängt. Durst hört bekanntlich nicht dadurch auf, daß man ihn verdrängt. Der Trauminhalt ist darum zunächst als Tatsächlichkeit ernst zu nehmen und als solche in die bewußte Einstellung als mitbestimmender

Faktor aufzunehmen. Tut man das nicht, so verharrt man eben in jener exzentrischen bewußten Einstellung, welche die unbewußte Kompensation herausgefordert hat. Es ist gar nicht abzusehen, wie man dann zu einem richtigen Urteil über sich selbst und zu einer balancierten Lebensführung gelangen soll. (GW 16, § 330 f.)

Kompensatorische Träume

Ähnlich wie das Bewußtsein und das Unbewußte in den fortwährenden Selbstregulierungsprozessen der Psyche sich beständig auszubalancieren versuchen, haben auch die T.e (→ Traum) in diesen Prozessen eine kompensatorische Funktion. Viele T.e arbeiten an einer Ausgleichung und Ergänzung der bewußten Lebenssituation. Alle Gefühle, Gedanken, Stimmungen, Wünsche usw., die im bewußten Leben nicht befriedigend zur Darstellung und Geltung kommen, können im T. erscheinen und uns damit an neue ganzheitliche Lebensmöglichkeiten erinnern. Unsere T.seele scheint mehr zu sehen und zu wissen als unser Ich und das Bewußtsein. Jung weist darauf hin, daß die ausgleichende, kompensatorische Funktion der T.e häufig nicht offen zutage liegt und es zum Erkennen einer besonderen Aufmerksamkeit und Ausbildung bedarf (1). Die kompensatorischen T.e können gelegentlich auch eine warnende Bedeutung haben, wie Jung an einem Beispiel zeigt (2).

(1) Als Zugang zum Traum stellen wir die Hypothese auf, daß er dem Zweck der Kompensation dient. Das ist ein sehr allgemeines und umfassendes Postulat. Es bedeutet, daß wir den Traum für ein normales psychisches Phänomen halten, das unbewußte Reaktionen oder spontane Impulse an das Bewußtsein vermittelt. Da nur bei einer kleinen Minderheit von Träumen ihr kompensatorischer Charakter offen zutage tritt, müssen wir der Traumsprache, die wir als symbolisch betrachten, besondere Aufmerksamkeit schenken. Das Studium dieser Sprache ist fast eine eigene Wissenschaft. Es gibt, wie wir gesehen haben, eine unendliche Vielfalt individueller Ausdrucksformen. Sie können mit Unterstützung des Träumers gedeutet wer-

den, der das Assoziationsmaterial, den sogenannten Kontext des Traumbildes, liefert. Dabei wird der Traum wie bei einer Umkreisung von allen Seiten betrachtet. Diese Methode erweist sich in allen gewöhnlichen Fällen als ausreichend, wenn nämlich ein Verwandter, ein Freund oder ein Patient einem mehr oder weniger beiläufig einen Traum erzählt. Wo es sich jedoch zum Beispiel um obsessive Träume, das heißt sich wiederholende Träume, oder um stark emotionale Träume handelt, da reichen die persönlichen Assoziationen des Träumers nicht mehr aus, um zu einer befriedigenden Interpretation zu gelangen. In solchem Falle müssen wir die bereits von Freud beobachtete und besprochene Tatsache berücksichtigen, daß in Träumen oft Elemente vorkommen, die nicht individuell sind und nicht aus persönlicher Erfahrung abgeleitet werden können. Diese sind, was Freud als «archaische Überreste» bezeichnet hat; das sind geistige Formen, deren Vorhandensein nicht durch persönliche Erfahrung erklärt werden kann und die urtümliche, angeborene und ererbte Formen des menschlichen Geistes darstellen. (GW 18/I, § 521)

(2) Die allgemeine Funktion der Träume besteht in dem Versuch, uns das psychische Gleichgewicht wiederzugeben, indem sie Traummaterial produzieren, das auf subtile Weise die gesamte psychische Balance wiederherstellt. Dies nenne ich die komplementäre (oder kompensatorische) Funktion der Träume. Das erklärt zum Beispiel, warum Menschen, die unrealistische Ideen oder eine zu hohe Meinung von sich selbst haben oder allzu grandiose Pläne machen, die außerhalb ihrer Möglichkeiten liegen, oft vom Fliegen oder Fallen träumen. Der Traum kompensiert die Mängel ihrer Persönlichkeit und warnt sie gleichzeitig vor den Gefahren ihres gegenwärtigen Kurses. Wenn die Warnungen des Traumes nicht beachtet werden, können wirkliche Unfälle die Folge sein.
Ein ehemaliger Patient von mir, der in eine Anzahl zweifelhafter Affären verwickelt war, hatte eine nahezu krankhafte Leidenschaft für gefährliches Bergsteigen, als eine Art Kompensation, entwickelt. Er versuchte, «über sich hinauszuwachsen». In einem Traum sah er sich nachts vom Gipfel eines hohen Berges in leeren Raum treten. Als er mir diesen Traum erzählte, erkannte ich sofort die Gefahr, in der er sich befand, und riet ihm dringend zur Vorsicht. Ich sagte ihm sogar, sein Traum lasse einen Bergunfall ahnen. Aber es war umsonst. Sechs Monate später trat er wirklich «ins Leere». Ein Bergführer beobachtete ihn und seinen Freund, wie sich beide an einem Seil zu einer gefährlichen Stelle hinabließen. Der Freund hatte einen vorläufig festen Stand auf einem Felsvorsprung gefunden, und der Träumer folgte ihm. Plötzlich ließ er das Seil los, «als ob er in die Luft spränge», wie der Bergführer sagte. Er fiel auf seinen Freund, und beide stürzten ab und fanden den Tod. (Der Mensch und seine Symbole, S. 50)

Komplexe

Neben den Träumen sind für Jung vor allem die Komplexe eine via regia (königlicher Weg) zum Unbewußten. Die K. sind die Architekten unserer Träume und darüberhinaus die Anordner unseres Seelenlebens mit ihren vielfältigen Gestaltwerdungen. K. sind die unbewußten Brennpunkte der psychischen Vorgänge, die man sich auch vereinfachend ausgedrückt als seelische Energiefelder vorstellen kann.

Wir können die K. auch wie autonome Seelenanteile betrachten, die sich wie unabhängige Wesen verhalten. Besonders in den Affekten und allen starken Gefühlen werden wir uns der Komplexe bewußt und nehmen sie wahr. Wenn sich ein K. im Unbewußten konstelliert und ins Bewußtsein dringt, hat dies starke Auswirkungen auf unser Verhalten und unsere seelische Stimmungslage. Wegen der starken Gefühlsbetonung der K. können sie sich sowohl positiv und motivierend auswirken, als auch psycho-neurotische Störungen des Seelenlebens bewirken. Ursache für negative Auswirkungen der K. ist häufig ein seelisches Trauma, ein emotionaler Schock oder zahlreiche Blockierungen in der Kindheit, die die natürliche psychische Entwicklung beeinträchtigen. Die abgespaltenen seelischen Persönlichkeitsanteile führen dann ein Sonderdasein im Unbewußten und bilden schließlich autonome K. (1). Häufig spricht Jung auch von einem «gefühlsbetonten Komplex» und weist auf den hohen Grad seiner Autonomie hin (2). Wenn zwischen dem Bewußtsein und dem Ich einerseits und den Komplexinhalten andererseits keine Beziehungsbrücken bestehen, verursachen diese auf unbewußtem Weg Störungen des Seelenlebens und können sogar zu «Besessenheitszuständen» führen. Daher werden manche Komplexe auch wie abgespaltene Teilpersönlichkeiten erlebt oder in mythologischer Gestalt vorgestellt (z. B. als Teufel, Hexe, Fabeltier, Geister, Dämonen usw.).

Die therapeutische Auflösung eines Komplexes, seine Bewußtmachung und emotionale Verarbeitung muß eine «Neuverteilung» der zuvor gebundenen psychischen Energien zur Folge haben. Indem aus den von den Komplexen erzeugten Symptomen wieder lebendige Symbole werden, werden das psychische Gleichgewicht und die innere Balance wieder hergestellt, und der Mensch fühlt sich gesund. Daher mißt Jung bei der Krankheitserkennung in der Psychotherapie neben der Diagnostik von klinischen Krankheitsbildern vor allem den Komplexen eine große Bedeutung zu (3).

Das K.-Konzept verhalf Jung dazu, die Vielfalt der seelischen Erfahrungen eines Individuums unter diesem einen energetischen Gesichtspunkt zu betrachten, während sich sonst die Vielgestaltigkeit des psychischen Erlebens wie eine Serie von unverbundenen Ereignissen darstellen würde.

Die schwer vorstellbare Psychodynamik eines K. sei kurz an dem →Vater-K. dargestellt. In der Vielgestaltigkeit des Vater-K. zeigt sich einerseits der Nachhall von unzähligen Erfahrungen mit dem leiblichen Vater (oder mit einer vergleichbaren Person, die als Vater erwählt wurde) und andererseits eine Wirkung des archetypischen Vaterbildes. Diese Bildhaftigkeit und die prägenden geschichtlichen Erfahrungen bilden die Psychodynamik eines K. Wenn das Ich in einer positiven Beziehung zu den K. steht und deren Energien integrieren kann, dann gewinnt die Persönlichkeit an Vielgestaltigkeit und innerem Reichtum.

(1) **Man darf heutzutage wohl die Hypothese als gesichert betrachten, daß Komplexe *abgesprengte Teilpsychen* sind. Die Ätiologie ihres Ursprungs ist ja häufig ein sogenanntes *Trauma*, ein emotionaler Schock und ähnliches, wodurch ein Stück Psyche abgespalten wurde. Eine der häufigsten Ursachen allerdings ist der *moralische Konflikt*, welcher seinen letzten Grund in der anscheinenden Unmöglichkeit hat, das Ganze des menschlichen Wesens zu bejahen. Diese Unmöglichkeit setzt unmittelbare Spaltung voraus, unabhängig davon, ob das Ichbewußtsein darum weiß oder nicht. In der Regel besteht sogar eine ausgesprochene Unbewußtheit über die Komplexe, was diesen natürlich umso größere Aktionsfreiheit gewährt. In solchen Fällen erweist sich ihre Assimilationskraft in ganz besonderem Maße, insofern nämlich die Unbewußtheit über den Komplex diesem dazu verhilft, sogar**

das Ich zu assimilieren, woraus eine momentane und unbewußte *Persönlich-keitsveränderung* entsteht, die als *Komplexidentität* bezeichnet wird. Dieser durchaus moderne Begriff hatte im Mittelalter einen anderen Namen: damals hieß er *Besessenheit*. Man stellt sich diesen Zustand wohl nicht so harmlos vor, aber es ist *prinzipiell* zwischen einem gewöhnlichen *Komplexversprechen* und den wilden Blasphemien eines Besessenen kein Unterschied. Es ist nur eine *Gradverschiedenheit*. Dafür gibt uns auch die Sprachgeschichte die reichlichsten Belege. Von einer Komplexemotion sagt man: «Was ist heute wieder in ihn gefahren?» «Er ist vom Teufel geritten» usw. (GW 8, § 204)

(2) Was ist nun, wissenschaftlich gesprochen, ein «gefühlsbetonter Komplex»? Er ist das *Bild* einer bestimmten psychischen Situation, die lebhaft emotional betont ist und sich zudem als inkompatibel mit der habituellen Bewußtseinslage oder -einstellung erweist. Dieses Bild ist von starker innerer Geschlossenheit, es hat seine eigene Ganzheit und verfügt zudem über einen relativ hohen Grad von *Autonomie*, das heißt, es ist den Bewußtseinsdispositionen in nur geringem Maße unterworfen und benimmt sich daher wie ein belebtes corpus alienum im Bewußtseinsraum. Der Komplex läßt sich gewöhnlich mit einiger Willensanstrengung unterdrücken, aber nicht wegbeweisen, und bei passender Gelegenheit tritt er wieder mit ursprünglicher Kraft hervor. Gewisse experimentelle Untersuchungen scheinen darauf hinzuweisen, daß seine Intensitäts- oder Aktivitätskurve einen wellenförmigen Charakter hat, mit einer Wellenlänge von Stunden, Tagen oder Wochen. Diese sehr komplizierte Frage ist jedoch noch ganz ungeklärt. (GW 8, § 201)

(3) Die Krankheitserkennung in der Psychotherapie beruht daher weit weniger auf dem klinischen Krankheitsbild als vielmehr auf den inhaltlichen Komplexen. Die psychologische Diagnostik zielt auf Komplexdiagnosen und damit auf die Formulierung von Tatbeständen, welche durch das klinische Krankheitsbild weit eher verhüllt als dargestellt werden. Die eigentliche Noxe ist im Komplex zu erblicken, welcher eine relativ autonome psychische Größe darstellt. Seine Autonomie beweist er dadurch, daß er sich der Hierarchie des Bewußtseins nicht einordnet, resp. dem Willen erfolgreich Widerstand leistet. In dieser Tatsache, die experimentell leicht festzustellen ist, liegt der Grund, warum seit Urzeiten die Auffassung bestand, daß Psychoneurosen und Psychosen *Possessionen* seien, denn gerade dem naiven Beobachter drängt sich der Eindruck auf, daß der Komplex etwas wie eine Nebenregierung zum Ich darstellt. (GW 16, § 196)

Minderwertige Funktion

Bei der Beschreibung der psychologischen Funktionstypen → (Typologie sowie Denken, Fühlen, Empfinden, Intuition) ist darauf hingewiesen, daß jeder Mensch in der Regel eine Hauptfunktion zur Orientierung im Leben habe sowie zwei Hilfsfunktionen. Nach dem typologischen Modell liegt die m. F. (auch «Problemfunktion» genannt) der Hauptfunktion gegenüber und ist durch deren Überbetonung in der Entwicklung zurückgeblieben (1). Da die m. F. vor allem mit den unbewußten seelischen Inhalten verwoben ist, verfällt sie im Falle der Neurose auch leicht negativen Wirkungen des Unbewußten. Ferner beleben und verstärken die Inhalte der m. F. durch die → Regression noch die archaischen Kräfte im Unbewußten, weil diese nicht an das Bewußtsein angeschlossen sind, und dieses nicht ordnend und strukturierend darauf einwirkt. Häufig ist es so, daß die «angeborene» oder bevorzugte Hauptfunktion durch unser Bildungssystem die umfassendste Differenzierung und Entwicklungsmöglichkeiten erfährt, zufolge derer die m. F. noch weiter der Verdrängung verfällt. Jung erinnert nun ausdrücklich daran, daß in der bisher vernachlässigten und unbewußten Funktion gerade die Individualwerte schlummern, die dem einzelnen zur Bewußtseinserweiterung, Ganzwerdung und Lebensfreude verhelfen (2).

(1) *Minderwertige Funktion.* **Unter m. F. verstehe ich jene F., welche beim Differenzierungsprozeß im Rückstand bleibt. Es ist nämlich erfahrungsgemäß kaum möglich – aus Ungunst der allgemeinen Bedingungen –, daß jemand zugleich alle seine psychologischen F. zur Entwicklung bringe. Schon die sozialen Anforderungen bringen es mit sich, daß der Mensch zu allernächst und allermeist jene F. am stärksten differenziert, zu welcher er entweder von Natur aus am besten fähig ist, oder welche ihm zu seinem sozialen Erfolg die wirksamsten Mittel leiht. Sehr häufig, fast in der Regel, identifiziert man sich auch mehr oder weniger vollständig mit der meist begünstigten und daher am weitesten entwickelten F. Daraus entstehen die psychologischen *Typen*.**
Bei der Einseitigkeit dieses Entwicklungsprozesses bleiben eine oder meh-

rere Funktionen notwendigerweise in der Entwicklung zurück. Man kann sie daher passenderweise als «minderwertig» bezeichnen, und zwar in psychologischem, aber nicht in psycho-pathologischem Sinne; denn diese zuückgebliebenen F. sind keineswegs krankhaft, sondern nur rückständig im Vergleich zur begünstigten F. Die minderwertige F. ist als Phänomen zwar bewußt, aber in ihrer eigentlichen Bedeutung nicht erkannt. Sie verhält sich wie viele verdrängte oder nicht genügend beachtete Inhalte, die einerseits bewußt, andererseits aber unbewußt sind, wie es häufig Fälle gibt, wo man zwar einen gewissen Menschen seiner äußeren Erscheinungsweise nach kennt, aber nicht wirklich weiß, wer er ist. So bleibt in normalen Fällen die m. F., wenigstens in ihren Auswirkungen, bewußt; in der Neurose dagegen verfällt sie teilweise oder größtenteils dem Unbewußten. In dem Maße nämlich, als alle Libido der begünstigten F. zugeführt wird, entwickelt sie die m. F. regressiv, d. h. sie kehrt in ihre archaischen Vorstadien zurück, wodurch sie inkompatibel mit der bewußten und begünstigten F. wird. Wenn eine F., die normalerweise bewußt sein sollte, dem Unbewußten verfällt, so verfällt auch die dieser F. spezifische Energie dem Unbewußten. Eine natürliche F., wie z. B. das Fühlen, besitzt eine ihr von Natur aus zukommende Energie, sie ist ein festorganisiertes lebendiges System, das unter keinen Umständen seiner Energie gänzlich zu berauben ist.

Durch das Unbewußtwerden der m. F. wird ihr Energierest ins Unbewußte überführt, wodurch das Unbewußte in unnatürlicher Weise belebt wird. Daraus entstehen der archaisch gewordenen F. entsprechende Phantasien. Eine analytische Befreiung der m. F. aus dem Unbewußten kann daher nur stattfinden durch die Heraufbringung der unbewußten Phantasiegebilde, die eben durch die unbewußt gewordene F. angeregt worden waren. Durch die Bewußtmachung dieser Phantasien wird auch die m. F. wieder zum Bewußtsein gebracht und damit der Entwicklungsmöglichkeit zugeführt. (GW 6, § 852 f.)

(2) Aber diese einseitige Entwicklung muß und wird zu einer Reaktion führen, weil die unterdrückten minderwertigen Funktionen nicht bis ins Endlose vom Mitleben und von der Entwicklung ausgeschlossen werden können. Einmal wird der Moment kommen, wo «die Trennung in dem innern Menschen wieder aufgehoben» werden muß, um dem Unentwickelten eine Lebensmöglichkeit zu gewähren. Ich habe bereits angedeutet, daß die Differenzierung in der Kulturentwicklung in letzter Linie eine Dissoziation der Grundfunktionen des psychischen Lebens schafft, gewissermaßen über die Differenzierung der Fähigkeiten hinausgehend und übergreifend in das Gebiet der allgemeinen psychologischen Einstellung überhaupt, welche die Art und Weise der Verwendung der Fähigkeiten regiert. Dabei bewirkt die Kultur eine Differenzierung jener Funktion, die wohl schon angebore-

nerweise sich einer besseren Ausbildungsfähigkeit erfreut. So ist bei dem einen das Denkvermögen, beim andern das Fühlen einer weiteren Entwicklung in besonderem Maße zugänglich, und darum wird er sich unter dem Drängen der Kulturforderung in besonderem Maße mit der Entwicklung jenes Vermögens beschäftigen, dessen Anlage in ihm von Natur aus schon eine besonders günstige, respektive ausbildungsfähige ist. Die Ausbildungsfähigkeit bedeutet allerdings nicht, daß die Funktion a priori eine Anwartschaft auf besondere Tüchtigkeit hätte, sondern sie setzt – man möchte sagen, im Gegenteil – eine gewisse Zartheit, Labilität und Formbarkeit der Funktion voraus, weshalb auch durchaus nicht immer der höchste Individualwert in dieser Funktion zu suchen und zu finden ist, sondern vielleicht nur der höchste Kollektivwert, insofern nämlich diese Funktion zu einem kollektiven Wert entwickelt ist. Es mag aber, wie gesagt, sehr leicht so sein, daß unter den vernachlässigten Funktionen viel höhere Individualwerte versteckt liegen, die zwar für das kollektive Leben von geringer Bedeutung, für das individuelle Leben dagegen von größtem Wert sind und daher Lebenswerte darstellen, welche dem einzelnen eine Intensität und Schönheit des Lebens zu verleihen vermögen, die er von seiner Kollektivfunktion vergebens erwartet. Zwar verschafft ihm die differenzierte Funktion die Möglichkeit des kollektiven Daseins, nicht aber die Befriedigung und Lebensfreude, welche bloß die Entwicklung der Individualwerte geben kann. (GW 6, § 109)

Mutterarchetypus

Unter dem MA. verstehen wir eine spezielle Ausprägung des Archetypus im Hinblick auf die geschlechtsspezifischen Merkmale einer Mutter. Darüber hinaus ist dieser A. der anordnende Faktor für die Erfahrungen des «Mütterlichen» in jedem Menschen. Jenseits der geschlechtsspezifischen Gestalt gibt es Erlebnisqualitäten, die auf diesem A. beruhen (1). Der MA. kann in seiner negativen Auswirkung als einengend, festhaltend und entwicklungshemmend erfahren werden und positiv als eine dem Menschen innewohnende «Kraftquelle», die das persönliche Wachstum, die Kreativität sowie die Selbstverwirklichung fördert. Jung faßt diese Gegensätze zusammen als «liebende und schreckliche Mutter» (2). Erstere begegnet dem Menschen in der gebärenden und ernährenden Mutter, in ihrer

Güte und Weisheit. Den negativen MA. sieht Jung in allem angsterregenden Festhaltenden und Todbewirkenden.

(1) Wie jeder Archetypus, so hat auch derjenige der Mutter eine schier unabsehbare Menge von Aspekten. Ich erwähne nur einige typischere Formen: die persönliche Mutter und Großmutter; die Stief- und Schwiegermutter, irgendeine Frau, zu der man in Beziehung steht, auch die Amme oder Kinderfrau, die Ahnfrau und die Weiße Frau, in höherem, übertragenem Sinne die Göttin, speziell die Mutter Gottes, die Jungfrau (als verjüngte Mutter, zum Beispiel Demeter und Kore), Sophia (als Muttergeliebte eventuell auch Typus Kybele-Attis, oder als Tocher- [verjüngte Mutter-] Geliebte); das Ziel der Erlösungssehnsucht (Paradies, Reich Gottes, himmlisches Jerusalem); in weiterem Sinne die Kirche, die Universität, die Stadt, das Land, der Himmel, die Erde, der Wald, das Meer und das stehende Gewässer; die Materie, die Unterwelt und der Mond, im engerem Sinne als Geburts- oder Zeugungsstätte der Acker, der Garten, der Fels, die Höhle, der Baum, die Quelle, der tiefe Brunnen, das Taufbecken, die Blume als Gefäß (Rose und Lotus); als Zauberkreis (Mandala als Padma) oder als Cornucopiatypus; im engsten Sinne die Gebärmutter, jede Hohlform (zum Beispiel Schraubenmutter); die Yoni; der Backofen, der Kochtopf; als Tier die Kuh, der Hase und das hilfreiche Tier überhaupt (GW 9/I, § 156).

(2) Diese Aufzählung macht keinen Anspruch auf Vollständigkeit, sie deutet bloß die wesentlichsten Züge des Mutterarchetypus an. Seine Eigenschaften sind das «Mütterliche»: schlechthin die magische Autorität des Weiblichen; die Weisheit und die geistige Höhe jenseits des Verstandes, das Gütige, Hegende, Tragende, Wachstum-, Fruchtbarkeits- und Nahrungsspendende; die Stätte der magischen Verwandlung, der Wiedergeburt; der hilfreiche Instinkt oder Impuls; das Geheime, Verborgene, das Finstere, der Abgrund, die Totenwelt, das Verschlingende, Verführende und Vergiftende, das Angsterregende und Unentrinnbare. Diese Eigenschafen des Mutterarchetypus habe ich ausführlich geschildert und mit den entsprechenden Belegen versehen in meinem Buch «Symbole der Wandlung». Die Gegensätzlichkeit der Eigenschaften habe ich dort formuliert als die liebende und die schreckliche Mutter. Die uns am nächsten liegende historische Parallele ist wohl Maria, die in der mittelalterlichen Allegorik zugleich auch das Kreuz Christi ist. In Indien wäre es die gegensätzliche Kali. Die Sâṃkhya-Philosophie hat den Mutterarchetypus zum Begriff der Prakṛti ausgestaltet und dieser die drei Gunas als Grundeigenschaften zugeteilt, nämlich: Güte, Leidenschaft und Finsternis – sattvam, rajas und tamas. Das sind drei wesentliche Aspekte der Mutter, nämlich ihre hegende und nährende Güte, ihre orgiastische Emotionalität und ihre unterweltliche Dun-

kelheit. Der besondere Zug in der philosophischen Legende, daß nämlich Prakṛti vor dem Purusha *tanzt*, um ihn an das «unterscheidende Erkennen» zu erinnern, gehört nicht unmittelbar zur Mutter, sondern zum Archetypus der Anima. Dieser ist in der männlichen Psychologie zunächst stets mit dem Bild der Mutter vermischt. (GW 9I/I, § 158)

Mutterbild

MB. wird hier im gleichen Sinne verwendet wie der tiefenpsychologische Fachbegriff der Mutterimago. Das MB. erhält seine grundlegende Prägung von dem M.-Archetypus und stammt aus dem kollektiven Unbewußten eines Menschen. Wegen dieser Abstammung können die Erscheinungen des MB. schon von der realen Mutter abweichen. Obwohl das individuelle MB. immer mit dem M.-Archetypus verwoben und vermischt ist, läßt es viele Erfahrungen an der persönlichen Mutter erkennen. Sowohl der archetypische und transpersonale Aspekt des MB.s als auch die persönlichen Erfahrungen mit der Mutter können sich positiv oder negativ auswirken

Jung zählt neben dem personalen Aspekt des MB.s auch weitere mütterliche Urbilder auf, wie z. B. die Kirche, die Stadt und die Universität. Darüber hinaus kommt der M-Archetypus zum Ausdruck in allen Gestalten und Symbolen, die mit dem Gebären und der Wiedergeburt in Beziehung stehen. Die Beeinflussungen und Wirkungen des MB.s werden von Männern und Frauen unterschiedlich erlebt. Während die Frau die Mutter und das Mütterliche bewußt erlebt, bekommen sie bei dem Mann überwiegend einen symbolischen Charakter und werden als Wirkungen des Unbewußten erlebt (1).

(1) Vor allem möchte ich die Aufmerksamkeit auf den besonderen Umstand lenken, daß das Mutterbild auf einer anderen Ebene liegt, wenn der, der es ausdrückt, ein Mann und nicht eine Frau ist. Für die Frau ist die Mutter der Typus ihres bewußten, geschlechtsgemäßen Lebens. Für den Mann aber ist die Mutter der Typus eines zu erlebenden, fremden Gegen-

über, erfüllt mit der Bilderwelt des latenten Unbewußten. Schon aus diesem Grund ist der Mutterkomplex des Mannes prinzipiell verschieden von dem der Frau. Dementsprechend ist die Mutter dem Manne, von vornherein sozusagen, eine Angelegenheit von ausgesprochen symbolischem Charakter, und daher rührt auch wohl dessen Tendenz, die Mutter zu idealisieren. Idealisierung ist ein geheimer Apotropäismus. Man idealisiert, wo eine Furcht gebannt werden soll. Das Gefürchtete ist das Unbewußte und dessen magischer Einfluß.

Während beim Mann die Mutter ipso facto symbolisch ist, wird sie bei der Frau anscheinend erst im Verlauf der psychologischen Entwicklung zum Symbol. Es ist auffallend, daß erfahrungsgemäß beim Mann der Typus der Urania im allgemeinen stärker hervortritt, während bei der Frau der chthonische Typus, die sogenannte Erdmutter, vorwiegt. In einer Phase, wo der Archetypus erscheint, tritt in der Regel eine mehr oder weniger völlige Identität mit dem Urbild ein. Die Frau kann sich unmittelbar mit der Erdmutter identifizieren; der Mann dagegen nicht (ausgenommen psychotische Fälle). Wie die Mythologie dartut, gehört es zu den Eigentümlichkeiten der Großen Mutter, daß sie häufig mit ihrer männlichen Entsprechung gepaart vorkommt. (GW 9/I, § 192 f.)

Mutter, Große

Unter der sogenannten GM. wird in der analytischen Tiefenpsychologie ein spezieller Aspekt des M.-Archetypus und des M.-Bildes verstanden. Die GM. ist ein in der Psyche wirksames Urbild, das sich nicht von konkreten Erfahrungen mit einer Mutter ableiten läßt. Der Begriff wurde aus der Religionsgeschichte entlehnt und dient zur Bezeichnung von transpersonalen Symbolen, wie z. B. den Muttergöttinnen (1).

Besonders bekannt geworden ist der Begriff GM. durch einen der prominentesten Schüler Jungs, Erich Neumann in Israel (2). Dieser Autor hat folgende zwei charakteristische symbolische Formen an der GM. herausgearbeitet, nämlich ihren «Elementarcharakter» und den «Wandlungscharakter». Unter ersterem versteht N. alle elementaren Lebenserfahrungen, wie von der Mutter geboren und ernährt werden, bei ihr geborgen zu sein, aber auch von ihr beherrscht und festgehalten zu werden. Mit reichem Bildmaterial aus der ältesten Kulturgeschichte der Menschheit wird dieser Elementarcharakter des Weiblichen belegt, wie z. B. mit Vorzeitgöttinnen und zahlreichen Symbolen aus dem Matriarchat, wie z. B. Gefäßen, Brust- und Sexualsymbolik etc.... Negative Symbole sind die furchtbare und fressende Mutter, das Grab und die Unterwelt.

Der Wandlungscharakter der GM. kommt in jenen psychodynamischen Elementen und Faktoren zum Ausdruck, die eine fortwährende Verwandlung bewirken, das ewige Stirb und Werde. Im Gegensatz zur konservativen Tendenz des Elementarcharakters bewirkt die Wandlung eine dynamische Bewegtheit, Veränderung und Wiedergeburt. Symbole hierfür sind u. a. die Schicksalsgöttinen, Priesterinnen und Schamaninnen. In den Mysterienkulten werden die mystische Hochzeit und Wiedergeburt rituell begangen.

(1) **Der Begriff der Großen Mutter stammt aus der Religionsgeschichte und umfaßt die verschiedenartigsten Ausprägungen des Typus einer Muttergöttin. Er geht die Psychologie zunächst nichts an, indem das Bild einer «Großen Mutter» in *dieser* Form nur selten und dann nur unter ganz besonderen Bedingungen in der praktischen Erfahrung auftritt. Das Symbol ist selbstverständlich ein Derivat des Mutterarchetypus. Wenn wir daher den Versuch wagen, den Hintergrund des Bildes der Großen Mutter von der psychologischen Seite her zu untersuchen, so müssen wir notgedrungenerweise den viel allgemeineren Mutterarchetypus zur Basis unserer Betrachtung machen. (GW 9/I, § 148)**

(2) **Wenn die analytische Psychologie von dem Urbild oder dem Archetyp der «Großen Mutter» spricht, bezieht sie sich auf kein konkret in Raum und Zeit vorhandenes, sondern auf ein inneres, in der menschlichen Psyche wirksames Bild. Der symbolische Ausdruck dieses psychischen Phänomens sind die von der Menschheit in ihren Bildnereien und in ihren Mythen dargestellten Figuren und Gestalten der großen weiblichen Gottheit. Das Auftreten dieses Archetyps und seine Wirksamkeit ist durch die ganze Menschheitsgeschichte zu verfolgen, denn in den Riten, Mythen und Symbolen der frühen Menschheit ist er ebenso nachzuweisen wie in den Träumen, Phantasien und schöpferischen Gestaltungen des gesunden und kranken Menschen unserer Zeit.**

Um zu verdeutlichen, was die analytische Psychologie unter «Archetyp» versteht, haben wir seine Dynamik oder emotionale Komponente, seine Symbolik, seine inhaltliche Komponente und seine Struktur zu unterscheiden. Die Dynamik, die vom Archetyp ausgehende Wirkung, äußert sich unter anderem in energetischen Prozessen innerhalb der Psyche, die sich sowohl im Unbewußten wie zwischen dem Unbewußten und dem Bewußtsein abspielen. Diese Wirkung erscheint in positiven und negativen Emotionen, in Faszinationen und Projektionen, aber auch in Angst, dem Gefühl des Überwältigtsein des Ich und in manischen Erhobenheits- ebenso wie in Depressionszuständen. Jede die Gesamtheit der Persönlichkeit erfassende Stimmung ist Ausdruck der dynamischen Wirkung eines Archetyps, unabhängig davon, ob diese vom Bewußtsein des Menschen angenommen oder abelehnt wird, ob sie unbewußt bleibt oder das Bewußtsein ergreift. (E. Neumann: Die Große Mutter; Walter, Olten 1974, S. 19)

Mutterkomplex

Unter einem Mk. sind alle psychoenergetischen Wirkungen des M.-Archetypus und des M.-Bildes zu verstehen. Obwohl dieser Begriff die Gesamtheit aller positiven und negativen Erfahrungen mit der transpersonalen Mütterlichkeit und mit der persönlichen Mutter bezeichnet, wird er überwiegend im psychoneurotischen Zusammenhang verwendet. Von einem Mk. wird dann gesprochen, wenn die Beziehungsstörungen ihre Ursache in einer negativen Mutterbindung oder in einem überstarken (positiven) Mk. haben. In allen angsterregenden Erfahrungen zwischen Kind und Mutter ist dieser Mutterkomplex wirksam und bewirkt eine Spaltung in der kindlichen Seele (1). Negative M-Bilder erscheinen in den Träumen und Phantasien als Hexe, als böses Tier oder ähnlichen angsterregenden Vorstellungen.

Der Mk. hat nach Jungs Erfahrungen bei Söhnen und Töchtern, bei Männern und Frauen unterschiedliche Auswirkungen. Bei Männern stehen häufig die sexuelle Impotenz, die Homosexualität sowie die Angst vor dauerhaften Beziehungen im Zusammenhang mit einem negativen Mk. Ein positiver Mk. ermöglicht dagegen eine besondere Einfühlsamkeit und Empathie, eine Differenzierung des Eros, besondere erzieherische Fähigkeiten («pädagogischer Eros») sowie einen besonderen Sinn für Ästhetik und alles Künstlerische. Jungs Auffassung, daß der Mk. der Tochter oder Frau «ein reiner und unkomplizierter Fall» sei, deckt sich nicht mit meinen therapeutischen Erfahrungen und bedarf weiterer wissenschaftlicher Untersuchungen, wie Jung selbst schon andeutet (2).

(1) Der Archetyp der Mutter bildet die Grundlage des sogenannten Mutterkomplexes. Es ist eine offene Frage, ob ein solcher ohne nachweisbare kausale Mitbeteiligung der Mutter überhaupt zustandekommt. Nach meiner Erfahrung scheint es mir, als ob die Mutter stets, das heißt insbesondere bei infantilen Neurosen oder bei solchen, die unzweifelhaft ätiologisch in die frühe Kindheit zurückreichen, aktiv bei der Verursachung der Störung dabei sei. In jedem Falle aber ist die Instinktsphäre des Kindes gestört, und damit sind Archetypen konstelliert, welche als ein fremdes und oft angsterregendes Element zwischen Kind und Mutter treten. Wenn zum Beispiel die Kinder einer überbesorgten Mutter regelmäßig von dieser als einem bösen Tier oder als einer Hexe träumen, so setzt ein solches Erlebnis eine Spaltung in der kindlichen Seele und damit die Möglichkeit der Neurose. (GW 9/I, § 161)

(2) Die Wirkungen des Mutterkomplexes sind verschieden, je nachdem es sich um Sohn oder Tochter handelt. Typische Wirkungen auf den Sohn sind die Homosexualität und der Don Juanismus, gelegentlich auch die Impotenz.
In der Homosexualität haftet die heterosexuelle Komponente in unbewußter Form an der Mutter, im Don Juanismus wird unbewußterweise die Mutter «in jedem Weibe» gesucht. Die Wirkungen des Mutterkomplexes auf den Sohn sind dargestellt durch die Ideologie des Kybele-Attis-Typus: Selbstkastration, Wahnsinn und früher Tod. Beim Sohn ist der Mutterkomplex insofern nicht rein, als eine Ungleichheit des Geschlechtes vorliegt. Diese Verschiedenheit ist der Grund, warum in jedem männlichen Mutterkomplex neben dem Mutterarchetypus der des sexuellen Partners, nämlich der Anima, eine bedeutsame Rolle spielt. Die Mutter ist das erste weibliche Wesen, das dem zukünftigen Mann begegnet und laut oder leise, grob oder zart, bewußt oder unbewußt, nicht umhin kann, stets auf die Männlichkeit des Sohnes anzuspielen; wie auch der Sohn in zunehmendem Maße der Weiblichkeit der Mutter inne wird oder, unbewußterweise wenigstens, in-

stinktiv darauf antwortet. So werden beim Sohn die einfachen Beziehungen der Identität oder des sich unterscheidenden Widerstandes beständig durchkreuzt von den Faktoren der erotischen Anziehung und Abstoßung. Dadurch wird das Bild erheblich kompliziert. Ich möchte aber nicht behaupten, daß infolgedessen der Mutterkomplex des Sohnes etwa ernster genommen werden müßte als der der Tochter. Wir stehen in der Erforschung dieser komplexen seelischen Erscheinungen noch am Anfang, im Stadium der Pionierarbeit. Vergleiche lassen sich erst dann anstellen, wenn statistisch verwendbare Zahlen vorliegen. Solche sind aber noch nirgends in Sicht. Der Mutterkomplex ist nur bei der Tochter ein reiner und unkomplizierter Fall. Hier handelt es sich einerseits um eine von der Mutter ausgehende Verstärkung der weiblichen Instinkte, andererseits um eine Abschwächung bis Auslöschung derselben. Im ersten Fall entsteht durch das Überwiegen der Instinktwelt eine Unbewußtheit der eigenen Persönlichkeit; im lezten Fall entwickelt sich eine Projektion der Instinkte auf die Mutter. Vorderhand müssen wir uns mit der Feststellung begnügen, daß der Mutterkomplex bei der Tochter den weiblichen Instinkt entweder übermäßg fördert oder entsprechend hemmt, beim Sohn aber den männlichen Instinkt verletzt durch eine unnatürliche Sexualisierung. (GW 9/I, § 162 f.)

Mythos Es gibt in der menschlichen Seele nach Jungs Auffassung ein tiefes Bedürfnis nach mythischen Anschauungen und Bildern. Tiefenpsychologisch betrachtet werden die Mythen nicht bewußt ausgedacht, sondern sie entstanden spontan wie unsere Träume. Diese starke innere Nötigung zum Projizieren und «Mythologisieren» erklärt Jung «aus der irrationalen Kraft des Instinktes». Wenn ein Mensch sich auf innere Erfahrungen seines Seelenlebens einläßt, wird seine Phantasietätigkeit angeregt und lebendig, was wiederum zur Projektion von Bildern, Träumen und mythischen Anschauungen führt. C. G. Jung beschreibt die persönliche Bedeutung und Erfahrung des «Mythologisierens» als «symbolische Ausdrücke für das innere und unbewußte Drama der Seele» (1). Die Mythen sind psychische Manifestationen, die das Wesen der Seele darstellen (2).
Im Bereich der Religion hat der M. eine grundlegende Funk-

tion. Bei den ursprünglichen Stammeskulturen bilden der M. und die Religion eine Einheit. Auch der M. vom Gottmenschen Jesus wurde nicht von diesem erschaffen, sondern Jesus war von diesem schon vorgegebenen Mythos ergriffen (3). Durch den sich verändernden geistesgeschichtlichen Kontext, durch die Bewußtseinsentwicklung der Menschen und vor allem durch die Entstehung neuer Symbole im kollektiven Unbewußten können sich neue Mythologeme bilden. Indem die Archetypen im Mythos Gestalt annehmen, kann das Bewußtsein mit den instinktiven Wurzeln des Unbewußten verbunden bleiben.

(1) Man hat sich in der Mythenforschung bisher immer mit solaren, lunaren, meterologischen, Vegetations- und anderen Hilfsvorstellungen begnügt. Daß die Mythen aber in erster Linie psychische Manifestationen sind, welche das Wesen der Seele darstellen, darauf hat man sich so gut wie gar nicht eingelassen. An einer objektiven Erklärung der offenkundigen Dinge liegt dem Primitiven zunächst wenig, dagegen hat er ein unabweisbares Bedürfnis, oder besser gesagt, hat seine unbewußte Seele einen unüberwindlichen Drang, alle äußere Sinneserfahrung an seelisches Geschehen zu assimilieren. Es genügt dem Primitiven nicht, die Sonne auf- und untergehen zu sehen, sondern diese äußere Beobachtung muß zugleich auch ein seelisches Geschehen sein, das heißt, die Sonne muß in ihrer Wandlung das Schicksal eines Gottes oder Helden darstellen, der im Grunde genommen nirgends anders wohnt als in der Seele des Menschen. Alle mythisierten Naturvorgänge wie Sommer und Winter, Mondwechsel, Regenzeiten usw. sind nichts weniger als Allegorien eben dieser objektiven Erfahrungen, als vielmehr symbolische Ausdrücke für das innere und unbewußte Drama der Seele, welches auf dem Wege der Projektion, das heißt gespiegelt in Naturereignissen, dem menschlichen Bewußtsein faßbar wird. (GW 9/I, § 7)

(2) Die primitive Geistesverfassung *erfindet* keine Mythen, sondern sie *erlebt* sie. Die Mythen sind ursprünglich Offenbarungen der vorbewußten Seele, unwillkürliche Aussagen über unbewußtes seelisches Geschehen, und nichts weniger als Allegorien physischer Vorgänge. Solche Allegorien wären ein müßiges Spiel eines unwissenschaftlichen Intellekts. Mythen hingegen haben eine vitale Bedeutung. Sie stellen nicht nur dar, sondern sind auch das seelische Leben des primitiven Stammes, der sofort zerfällt und untergeht, wenn er sein mythisches Ahnengut verliert, wie ein Mensch, der seine Seele verloren hat. Die Mythologie eines Stammes ist seine lebendige

Religion, deren Verlust immer und überall, auch beim zivilisierten Menschen, eine moralische Katastrophe ist. Religion aber ist eine lebendige Beziehung zu den seelischen Vorgängen, die nicht vom Bewußtsein abhängen, sondern jenseits davon, im Dunkel des seelischen Hintergrundes sich ereignen. Viele dieser unbewußten Vorgänge entstehen zwar aus indirekter Veranlassung des Bewußtseins, aber niemals aus bewußter Willkür. Andere scheinen spontan zu entstehen, das heißt ohne erkennbare und im Bewußtsein nachweisbare Ursachen. (GW 9/I, § 261)

(3) Der Mythos setzt sich jedoch aus Symbolen zusammen, die nicht erfunden wurden, sondern einfach geschehen sind. Es war nicht der Mensch Jesus, der den Mythos vom Gottmenschen schuf. Dieser hatte schon Jahrhunderte vorher bestanden. Im Gegenteil war er selber von dieser symbolischen Idee ergriffen, die ihn, wie *Markus* beschreibt, aus der Werkstatt des Zimmermanns und der geistigen Beschränktheit seiner Umwelt heraushob. Mythen gehen auf den primitiven Geschichtenerzähler und seine Träume zurück, auf Menschen, die von den Regungen ihrer Phantasie bewegt wurden, und die sich von dem, was man später einen Dichter und Philosophen nannte, kaum unterschieden. Primitive Geschichtenerzähler haben nie viel nach dem Ursprung ihrer Phantasien gefragt. Erst viel später begann man sich darüber Gedanken zu machen, wo die Geschichte herkam. Bereits im alten Griechenland war der menschliche Geist entwickelt genug, um auf die Vermutung zu kommen, daß die Geschichten, die man über die Götter erzählte, nichts anderes seien als alte und übertriebene Überlieferungen über die Könige der Vorzeit und ihre Taten. Sie vermuteten schon damals, daß der Mythos nicht wörtlich zu nehmen sei, wegen seiner offensichtlichen Ungereimtheiten. Deshalb versuchten sie, ihn auf eine allgemeinverständliche Fabel zu reduzieren. (GW 18/I, § 658)

Neurose

Bei dem Begriff der Neurose werden in der analytischen Psychologie C. G. Jungs andere Akzente gesetzt als in der Psychoanalyse nach Freud (1). Die Neurose ist ein Ausdruck der gestörten Ganzwerdung des Menschen und seiner Individuation. Die Dissoziation und die Entzweiung des Menschen mit sich selber führen zu psychoneurotischen Schwierigkeiten. Die Diskrepanz und die Gegensätzlichkeiten, in die der Mensch verstrickt wird, bestehen zumeist in einem Widerstreit zwischen einem geistig-moralischen Anspruch und einem natürlichen-triebhaften Begehren. Damit ist jedoch nicht gemeint, daß Jung die Ursache in einem Triebkonflikt sieht, sondern in einer dem Leben immanenten Gegensatzspannung. Diese kann zu Komplexbildungen führen und Stauungsphänomene verursachen, die den seelischen Erlebnisprozeß und den Drang nach psychischem Wachstum sowie nach Selbstverwirklichung derart beeinträchtigen, daß es zur Neurose kommt. Man könnte sich ganz allgemein gesagt die Neurose auch als einen vorläufigen oder gar «faulen Kompromiß» vorstellen, eine Art von Übergangslösung vor einem geeigneteren Lösungsversuch. Die neurotischen Symptome haben für Jung einen symbolischen und verborgenen Sinn. Wichtiger als die kausale Frage nach dem «Warum» einer Neurose war für Jung die Frage nach dem «Wozu». Wenn ein Mensch die Botschaft seiner Symptome entschlüsselt und versteht, kann er mit dieser Einsicht beginnen, sein Leben ganzheitlicher auszurichten und zu gestalten (2).

Zu dem krankhaften Geschehen in der Neurose gehören u. a. die Verdrängung, die → Regression, die Fixierung sowie die Versagung. Die Verdrängung beruht auf den genannten bedrängenden Gegensätzlichkeiten. Bei der Regression werden positive und/oder negative frühere Erfahrungen und Verhaltensweisen lebendig, die zu einem Zurückfallen auf frühere kindliche Entwicklungsstufen oder auf archaische seelische Zustände führen können. Unter der Fixierung verstehen wir eine bewußte oder unbewußte Bindung und Verhaftung, z. B. an die Eltern oder an Entwicklungsphasen, die nicht altersgemäß sind. Bei der Versagung schließlich handelt es sich nicht nur um eine Frustration, Abwehr von Triebimpulsen oder seelischen Hemmungen, sondern auch um ein Sich-Versagen vor den psychischen Entwicklungsprozessen. Für die Therapie der Neurose ist wichtig, daß der Kranke die richtige Einstellung zur Neurose gewinnt (3).

Die Mehrdimensionalität und Vielfältigkeit des Jungschen

Neurosekonzeptes hat Th. Seifert in den folgenden Aspekten herausgearbeitet:

1. Der Aktualkonflikt stellt die Neurose in den Zusammenhang mit den Anforderungen in der Gegenwart und macht ihre Dynamik deutlich.

2. Der Zweckmäßigkeitsansatz fragt, welche Aufgabe der Patient nicht erfüllen will, welchen Schwierigkeiten er auszuweichen sucht.

3. Der regressionstheoretische Ansatz verfolgt den Libidostrom.

4. Der libidotheoretische Ansatz zielt auf die Freisetzung der neurosengebundenen Energie ab.

5. Der genetische oder genetisch-orientierte Ansatz beachtet die Geschichte der Neurose.

6. Der rollentheoretische Ansatz der Neurose stellt sich z. B. in einer Identifikation des Ich mit der Persona dar.

7. Der kulturtheoretische Ansatz definiert die Neurose als mißglückten Versuch des Individuums, ein allgemeines Zeitproblem in sich selbst zu lösen.

8. Der konflikttheoretische Ansatz sagt aus, daß das Uneinssein mit sich selbst ein Kennzeichen des Kulturmenschen überhaupt ist.

9. Die finale Theorie der Neurose sieht neben ihrer Sinnhaftigkeit innerhalb des Individuationsprozesses auch die mit Eigenwilligkeit, raffinierten Arrangements und mit unerbittlicher Hartnäckigkeit verfolgten Ziele.

10. Die Kreativitätstheorie der Neurose geht von der Annahme eines Triebes zur Selbstverwirklichung aus.

Als weitere wichtige Ansätze nennt Seifert den moralischen, den entwicklungstheoretischen und den dissoziationstheoretischen Ansatz der Neurose (in: Psychologie des 20. Jahrhunderts, Kindler, Bd. III,2, S. 859 f.)

(1) **Die Neurose ist nämlich keineswegs nur ein Negatives, sondern auch ein Positives. Nur ein seelenloser Rationalismus kann und hat diese Tatsache**

übersehen, unterstützt durch die Beschränktheit einer bloß materialistischen Weltanschauung. In Wirklichkeit enthält die Neurose die Seele des Kranken oder zum mindesten einen ganz wesentlichen Teil derselben, und wenn ihm, der rationalistischen Absicht entsprechend, die Neurose, wie ein kranker Zahn, ausgezogen werden könnte, so hätte er damit nichts gewonnen, sondern etwas sehr Wesentliches verloren, nämlich soviel wie ein Denker, dem der Zweifel an der Wahrheit seiner Schlüsse, oder wie ein moralischer Mensch, dem die Versuchung, oder wie ein Mutiger, dem die Angst abhanden gekommen wäre. Eine Neurose verlieren, bedeutet soviel wie gegenstandslos werden, ja das Leben verliert seine Spitze und damit den Sinn. Es war keine Heilung, sondern eine Amputation. (GW 10, § 355)

(2) Man sollte nicht versuchen, wie man die Neurose erledigen kann, sondern man sollte in Erfahrung bringen, was sie meint, was sie lehrt und was ihr Sinn und Zweck ist. Ja, man sollte lernen, ihr dankbar zu werden, sonst hat man sie verpaßt und damit die Möglichkeit verloren, mit dem, was man wirklich ist, bekannt zu werden. Eine Neurose ist dann wirklich «erledigt», wenn sie das falsch eingestellte Ich erledigt hat. *Nicht sie wird geheilt, sondern sie heilt uns.* Der Mensch ist krank, die Krankheit aber ist der Versuch der Natur, ihn zu heilen. Wir können also aus der Krankheit selber sehr viel für unsere Gesundheit lernen, und was dem Neurotiker als absolut verwerflich erscheint, darin liegt das wahre Gold, das wir sonst nirgends gefunden haben. (GW 10, § 361)

(3) *Nicht, wie man eine Neurose los wird, hat der Kranke zu lernen, sondern wie man sie trägt.* Denn die Krankheit ist keine überflüssige und darum sinnlose Last, sondern *sie ist er selber;* er selber ist der «andere», den man immer auszuschließen versuchte, aus infantiler Bequemlichkeit zum Beispiel oder aus Angst oder aus irgendwelchen anderen Gründen. Auf diese Weise macht man das Ich, wie Freud richtig sagt, zur «Angststätte», die es ja nie wäre, wenn wir uns nicht neurotisch gegen uns selber verteidigten. (GW 10, § 360)

Numinosität Die N. ist nach Jung die Haupteigenschaft des Archetypus. Es ist ein Art «emotionale Ladung, die sich auf das Bewußtsein immer dann überträgt, wenn ein archetypisches Bild auftaucht oder eine archetypische Situation eintrifft» (Briefe III,52). Bei der Definition des Begriffs hält Jung sich an R. Otto («Das Heilige»), der das Numinose für das Unaussprechliche, Geheimnisvolle und Erschreckende, sowie das «Ganz Andere» in der Gotteserfahrung des Menschen verwendet. Im Bereich der Tiefenpsychologie und speziell in der Komplexpsychologie drückt der Begriff N. die starke und furchterregende Macht der seelischen Kräfte aus (1). Diese außerordentlichen Wirkungen lassen auch verständlich werden, warum es die Tiefenpsychologie ganz allgemein und die Jungsche Psychologie im Besonderen so schwer haben, in den sogenannten wissenschaftlichen Consens aufgenommen zu werden. Die N. hängt aufs engste mit dem Archetypus zusammen. Sein Erscheinen und seine Wirkungen sind durch N. gekennzeichnet (2). Genauer muß gesagt werden, daß es die archetypischen Bilder und Symbole sind, die erschreckend auf das Bewußtsein und das Ich wirken und zugleich eine Bewußtseinserweiterung bewirken. Abschließend sei bemerkt, daß das Numinose im Bereich der Religionswissenschaften auf das Göttliche und/oder Dämonische verweist.

(1) Man wird sich noch erinnern, was für ein Entrüstungssturm sich allerorten erhob, als Freuds Arbeiten allgemeiner bekannt wurden. Diese Komplexreaktionen haben den Forscher zu einer Isolierung genötigt, welche ihm und seiner Schule den Vorwurf des Dogmatismus eingetragen hat. Alle psychologischen Theoretiker auf diesem Gebiet laufen dieselbe Gefahr, denn sie handhaben einen Gegenstand, der auf das Unbeherrschte im Menschen trifft, auf das *Numinose,* um Ottos trefflichen Ausdruck zu gebrauchen. Wo das Komplexgebiet anfängt, hört die Freiheit des Ich auf, denn Komplexe sind seelische Mächte, deren tiefste Natur noch nicht ergründet ist. Jedesmal, wenn es der Forschung gelingt, noch weiter gegen das seelische *Tremendum* vorzudringen, werden, wie bisher, beim Publikum Reaktionen ausgelöst, genau wie bei Patienten, welche aus therapeutischen Gründen veranlaßt werden, gegen die Unberührbarkeit ihrer Komplexe vorzugehen. (GW 8, § 216)

(2) Das Auftauchen der Archetypen hat einen ausgeprochen *numinosen* Charakter, den man, wenn nicht als «magisch», so doch geradezu als geistig bezeichnen muß. Daher ist dieses Phänomen für die Religionspsychologie von größter Bedeutung. Allerdings ist der Effekt nicht eindeutig. Er kann

heilend sein oder zerstörend, aber indifferent ist er nie, ein gewisser Deutlichkeitsgrad natürlich vorausgesetzt. Dieser Aspekt verdient die Bezeichnung «geistig» par excellence. Es kommt nämlich nicht selten vor, daß der Archetypus in der Gestalt eines *Geistes* in Träumen oder in Phantasiegestalten erscheint oder sich gar wie ein Spuk benimmt. Seine Numinosität hat häufig mystische Qualität und entsprechende Wirkung auf das Gemüt. Er mobilisiert philosophische und religiöse Anschauungen gerade bei Leuten, die sich himmelweit von solchen Schwächeanfällen wähnen. Er drängt oft mit unerhörter Leidenschaftlichkeit und unerbittlicher Konsequenz zu seinem Ziel und zieht das Subjekt in seinen Bann, den dieses trotz oft verzweifelter Gegenwehr nicht lösen kann und schließlich nicht mehr lösen will. Letzteres darum nicht, weil das Erlebnis eine bis dahin für unmöglich gehaltene *Sinnerfüllung* mit sich bringt. Ich begreife zutiefst den Widerstand aller festgegründeten Überzeugungen gegenüber psychologischen Entdeckungen dieser Art. Mit mehr Ahnung als wirklichem Wissen empfinden die Leute Angst vor der bedrohlichen Macht, die im Innersten jedes Menschen gebunden liegt und gewissermaßen nur auf das Zauberwort wartet, welches den Bann bricht. (GW 8, § 405)

Objektstufe Die O. in der Traumdeutung bedeutet, daß die handelnden Personen und bestimmte Situationen objektiv auf die äußere Realität bezogen werden (1). Wenn jemand von seinen Nachbarn, den Eltern oder einem Kollegen träumt, dann sind u. U. diese realen Personen gemeint, so wie der Träumer sie erlebt. So sehen und verstehen die meisten Menschen ihre Traumgestalten. Wenn jedoch das Traumbild von einer Person und dieser reale Mensch genaustens miteinander verglichen werden, so werden meistens Unterschiede sichtbar. Hierfür gibt es zwei Verstehensmöglichkeiten, daß nämlich erstens das Unbewußte des Träumers die andere Person genauer und wahrheitsgetreuer sieht als das Bewußtsein, oder daß zweitens die Beziehung zu diesem anderen geträumt wird und nicht dieser selbst. Da bereits hierbei der Subjektfaktor des Betrachters und Träumers ins Spiel kommt, gelangen wir damit zur Traumdeutung auf der → Subjektstufe. Jung macht darauf aufmerksam, daß es eine naive Voraussetzung und eine fragwürdige Vorstellung sei, die Traumbilder wie selbstverständlich mit den geträumten Objekten und Personen zu identifizieren (2).

(1) *Objektstufe.* Unter Deutung auf der O. verstehe ich diejenige Auffassung eines Traumes oder einer Phantasie, bei der die darin auftretenden Personen oder Verhältnisse auf objektiv-reale Personen oder Verhältnisse bezogen werden. Dies im Gegensatz zur *Subjektstufe,* bei der die im Traum vorkommenden Personen und Verhältnisse ausschließlich auf subjektive Größen bezogen werden. Die Freudsche Traumauffassung bewegt sich ausschließlich auf der Objektstufe, insofern die Traumwünsche als auf reale Objekte bezüglich gedeutet oder auf Sexualvorgänge bezogen werden, die in die physiologische, also außerpsychologische Sphäre fallen. (GW 6, § 854)

(2) Es ist mir selbstverständlich, daß jemand, der nicht selber praktizierender Analytiker ist, keinen besonderen Geschmack an Erörterungen über «Subjektstufe» und «Objektstufe» finden kann. Je tiefer wir uns aber mit den Traumproblemen beschäftigen, desto mehr kommen auch die technischen Gesichtspunkte der praktischen Behandlung in Betracht. Es hat in dieser Sache jener unerbittlichen Nötigung bedurft, die ein schwieriger Fall immer auf den Arzt ausübt, denn man muß stets darauf bedacht sein, seine Mittel so zu vervollkommnen, daß man auch in schweren Fällen helfen kann. Wir verdanken es den Schwierigkeiten der täglichen Krankenbehandlung, daß wir zu Auffassungen gedrängt werden, die teilweise an den Fundamenten unserer Alltagsmentalität rütteln. Obschon die Subjektivität einer Imago zu den sogenannten Binsenweisheiten gehört, so klingt die Feststellung doch etwas philosophisch, was gewissen Ohren unangenehm ist. Warum dies so ist, geht ohne weiteres hervor aus der oben erörterten Tatsache, daß die naive Voraussetzung die Imago ohne weiteres mit dem Objekt identifiziert. Jede Störung einer solchen Voraussetzung wirkt auf diese Menschenklasse irritierend. Aus dem gleichen Grunde wirkt der Gedanke der Subjektstufe unsympathisch, denn er stört die naive Voraussetzung der Identität der Bewußtseinsinhalte mit den Objekten. (GW 8, § 516)

Persona   Die P. ist die bewußt dargestellte Wesensseite der eigenen Person. Sie wird auch die «Seelenmaske» (J. Jacobi) des Menschen genannt. Die P. ist eine künstliche Persönlichkeit, die die Funktion einer Schutzmaske im Beziehungssystem zu den Mitmenschen hat.

Zur P. gehört das Erscheinungsbild, das jemand abgibt, und die Rolle, die die Gesellschaft von einem Amt und einer Person erwartet. Auch bestimmte Titel, Verhaltensweisen und Rollenklischees gehören zur Persona, wie Frauen oder Männer, Arbeitnehmer oder Chef sich zu geben haben (1). Die P. ist eine notwendige und sinnvolle Anpassung des Individuums an die Gesellschaft und die Realität. Ein besonderes Problem ist die Identifikation des Menschen mit seiner Persona. Während einerseits die soziale Rolle oder ein bestimmter Status Anerkennung und Sicherheit geben können, kann andererseits das Persönliche und Menschliche hinter der Seelenmaske erstickt werden (2). Das innere Gegenstück zur Persona sind die Seele und die Seelenbilder von Animus und Anima. Die Persona und die Seele stehen in einer polaren Wechselbeziehung, indem z. B. ein nach außen sich hart gebender Mann eine weiche und weibliche Seele haben kann und umgekehrt. Auch hinter einer intellektuellen Haltung verbirgt sich oftmals Sentimentalität, und ein moralischer Charakter kann bösartige Seiten verbergen und kompensieren. Viele Schwierigkeiten in den mitmenschlichen Beziehungen gehen auf ungelöste Spannungen zwischen der P. und der unbewußten sowie der verdrängten Seele zurück.

(1) **Die Persona ist ein kompliziertes Beziehungssystem zwischen dem individuellen Bewußtsein und der Sozietät, passenderweise eine Art Maske, welche einerseits darauf berechnet ist, einen bestimmten Eindruck auf die anderen zu machen, andererseits die wahre Natur des Individuums zu verdecken. Das letzters überflüssig wäre, kann nur der behaupten, welcher mit seiner Persona dermaßen identisch ist, daß er sich selbst nicht mehr kennt, und daß ersteres unnötig sei, kann nur der sich einbilden, welcher der wahren Natur seiner Mitmenschen unbewußt ist. Die Sozietät erwartet, ja muß von jedem Individuum erwarten, daß es die ihm zugedachte Rolle möglichst vollkommen spielt, daß also mithin einer, der Pfarrer ist, nicht nur objektiv seine Amtsfunktionen ausführe, sondern auch sonst zu allen Zeiten und unter allen Umständen die Rolle des Pfarrers anstandslos spiele. Die Sozietät verlangt dies als eine Art von Sicherheit; jeder muß an seinem Platz stehen, der eine ist Schuhmacher, der andere Poet. Es wird nicht erwartet,**

daß er beides sei. Es ist auch nicht ratsam, beides zu sein, denn das wäre etwas unheimlich. Ein solcher wäre ja «anders» als andere Leute, nicht ganz zuverlässig. In der akademischen Welt wäre er ein «Dilettant», politisch eine «unberechenbare» Größe, religiös ein «Freigeist», kurz, der Verdacht der Unzuverlässigkeit und Unzulänglichkeit fiele auf ihn, denn die Sozietät ist überzeugt, daß nur der Schuhmacher, der kein Poet dazu ist, fachmännisch richtige Schuhe liefert. Die Eindeutigkeit der persönlichen Erscheinung ist eine praktisch wichtige Sache, denn der der Sozietät einzig bekannte Durchschnittsmensch muß den Kopf schon bei *einer* Sache haben, um etwas Tüchtiges leisten zu können, deren zwei wären für ihn zu viel. Unsere Sozietät ist zweifellos auf solche Ideale eingestellt. Es ist daher kein Wunder, daß jeder, der es zu etwas bringen will, diese Erwartungen berücksichtigen muß. Als Individualität könnte natürlich niemand in diesen Erwartungen restlos aufgehen, daher die Konstruktion einer künstlichen Persönlichkeit unabweisbare Notwendigkeit wird. Die Forderungen des Anstandes und der guten Sitte tun ein Übriges zur Motivierung einer bekömmlichen Maske. Hinter der Maske entsteht dann das, was man «Privatleben» nennt. Diese sattsam bekannte Trennung des Bewußtseins in zwei oft lächerlich verschiedene Figuren ist eine einschneidende psychologische Operation, die nicht ohne Folgen für das Unbewußte bleiben kann. (GW 7, § 305)

(2) Ein häufiger Fall ist die Identität mit der *Persona*, jenem Anpassungssystem oder jener Manier, in der wir mit der Welt verkehren. So hat fast jeder Beruf die für ihn charakteristische Persona. Diese Dinge lassen sich heutzutage leicht studieren, indem öffentliche Leute so häufig photographiert in der Presse erscheinen. Die Welt erzwingt ein gewisses Benehmen, und die professionellen Leute strengen sich an, diesen Erwartungen zu entsprechen. Die Gefahr ist nur, daß man mit der «Persona» identisch wird, so etwa der Professor mit seinem Lehrbuch oder der Tenor mit seiner Stimme. Dann ist das Unglück geschehen. Man lebt dann nämlich nur noch in seiner eigenen Biographie. Das Gewand der Deianira ist ihm auf der Haut festgewachsen. Und es braucht schon den verzweifelten Entschluß des Herakles, sich dieses Nessusgewand vom Leibe zu reißen und in das verzehrende Feuer der Unsterblichkeitsflammen hineinzusteigen, um sich zu wandeln zu dem, was man eigentlich ist. Man könnte mit einer Übertreibung auch sagen, die «Persona», sei das, was einer eigentlich nicht ist, sondern was er und die anderen Leute meinen, daß er sei. (GW 9/I, § 221)

Phantasie Die archetypische Bilderwelt tritt sowohl in den Träumen, den Visionen, den schöpferischen Prozessen in kreativen Menschen als auch in der Ph. in Erscheinung. Die Ph. ist ferner mit Erinnerungen und Erfahrungen verbunden. Während wir unsere Gedanken bewußt lenken können, haben die Ph.n die Neigung, in das Bewußtsein einzubrechen und können dieses gelegentlich überschwemmen. Andererseits gibt es auch bewußt gelenkte Ph., wie dies z. B. in der aktiven Imagination geschieht.

Jung mißt den Beziehungen zwischen dem Ich und den Ph. eine große Bedeutung bei, weil sie die bewußten Einsichten durch bisher unbewußte Ansichten ergänzt. Jung unterscheidet aktive und passive Ph., indem erstere unbewußte psychische Inhalte durch die Intuition wahrnimmt, während die passive Ph. erlitten wird und einen Menschen in der Gestalt der Vision «überfällt» (1). Ferner unterscheidet Jung Ph.n mit persönlichem Charakter, die aus persönlichen Erlebnissen, Erinnerungen und Verdrängungen hervorgehen, und überpersönliche Ph.n, die aus dem kollektiven Unbewußten hervorgehen. In letzterem finden sich häufig archetypische Bilder und mythologische Motive. Eine weitere Differenzierung ist der manifeste und latente Sinn einer Ph. Ersterer stellt einen anschaulichen und konkreten Vorgang dar, der jedoch von dem Bewußtsein gedeutet werden muß. Dieses sucht nach dem latenten Sinn und der Bedeutung. Schließlich versteht Jung die Ph. sowohl kausal als auch final. Bei der kausalen Erklärung sind die Ph.n wie ein psychisches Symptom zu verstehen, das durch bestimmte psychische und physiologische Vorgänge verursacht wird. Die finale Verstehensweise sieht in der Ph. vor allem Symbole, die auf künftige psychische Entwicklungsmöglichkeiten verweisen.

Neben diesen mehr theoretischen Differenzierungen nennt Jung auch zahlreiche kreative Funktionen. Die Ph. ist für Jung «kühnstes Produkt der Zusammenfassung alles Kön-

nens» (2), indem sie Gefühle und Gedanken sowie die Sinnesempfindungen und das Ahnungsvermögen kombiniert. Diese
schöpferische Einbildungskraft hebt den Menschen über
seine Alltäglichkeit und Normalität hinaus (3).

(1) *Phantasie.* Unter Ph. verstehe ich zwei verschiedene Dinge, nämlich
erstens das *Phantasma* und zweitens die *imaginative Tätigkeit.* Es geht aus
dem Text meiner Arbeit hervor, was jeweils mit dem Ausdruck Ph. gemeint
ist. Unter Ph. als *Phantasma* verstehe ich einen Vorstellungskomplex, welcher sich vor andern Vorstellungskomplexen dadurch auszeichnet, daß ihm
kein äußerlich realer Sachverhalt entspricht. Obschon eine Ph. ursprünglich
auf Erinnerungsbildern wirklich stattgehabter Erlebnisse beruhen kann, so
entspricht doch ihr Inhalt keiner äußeren Realität, sondern ist wesentlich
nur der Ausfluß der schöpferischen Geistestätigkeit, eine Betätigung oder
ein Produkt der Kombination energiebesetzter psychischer Elemente. Insofern die psychische Energie einer willkürlichen Richtung unterworfen werden kann, kann auch die Ph. bewußt und willkürlich hervorgebracht werden, entweder als Ganzes oder wenigstens als Teil. Im ersteren Fall ist sie
dann nichts anderes als eine Kombination bewußter Elemente. Jedoch ist
dieser Fall nur ein künstliches und theoretisch bedeutsames Experiment. In
der Wirklichkeit der alltäglichen psychologischen Erfahrung ist die Ph.
meistens entweder durch eine erwartende, intuitive Einstellung ausgelöst,
oder sie ist eine Irruption unbewußter Inhalte ins Bewußtsein.
Man kann *aktive* und *passive* Ph.n unterscheiden; erstere sind veranlaßt
durch Intuition, d. h. durch eine auf Wahrnehmung unbewußter Inhalte
gerichtete Einstellung, wobei die Libido alle aus dem Unbewußten auftau-
chenden Elemente sofort besetzt und durch Assoziation paralleler Materialien zur Höhe der Klarheit und Anschaulichkeit bringt; letztere treten ohne
vorhergehende und begleitende intuitive Einstellung von vornherein in
anschaulicher Form auf bei völlig passiver Einstellung des erkennenden
Subjektes. Diese Ph.n gehören zu den psychischen «Automatismen» (Ja-
net). Diese letzteren Ph.n können natürlich nur bei einer relativen Dissoziation der Psyche vorkommen, denn ihr Zustandekommen setzte voraus, daß
ein wesentlicher Energiebetrag sich der bewußten Kontrolle entzogen und
unbewußte Materialien besetzt hat. So setzt die Vision des Saulus voraus,
daß er unbewußt bereits ein Christ ist, was seiner bewußten Einsicht entgangen war. Die passive Ph. entstammt wohl immer einem im Verhältnis zum
Bewußtsein gegensätzlichen Vorgang im Unbewußten, der annähernd so
viel Energie auf sich vereinigt wie die bewußte Einstellung und deshalb auch
befähigt ist, den Widerstand letzterer zu durchbrechen.
Die aktive Ph. dagegen verdankt ihre Existenz nicht bloß einseitig einem

intensiven und gegensätzlichen unbewußten Vorgang, sondern ebensowohl der Geneigtheit der bewußten Einstellung, die Andeutungen oder Fragmente relativ schwach betonter, unbewußter Zusammenhänge aufzunehmen und durch Assoziierung paralleler Elemente bis zur völligen Anschaulichkeit auszugestalten. Bei der aktiven Ph. handelt es sich also nicht notwendigerweise um einen dissoziierten Seelenzustand, sondern vielmehr um eine positive Anteilnahme des Bewußtseins. (GW 6, § 858 ff.)

(2) Die Psyche erschafft täglich die Wirklichkeit. Ich kann diese Tätigkeit mit keinem andern Ausdruck als mit *Phantasie* bezeichnen. Die Phantasie ist ebensosehr Gefühl wie Gedanke, sie ist ebenso intuitiv wie empfindend. Es gibt keine psychische Funktion, die in ihr nicht ununterscheidbar mit den andern psychischen Funktionen zusammenhinge. Sie erscheint bald als uranfänglich, bald als letztes und kühnstes Produkt der Zusammenfassung alles Könnens. Die Phantasie erscheint mir daher als der deutlichste Ausdruck der spezifischen psychischen Aktivität. Sie ist vor allem die schöpferische Tätigkeit, aus der die Antworten auf alle beantwortbaren Fragen hervorgehen, sie ist die Mutter aller Möglichkeiten, in der auch, wie alle psychologischen Gegensätze, Innenwelt und Außenwelt lebendig verbunden sind. (GW 6, § 73, S. 53 f.)

(3) Die Phantasie ist in letzter Linie die mütterliche Schöpfungskraft des männlichen Geistes. Im letzten Grunde sind wir nie erhaben über Phantasie. Gewiß gibt es wertlose, unzulängliche, krankhafte und unbefriedigende Phantasien, deren sterile Natur jeder mit gesundem Menschenverstand Begabte baldigst erkennen wird, aber Fehlleistungen beweisen bekanntlich nichts gegen Normalleistung. Alles Menschenwerk entstammt der schöpferischen Phantasie. Wie sollten wir da von der Einbildungskraft gering denken dürfen? Auch geht Phantasie normalerweise nicht in die Irre, dazu ist sie zu tief und zu innig verbunden mit dem Grundstock menschlicher und tierischer Instinkte. Sie kommt in überraschender Weise immer wieder zurecht. Die schöpferische Betätigung der Einbildungskraft entreißt den Menschen seiner Gebundenheit im «Nichts-als» und erhebt ihn in den Zustand des Spielenden. Und der Mensch ist, wie Schiller sagt, «nur da ganz Mensch, wo er spielt». (GW 16, § 98)

Progression In der P. des seelischen Entwicklungsprozesses geschieht die Aufhebung der → Regression. Beide psychoenergetischen Vorgänge sind wichtig für das Seelenleben. Bei der P. geht es um einen psychologischen Anpassungsprozeß an die

Anforderungen der Realität und der Umweltbedingungen (1). Dies wird u. a. dadurch erreicht, daß die inneren und äußeren Wahrnehmungen zu Willenshandlungen umgesetzt werden. Dabei ist auch der Symbolbildungsprozeß von grundlegender Bedeutung, indem z. B. in den psychoneurotischen Symptomen gebundene seelische Energie freigesetzt und in symbolischer Gestalt wieder dem Leben zugeführt wird. Ähnlich verhält es sich bei den unbewußten Komplexen als seelischen Energiefeldern, die durch die Regression der psychischen Energien gestört werden können. Bei dem Umschlag nun von der Regression zur P. entstehen Symbole, die bestehende Komplexe aus der Kindheit in größere Zusammenhänge überführen, indem z. B. die an die Eltern gestellten (und enttäuschten) Erwartungen auf ein Gottesbild projiziert werden oder in einer Sinnfindung für das Leben aufgehoben werden.

(1) **Wohl eines der wichtigsten energetischen Phänomene des Seelenlebens ist die Progression und Regression der Libido. Unter Progression ist zunächst das tägliche Weiterschreiten des psychologischen Anpassungsprozesses zu verstehen. Die Anpassung ist, wie bekannt, nie ein für allemal geleistet, obschon man geneigt ist, dergleichen zu glauben, dank einer Verwechslung der erreichten Einstellung mit der wirklichen Anpassung. Wir vermögen der Anpassungsforderung nur mittels einer entsprechend gerichteten Einstellung zu genügen. Die Anpassungsleistung vollzieht sich demnach in zwei Etappen: 1. Erreichung der Einstellung. 2. Vollendung der Anpassung mittels der Einstellung. Die Einstellung zur Wirklichkeit ist etwas außerordentlich Dauerhaftes, aber so dauerhaft der Habitus ist, so wenig dauerhaft ist seine effektive Anpassungsleistung. Dies ist die notwendige Folge der beständigen Veränderung der Umgebung und der dadurch bedingten Neuanpassung.**
Die *Progression* der Libido bestände somit in einer fortlaufenden Befriedigung der Anforderung der Umweltbedingungen. Da diese Leistung nur mittels einer Einstellung erreicht werden kann, die nämlich als Einstellung notwendigerweise ein Gerichtetsein und damit eine gewisse Einseitigkeit in sich schließt, so kann der Fall leicht eintreten, daß die Einstellung die Anpassungsforderung nicht mehr erfüllen kann, indem Veränderungen der äußeren Bedingungen stattgefunden haben, welche eine andere als die vorhandene Einstellung erfordern. (GW 8, § 60 f.)

Projektion

Unter P. wird die Hinausverlegung von eigenen unbewußten seelischen Inhalten verstanden. In der Regel bieten dazu bestimmte Personen oder Objekte in der Außenwelt einen Anreiz und einen «Aufhänger». Um die Vielschichtigkeit dieser psychischen Prozesse etwas zu differenzieren, unterscheidet Jung zwischen einer passiven und einer aktiven P. Zur ersteren gehören alle krankhaften Hinausverlegungen von eigenen Komplexen in andere, sowie die Auseinandersetzung oder gar Bekämpfung von eigenen Schwierigkeiten an anderen. «Passiv» sind diese psychischen Vorgänge in dem Sinne, daß sie unbewußt geschehen und erlitten werden. Doch auch viele alltägliche und «normale» P.n verlaufen nach dem Muster der passiven P. Zur aktiven P. dagegen gehören alle Einfühlungsakte, indem sich jemand in einen anderen hineinversetzt oder in ihn einfühlt (1). Ein bekanntes Gleichnis für die P. ist das Bild vom Balken im eigenen Auge und das Aufspüren des Splitters im Auge des Nächsten.

Viele zwischenmenschliche Beziehungen werden durch die P. entstellt, und unendlich viele Mißverständnisse beruhen darauf (2). In besonderer Weise neigen neurotische Menschen zur P. über unbewußte Komplexe auf andere und sehen und beurteilen (häufig verurteilen!) diese durch die eigene «Brille» mit ihren verzerrten Wahrnehmungsmöglichkeiten. Daß P. zwischen verfeindeten Menschen, Gruppen, Staaten zu den größten Problemen führen, dürfte einsichtig sein. Die Bewußtmachung der P., ihre Rücknahme und Integration in die eigene Person ist ein langwieriger und schwieriger Prozeß. Obwohl das Zusammenleben der Menschen so wesentlich erträglicher würde, erwarten viele die Änderungen beim anderen, um sich die Illusion zu bewahren, sie seien selber gute und normale Menschen (3).

(1) *Projektion* bedeutet die Hinausverlegung eines subjektiven Vorganges in ein Objekt. (Dies im Gegensatz zur *Introjektion*.) Die P. ist demnach ein

Dissimilationsvorgang, indem ein subjektiver Inhalt dem Subjekt entfremdet und gewissermaßen dem Objekt einverleibt wird. Es sind ebensowohl peinliche, inkompatible Inhalte, deren sich das Subjekt durch P. entledigt, wie auch positive Werte, die dem Subjekt aus irgendwelchen Gründen, z. B. infolge Selbstunterschätzung, unzugänglich sind. Die P. beruht auf der archaischen *Identität* von Subjekt und Objekt, ist aber erst dann als P. zu bezeichnen, wenn die Notwendigkeit der Auflösung der Identität mit dem Objekt eingetreten ist. Diese Notwendigkeit tritt ein, wenn die Identität störend wird, d. h., wenn durch das Fehlen des projizierten Inhalts die Anpassung wesentlich beeinträchtigt und deshalb die Zurückbringung des projizierten Inhaltes ins Subjekt wünschenswert wird. Von diesem Moment an erhält die bisherige partielle Identität den Charakter der P. Der Ausdruck P. bezeichnet daher einen Identitätszustand, der merkbar und dadurch Gegenstand der Kritik geworden ist, sei es der eigenen Kritik des Subjektes, sei es der Kritik eines andern.

Man kann eine *passive* und *aktive* P. unterscheiden. Erstere Form ist die gewöhnliche Form aller pathologischen und vieler normalen P., welche keiner Absicht entspringen, sondern lediglich automatisches Geschehen sind. Letztere Form findet sich als wesentlicher Bestandteil des *Einfühlungsaktes*. Die *Einfühlung* ist zwar als Ganzes ein Introjektionsprozeß, indem sie dazu dient, das Objekt in eine intime Beziehung zum Subjekt zu bringen. Um diese Beziehung herzustellen, trennt das Subjekt einen Inhalt, z. B. ein Gefühl, von sich ab, versetzt es ins Objekt, es damit belebend, und bezieht auf diese Weise das Objekt in die subjektive Sphäre ein. Die aktive Form der P. findet sich aber auch als Urteilsakt, der eine Trennung von Subjekt und Objekt bezweckt. In diesem Fall wird ein subjektives Urteil als gültiger Sachverhalt vom Subjekt abgetrennt und ins Objekt versetzt, wodurch das Subjekt sich vom Objekt absetzt. Die P. ist demnach ein Introversionsvorgang, indem sie im Gegensatz zur Introjektion keine Einbeziehung und Angleichung, sondern eine Unterscheidung und Abtrennung des Subjektes vom Objekt herbeiführt. Sie spielt daher eine Hauptrolle bei der Paranoia, welche in der Regel zu einer totalen Isolierung des Subjektes führt. (GW 6, § 870 f.)

(2) Ebenso wie man geneigt ist anzunehmen, daß die Welt so ist, wie wir sie sehen, so nimmt man auch naiverweise an, daß die Menschen so seien, wie wir sie uns vorstellen. Leider existiert in diesem letzteren Fall noch keine Physik, welche das Mißverhältnis zwischen Wahrnehmung und Wirklichkeit nachweist. Obgleich die Möglichkeit grober Täuschung um ein Vielfaches größer ist als bei der Sinneswahrnehmung, so projizieren wir doch ungescheut und naiv unsere eigene Psychologie in den Mitmenschen. Jedermann schafft sich auf diese Weise eine Reihe von mehr oder weniger imaginären

Beziehungen, die wesentlich auf solchen Projektionen beruhen. Unter den Neurotikern gibt es sogar häufig Fälle, wo die phantastische Projektion sozusagen die einzige menschliche Beziehungsmöglichkeit ist. Ein Mensch, den ich hauptsächlich durch meine Projektion wahrnehme, ist eine *Imago,* oder ein *Imago-* oder *Symbolträger.* Alle Inhalte unseres Unbewußten sind konstant projiziert in unsere Umgebung, und nur insofern wir gewisse Eigentümlichkeiten unserer Objekte als Projektionen, als Imagines durchschauen, gelingt es uns, sie von den wirklichen Eigenschaften derselben zu unterscheiden. Insofern uns aber der Projektionscharakter einer Objekteigenschaft nicht bewußt wird, können wir gar nicht anders, als naiv überzeugt sein, daß sie auch wirklich dem Objekt zugehört. Alle unsere menschlichen Beziehungen wimmeln von solchen Projektionen; und wem dies im Persönlichen etwa nicht deutlich werden sollte, den darf man auf die Psychologie der Presse in kriegführenden Ländern aufmerksam machen. Cum grano salis sieht man die eigenen nicht anerkannten Fehler immer im Gegner. Ausgezeichnete Beispiele findet man in allen persönlichen Polemiken. Wer nicht ein ungewöhnliches Maß an Selbstbesinnung besitzt, wird nicht über seinen Projektionen stehen, sondern meistens darunter, denn der natürliche geistige Zustand setzt das Vorhandensein dieser Projektionen voraus. Es ist das Natürliche und Gegebene, daß die unbewußten Inhalte projiziert sind. (GW 8, § 507)

(3) Man möchte gewiß bessere Beziehungen zu den Mitmenschen, aber natürlich unter der Bedingung, daß diese unseren Erwartungen entsprechen, d. h. daß sie willige Träger unserer Projektionen sind. Wenn man sich diese Projektionen aber bewußt macht, so tritt dadurch leicht eine Erschwerung der Beziehung zum anderen Menschen ein, denn die Illusionsbrücke fehlt, über die Liebe und Haß befreiend abströmen können, über die auch alle jene angeblichen Tugenden, welche andere «heben» und «bessern» wollen, so leicht und befriedigend an den Mann zu bringen sind. Als Folge dieser Erschwerung ergibt sich eine Aufstauung der Libido, wodurch die ungünstigen Projektionen bewußt werden. Es tritt dann die Aufgabe an das Subjekt heran, alle jene Gemeinheit bzw. Teufelei, die man ungescheut dem anderen zugetraut und worüber man sich ein Leben lang entrüstet hat, auf eigene Rechnung zu übernehmen. Das Irritierende an dieser Prozedur ist die Überzeugung einerseits, daß, wenn alle Menschen so handelten, das Leben wesentlich erträglicher würde, andererseits die Empfindung heftigsten Widerstandes dagegen, dieses Prinzip bei sich selber anzuwenden – und zwar im Ernst. Wenn es der andere täte – man könnte sich nichts besseres wünschen; wenn man es aber selber tun sollte, so findet man es unerträglich. (GW 8, § 517, S. 300)

Protestantismus

Als Sohn eines protestantischen Pfarrers in der Schweiz hat sich Jung Zeit seines Lebens auch mit Fragen der Religion und speziell mit dem P. befaßt. Zunehmend wurde Jung als Psychiater und als Psychotherapeut auch mit religiösen Fragen und Fragen nach dem Sinn des Lebens konfrontiert. Dabei fiel ihm auf, daß mehr Protestanten als Katholiken in die Sprechstunde kamen, was er später auch durch eine Statistik belegt bekam (1). Jung sah die «Unordnung» und die Schwierigkeiten im Seelenleben der Protestanten u. a. begründet in der Armut an lebendigen Symbolen und in einem gewissen Rationalismus. Besonders kritisch äußert sich Jung in diesem Zusammenhang zur sogenannten Entmythologisierung von Bultmann, der die biblischen Geschichten ihrer mythischen und symbolischen Einkleidungen entledigte, um die Botschaft und den Verkündigungsgehalt klar herauszustellen (2). Jung hat in seinen zahlreichen religionspsychologischen Aussagen und Schriften bedenkenswerte Überlegungen geäußert, von denen hier nur beispielhaft einige wiedergegeben werden können. Viele moderne und nachdenkliche Menschen können sich nicht mehr so ganz auf die eine oder andere Konfession einlassen, obwohl dies eine hilfreiche Möglichkeit wäre, das Chaos des Unbewußten zu strukturieren. (Jung unterscheidet übrigens zwischen Religion und Konfession: siehe C. G. Jung, Von Religion und Christentum, Walter 1987.) Der Zwiespalt zwischen dem bewußten Wollen und den unbewußten Antrieben und Beweggründen wird durch die Spaltung der Kirche und durch die Aufsplitterung in Hunderte von Glaubensrichtungen im P. fortwährend verstärkt. Andererseits beurteilt Jung diese Zersplitterung auch als Zeichen der Lebendigkeit und als Möglichkeit der Differenzierung im religiösen Bereich (3). Insbesondere wurde für Jung die starke Konzentration des P. auf Christus als Heiland und Erlöser zu einem zentralen Symbol der Ganzwerdung und Individuation (4).

(1) Ich erwähne dies, weil es in unserer Zeit unzählige Menschen gibt, die ihren Glauben an die eine oder andere der Weltreligionen verloren haben. Sie finden keinen Zugang mehr zu ihnen. Während das Leben ohne sie reibungslos weitergeht, bleibt der Verlust so gut wie unbemerkt. Bricht aber das Leid über einen herein, verändern sich die Verhältnisse oft schlagartig. Dann sucht man nach Auswegen und beginnt über den Sinn des Lebens und die bestürzenden Erfahrungen, die es mit sich bringt, nachzudenken. Einer Statistik zufolge kommt hier der Arzt mehr bei Juden und Protestanten und weniger bei Katholiken ins Spiel. (Dies ist insofern typisch, als die katholische Kirche sich für die cura animarum, die Seelsorge, verantwortlich fühlt.) Man glaubt an die Wissenschaft, und deshalb werden heute an die Psychiater die Fragen gestellt, die früher zum Bereich des Theologen gehört hätten. Die Menschen haben das Gefühl, daß es einen großen Unterschied macht oder machen würde, wenn sie nur einen festen Glauben an eine sinnvolle Lebensweise oder an Gott und die Unsterblichkeit hätten. Das Gespenst des Todes, das drohend vor ihnen auftaucht, ist oft eine starke Triebfeder bei solchen Gedanken. Seit undenklichen Zeiten haben die Menschen sich Vorstellungen von einem oder mehreren höchsten Wesen und einem Jenseits gemacht. Nur die moderne Zeit glaubt, ohne sie auskommen zu können. (GW 18/I, § 565)

(2) Bultmanns Entmythologisierungsversuch stellt eine Konsequenz des protestantischen Rationalismus dar und führt zu fortschreitender Verarmung der Symbolik. Was übrigbleibt, genügt nicht mehr, um die reiche (und so gefährliche) Welt des Unbewußten auszudrücken, sie ans Bewußtsein anzuschließen oder je nachdem auch zu bannen. Der Protestantismus wird damit noch langweiliger und armseliger, als er schon ist. Auch wird er sich, wie bisher, endlos aufsplittern, was ja die unbewußte Absicht der ganzen Übung ist. Mit der Reformation hat er schon ein Bein verloren, den unerläßlichen Ritus. Seitdem steht er auf dem hypertrophischen anderen Bein, dem Glauben, der dadurch unerhört beschwert ist und allmählich unzugänglich wird. Mit dieser Entblätterung des Symbolbaumes wird die Religion allmählich zur Privatsache; aber je größer die geistige Armut des Protestanten, desto mehr Chance hat er, den Schatz in seiner eigenen Seele zu heben. Auf alle Fälle hat er bessere Aussicht in dieser Beziehung als der Katholik, der sich noch im Vollbesitz einer wirklichen Kollektivreligion befindet. (Briefe II, S. 211)

(3) Der Protestantismus ist – wenn richtig verstanden – vor allem eine Religion für Erwachsene. Die katholische Kirche ist eine Mutter, während der Protestantismus eher die Rolle des Vaters spielt. Der Protestantismus macht aus dem Kind einen erwachsenen Menschen, und jeder Erwachsene

hat seinen eigenen Standpunkt. Daher scheint mir die Lebenskraft des Protestantismus gerade dadurch gewährleistet, daß er zersplittert ist. Diese Zersplitterung betrachte ich als Zeichen einer Lebendigkeit, die im Grunde nichts Beunruhigendes hat. Ich bin überzeugt, daß der Protestantismus einem Grundbedürfnis des Menschen entspricht; denn der Katholizismus stellt zuviel Kirche zwischen Gott und den Menschen, während – für die Schwachen – der Protestantismus nicht genug zwischen Gott und den Menschen stellt. (Briefe I, S. 454)

(4) Der Protestantismus hat fast das ganze ursprüngliche Dogma, wie auch den Ritus, fallengelassen und sich allein auf Christus, den Heiland, konzentriert. Das ist nach meiner bescheidenen Auffassung genau wie es sein sollte; denn es zeigt, daß der Protestant die Erfahrung eines erlösenden oder führenden Prinzips gemacht hat, welches sich in der menschlichen Psyche manifestiert. Es wurde Instinkt, Intuition und das Unbewußte genannt. «Name ist Schall und Rauch», sagt Goethes Faust. Dennoch weisen diese Namen auf etwas Grundlegendes, auf eine geheimnisvoll wirkende Größe, die den ganzen Menschen affiziert. Aus diesem Grund nannte sie die Wissenschaft, welche von außen nach innen, vom Bekannten zum Unbekannten fortschreitet, das Selbst, im Unterschied zum *Ego,* das nur das Zentrum des Bewußtseins darstellt. (Briefe III, S. 214)

Psyche

Die P. ist für Jung die Gesamtheit aller bewußten und unbewußten psychischen Vorgänge, während die Seele mehr einen Funktionskomplex mit einem gewissen Persönlichkeitscharakter darstellt (1). Die Ganzheit der Psyche wird differenziert nach dem Bewußtsein und dem Unbewußten. Ersteres ist als Anpassungsmöglichkeiten an die äußere Wirklichkeit, letzteres als Tiefe der P. zu verstehen. Für Jung ist die P. oder das Psychische kein Anhängsel an die Gehirnfunktion oder an die Körperprozesse, sondern ein Phänomen an sich.

Die P. ist nach Jung ein Mikrokosmos, in dem das Ich-Bewußtsein nur ein begrenzter Ausschnitt ist, der von dem Unbewußtsein als etwas Grenzenlosem umgeben wird. In der P. gibt es «vererbte» Funktions- und Verhaltensweisen, die «gewisse Arten zu denken, zu fühlen, zu imaginieren ermöglichen» (2). Eine weitere Differenzierung vollzieht Jung mit der Unterscheidung zwischen Individualpsyche und Kollektivpsyche (siehe auch kollektives → Unbewußtes). Kollektiv sind alle Grundformen des Denkens und Fühlens, alle Grundtriebe sowie die Übereinkunft der Menschen darüber, was allen gemeinsam ist. Die Identität eines Individuums mit der Kollektivpsyche ermöglicht einerseits ein Gefühl von Allgemeingültigkeit der Vorstellungen und Einstellungen sowie der Werte und birgt andererseits die Gefahr, alles Individuelle zu ersticken. Daher ist die Bewußtseinsentwicklung des einzelnen und die Integration unbewußter Inhalte eine wichtige Aufgabe. Das Individuum und das Ich-Bewußtsein sind dabei nach Jung von folgenden Faktoren abhängig: erstens von den Bedingungen des Kollektiven respektive sozialen Bewußtseins und zweitens von den unbewußten kollektiven Dominanten, respektive Archetypen.

Die Psyche ist ein energetisches System und Geschehen, das in Relation zu den physiologischen Grundlagen des Lebens zu sehen ist. Wichtig sind eine Balance und ein Gleichgewicht aller psychischen Faktoren, damit die destruktiven Tendenzen im Individuum und in der Sozietät nicht die Oberhand gewinnen. Über die von der psychosomatischen Medizin zu erforschenden Wechselbeziehungen zwischen Psyche und Körper hinaus ist die Psyche auch einer raum-zeitlosen Seinsform teilhaftig. Für Jung ist die relative oder partielle Identität von Psyche und physikalischem Kontinuum von größtem theoretischem Belang, weil sie zu einem ganzheitlichen Weltbild beiträgt (3).

(1) **Ich habe mich im Verlaufe meiner Untersuchungen der Struktur des Unbewußten veranlaßt gesehen, eine begriffliche Unterscheidung durchzuführen zwischen Seele und *Psyche*. Unter Psyche verstehe ich die Gesamtheit aller psychischen Vorgänge, der bewußten sowohl wie der unbewußten. Unter Seele dagegen verstehe ich einen bestimmten, abgegrenzten Funktionskomplex, den man am besten als eine «Persönlichkeit» charakterisieren könnte. (GW 6, § 877)**

(2) Die Eigenschaft der Psyche, Mikrokosmos zu sein, hatten die Alten dem psychophysischen Menschen zugedacht. Sie dem Ich-Bewußtsein zuzuschreiben, würde für dieses eine maßlose Überschätzung bedeuten. Mit dem Unbewußten ist es aber eine andere Sache. Dieses kann nämlich per definitionem und effektiv nicht umschrieben werden. Es muß daher als etwas Grenzenloses gelten, im Kleinen oder im Großen. Ob wir es als Mikrokosmos bezeichnen dürfen, hängt einzig und allein an der Frage, ob Teile der Welt jenseits individueller Erfahrung im Unbewußten nachgewiesen werden können, d. h. gewisse Konstanten, die nicht individuell erworben, sondern a priori vorhanden sind. Diese Dinge sind ja aus der Instinktlehre und den biologischen Erfahrungen an Insekt-Pflanzensymbiosen schon längst bekannt. Bei der Psyche aber bekommt man es sofort mit der Angst vor «vererbten Vorstellungen» zu tun. Darum handelt es sich allerdings nicht, sondern vielmehr um a priori, d. h. pränatal bestimmte Verhaltens- und Funktionsweisen. Es steht nämlich zu vermuten, daß so wie das Hühnchen auf der ganzen Erde in der gleichen Weise aus dem Ei herauskommt, es auch psychische Funktionsweisen gibt, d. h. gewisse Arten zu denken, zu fühlen, zu imaginieren, die sich überall und zu allen Zeiten, unabhängig von aller Tradition, nachweisen lassen. (GW 16, § 206)

(3) Obschon ich durch rein psychologische Überlegung dazu gelangt bin, an der nur psychischen Natur der Archetypen zu zweifeln, so sieht sich die Psychologie aber auch durch die Ergebnisse der Physik dazu gezwungen, ihre bloß psychischen Voraussetzungen zu revidieren. Die Physik hat ihr nämlich den Schluß vordemonstriert, daß auf der Stufe atomarer Größenordnung der Beobachter in der objektiven Realität vorausgesetzt und nur unter dieser Bedingung ein befriedigendes Erklärungsschema möglich ist. Das bedeutet einerseits ein dem physikalischen Weltbild anhaftendes subjektives Moment, andererseits eine für die Erklärung der Psyche unerläßliche Verbindung derselben mit dem objektiven Raum-Zeit-Kontinuum. So wenig das physikalische Kontinuum vorgestellt werden kann, so unanschaulich ist auch der notwendig vorhandene psychische Aspekt desselben. Von größtem theoretischem Belang ist aber die relative oder partielle Identität von Psyche und physikalischem Kontinuum, denn sie bedeutet insofern eine gewaltige *Vereinfachung,* als sie die anscheinende Inkommensurabilität zwischen der physikalischen Welt und der psychischen überbrückt; dies allerdings nicht in anschaulicher Weise, sondern auf der physikalischen Seite durch mathematische Gleichungen, auf der psychologischen durch aus der Empirie abgeleitete Postulate, nämlich Archetypen, deren Inhalte, wenn überhaupt solche vorhanden sind, nicht vorgestellt werden können. Archetypen erscheinen erst in der Beobachtung und Erfahrung, nämlich dadurch, daß sie Vorstellungen *anordnen,* was jeweils unbewußt geschieht

und darum immer erst nachträglich erkannt wird. Sie assimilieren Vorstellungsmaterial, dessen Herkunft aus der Erscheinungswelt nicht bestritten werden kann, und werden dadurch sichtbar und *psychisch*. (GW 8, § 440)

Psychotherapie

P. ist eine seelische Behandlungsmethode, die vor allem durch die mitmenschliche Begegnung zwischen Therapeut und Patient bestimmt und von einem offenen und vertrauensvollen Gespräch getragen wird. In die dialektische Beziehung (→ Analyse)(1) bringen sich beide Partner ganzheitlich ein, indem sie offen ihre Empfindungen und Gefühle mitteilen, ebenso ihre Einfälle und Gedanken. Mit dem Ahnungsvermögen und der Intuition spüren beide den Entwicklungsmöglichkeiten und Konfliktlösungen nach. Die P. zielt darauf ab, seelische Krankheitszustände in eine normale Anpassung ans Leben zu verwandeln. Als ein Heilsystem soll die P. nach Jungs Auffassung neben den vielschichtigen seelischen Erfahrungen auch ökonomische, politische, philosophische und religiöse Fragen berücksichtigen (2). Als dialektisches Verfahren ist die P. eine Auseinandersetzung und ein vertrauensvolles Zwiegespräch zwischen zwei Personen (3). Dabei geht es weniger um Wissensvermittlung als vielmehr um persönliche Wandlung und Ganzwerdung, die nicht erzwungen werden können.
Zunehmend wird die P. auch mit Weltanschauungsfragen konfrontiert, die früher in den Bereich der geistlichen Seelsorge gehörten (4).

(1) Der heutigen Psychotherapie wird es, wie mir scheint, nicht erspart bleiben, noch gewaltig umlernen zu müssen, bis sie ihrem Gegenstand, nämlich der menschlichen Seele in ihrem ganzen Umfange, auch nur annähernd gerecht wird, und bis es ihr selber gelingt, nicht mehr neurotisch zu denken, sondern die Vorgänge der Seele in ihren richtigen Proportionen zu sehen. Nicht nur die allgemeine Auffassung der Neurose, sondern auch die der komplexen psychischen Funktionen, wie zum Beispiel die Funktion des Traumes, bedarf einer gründlichen Revision. Es sind in diesem Gebiet ganz

erhebliche Mißgriffe geschehen, indem zum Beispiel die an sich normale Funktion des Träumens der gleichen Auffassung wie die Krankheit unterworfen wurde. Es wird sich dann herausstellen, daß die Psychotherapie ungefähr die gleichen Fehler begangen hat wie die alte Medizin, welche das Fieber bekämpfte, weil sie dieses für die Noxe hielt. (GW 10, § 369)

(2) Indem Psychotherapie den Anspruch erhebt, eine Heilmethode zu sein, muß sie in ihrer Zielsetzung auch die Notwendigkeit anerkennen, die verminderte Anpassung, als welche jeder krankhafte Zustand anzusprechen ist, in eine normale Anpassung zu verwandeln. Die Angepaßtheit eines psychischen Systems bezieht sich aber auf die jeweilige Zeitlage und Umweltbedingung und ist daher nicht für immer und ewig festgelegt. Die Angepaßtheit ist kein dauernder und allgemeingültiger Zustand, der, einmal erreicht, für immer festgehalten werden kann, sondern sie ist ein stetig fortschreitender Vorgang, welcher die ebenso stetige Beobachtung des Wechsels der äußeren und inneren Gegebenheiten zur unerläßlichen Voraussetzung hat. Ein Heilsystem, welches dabei die weltbewegenden «représentations collectives» politischer, ökonomischer, philosophischer und religiöser Natur außer acht läßt oder gar deren gründliche Anerkennung als bestehender Mächte geflissentlich übersieht, verdient wohl schwerlich den Namen einer Therapie. Es ist vielmehr ein Abweg in eine krankhaft verbohrte Protesteinstellung, die alles andere, nur nicht angepaßt ist. Angepaßtheit als Kriterium der Heilung ist unbedingt erforderlich, obschon sie nicht das einzige Kriterium darstellt.
Die Erörterung allgemeiner Voraussetzungen und leitender Ideen ist ein wichtigster Programmpunkt der gegenwärtigen Entwicklungsphase der Psychotherapie, denn dadurch kommen die sowieso vorhandenen, stillschweigenden und deshalb um so gefährlicheren Voraussetzungen zum allgemeinen Bewußtsein. Psychotherapie kann unter keinen Umständen nur *eine* Methode oder *ein* System sein, denn Individuen und Dispositionen sind nun einmal verschieden, und zwar so gründlich verschieden, daß man mit dem Aufräumen jeglichen Schematismus, Doktrinarismus und Dogmatismus sich nicht genug beeilen kann, soll die Entwicklung der Therapie nicht auf ein totes Geleise geschoben werden. (GW 10, § 1043f.)

(3) Dialektik war ursprünglich die Unterredungskunst der antiken Philosophien, wurde aber schon früh zur Bezeichnung des Verfahrens zur Erzeugung neuer Synthesen. Eine Person ist ein psychisches System, welches, im Falle der Einwirkung auf eine andere Person, mit einem andern psychischen System in Wechselwirkung tritt. Diese vielleicht modernste Formulierung des psychotherapeutischen Verhältnisses von Arzt und Patient hat sich, wie ersichtlich, weit entfernt von der anfänglichen Meinung, daß die Psychothe-

rapie eine Methode sei, die irgend jemand zur Erreichung eines gewollten Effektes in stereotyper Weise anwenden könne. (GW 16, § 1)

(4) Die Psychotherapie von heute strebt nicht danach, sondern sie wird öfters sogar dazu gezwungen, die Seelenführung auf einem Gebiet zu übernehmen, das eigentlich und ursprünglich zur *geistlichen* Seelsorge gehörte, und damit wird sie zu einer erzieherischen Leistung veranlaßt, welche die höchsten Anforderungen an Wissen und Können der Therapeuten stellt. Damit sieht sich der Arzt gelegentlich vor Probleme gestellt, deren Behandlung er zwar ablehnen kann in Anbetracht seiner Inkompetenz, die aber doch behandelbar sind, wenn er die nötigen Bedingungen erfüllt. Hier stößt die praktische Behandlung unmittelbar mit Weltanschauungsfragen zusammen, und es hat dann wahrlich nicht den geringsten Sinn, solche Fragen als uneigentlich zur Seite zu schieben und den Patienten damit von der so nötigen Beziehung zu und Anpassung an die großen, weltbewegenden Zeitprobleme abzuschneiden und ihn so in ein neurotisches Winkeldasein hineinzustoßen. Das wäre eben gerade das, was die Therapie *nicht* bezweckt. (GW 10, § 1045)

Quaternität
Die Q. (Vierheit, Vierteiligkeit) ist ein grundlegender Archetypus in der seelischen Bilderwelt und ihren Symbolen. In vielen Träumen, insbesondere in Traumserien, erscheinen das Quadrat oder quadratisch angeordnete Bildgestalten und Symbole als Ausdruck dieses Archetypus. Wir kennen ferner die vier Temperamente und die vier Jungschen Orientierungsfunktionen (Denken, Fühlen, Empfinden, Intuition). Aus dem Bereich der Symbolik seien beispielhaft die vier Evangelisten mit ihren Begleitsymbolen genannt. Auch in der äußeren Welt gibt es zahlreiche quaternare Orientierungssysteme wie z. B. die vier Himmelsrichtungen, die vier Jahreszeiten usw. Hinter diesen nur beispielhaft genannten Vierheiten vermutet Jung einen Archetypus, der universell ist und in allen Kulturen und Religionen vorkommt. Die Q. ist auch die Voraussetzung für Ganzheitsurteile und Ganzheitserfahrungen (1).
Die Psychologie der Q. ist für Jung von grundlegender Be-

deutung bei ganzheitlichen Gottesbildern und bei dem christlichen Trinitätsdogma. In Träumen und Visionen moderner Menschen hat Jung häufig vierheitliche Symbole vorgefunden und diese als «inneren Gott», als Gottesbild im Menschen bezeichnet (2). Da es sich bei diesen häufig vorkommenden Bildgestalten keineswegs nur um die Projektionen von einzelnen handelt, sondern um kollektive Erscheinungen, regte Jung eine Ergänzung und Erweiterung der Trinität zur Q. an. Er meint ferner, daß die Q. insbesondere bei religionslosen, modernen Menschen eine kompensatorische Funktion habe, weil die religiösen Symbole aus der Bilderwelt der Seele bei ihnen die vierheitlichen Ursymbole entstehen lassen.

(1) **Die Quaternität ist ein Archetypus, der sozusagen universell vorkommt. Sie ist die logische Voraussetzung für jedes Ganzheitsurteil. Wenn man ein solches Urteil fällen will, so muß dieses einen vierfachen Aspekt haben. Wenn man z. B. die Ganzheit des Horizontes bezeichnen will, so nennt man die vier Himmelsrichtungen. Die Dreiheit ist kein natürliches Ordnungsschema, sondern ein künstliches. Darum sind es immer die vier Elemente, vier primitive Qualitäten, vier Farben, vier Kasten in Indien, vier Wege (im Sinne von geistiger Entwicklung) im Buddhismus. Darum gibt es auch vier psychologische Aspekte der psychischen Orientierung, über die hinaus nichts Grundsätzliches mehr auszusagen ist. Wir müssen zur Orientierung eine Funktion haben, welche konstatiert, daß etwas ist, eine zweite, die feststellt, was das ist, eine dritte Funktion, die sagt, ob einem das paßt oder nicht, ob man es annehmen will oder nicht, und eine vierte Funktion, die angibt, woher es kommt und wohin es geht. Darüber hinaus läßt sich nichts mehr sagen. Bei Schopenhauer findet sich der Nachweis, daß der Satz vom Grunde eine vierfache Wurzel habe. Dies darum, weil der vierfache Aspekt eben das Minimum der Vollständigkeit eines Urteils darstellt. Die ideale Vollständigkeit ist das *Runde,* der *Kreis,* aber seine natürliche minimale Einteilung ist die Vierheit. (GW 11, § 246)**

(2) **Ich kann es nicht unterlassen, auf die interessante Tatsache aufmerksam zu machen, daß, während die zentrale christliche Symbolik eine Trinität ist, die Formel des Unbewußten eine Quaternität darstellt. In Wirklichkeit ist allerdings die orthodoxe christliche Formel insofern nicht ganz vollständig, als der dogmatische Aspekt des bösen Prinzipes der Trinität fehlt, aber als Teufel ein mehr oder weniger mißliches Sonderdasein führt. Immerhin scheint die Kirche ein inneres Verhältnis des Teufels zur Trinität nicht**

auszuschließen. **Eine katholische Autorität äußert sich zu dieser Frage folgendermaßen: «Die Existenz Satans aber ist nur von der Trinität aus zu verstehen.» – «Jede theologische Behandlung des Teufels, die nicht auf das trinitarische Gottesbewußtsein bezogen ist, bedeutet eine Verfehlung des eigentlichen Sachverhaltes.» (GW 11, § 103)**

Regression

Unter R. verstehen wir ein Zurückgehen zu den Wurzeln unserer Existenz und eine Anpassung an die Innenwelt. Dabei kommt es zur Reaktivierung entwicklungsgeschichtlich älterer und früherer Verhaltensweisen. Diese Rückkehr zu früheren Stationen des Lebens bis hin zum Zurückfallen auf frühere kindliche Entwicklungsstufen sowie auf archaische seelische Zustände der frühen Menschheit kann positive und negative Auswirkungen für das gegenwärtige Leben haben (1). Negativ, wenn es zu einer Dissoziation der Persönlichkeit kommt und zu psychoneurotischen Symptomen, die die psychische Energie binden und verzehren (oder «verheizen»). Bei der R. kann es ferner zu Bindungen an die Urbilder kommen, wie z. B. Vater- oder Mutterbild, was durch reale Beziehungsschwierigkeiten mit den Eltern ausgelöst und forciert wird. Die positiven und therapeutischen Wirkungen der R. bestehen in der Belebung und Entdeckung von bisher unbewußten Lebensmöglichkeiten (2), die ins bewußte Leben integriert werden sollten. Dazu gehört die Entwicklung der minderwertigen psychischen Funktion, wie z. B. beim Denktypus die unentwickelte Fühlfunktion oder beim Realisten und Empfindungstypus die Intuition oder das Ahnungsvermögen. Sollten die an zweiter Stelle genannten Funktionen die sogenannte Hauptfunktion sein, müßte die Entwicklung nach der R. natürlich in umgekehrter Richtung verlaufen (→Typologie und Progression).

(1) Der Mensch ist zweifellos einer weitgehenden Mechanisierung fähig, aber doch nicht in dem Maße, daß er sich selbst gänzlich, ohne Schaden zu leiden, aufgeben könnte. Je mehr er sich nämlich mit der einen Funktion

identifiziert, desto mehr besetzt er sie mit Libido und desto mehr entzieht er die Libido den anderen Funktionen. Sie ertragen zwar während längerer Zeit einen weitgehenden Libidoentzug; einmal aber reagieren sie doch. Indem ihnen nämlich die Libido entzogen wird, geraten sie allmählich unter die Bewußtseinsschwelle, ihr assoziativer Zusammenhang mit dem Bewußtsein lockert sich, und dadurch versinken sie allmählich ins Unbewußte. Dies ist gleichbedeutend mit einer Regressiventwicklung, nämlich einem Zurückgehen der relativ entwickelten Funktion auf eine infantile und zuletzt auf eine archaische Stufe. Da der Mensch aber nur relativ wenige Jahrtausende in kultiviertem Zustand zugebracht hat, dagegen viele Hunderttausende von Jahren in unkultiviertem Zustand, so sind demgemäß in ihm die archaischen Funktionsweisen noch außerordentlich lebensfähig und leicht wiederzubeleben. Wenn nun gewisse Funktionen durch Libidoentzug desintegriert werden, so treten ihre archaischen Grundlagen im Unbewußten in Kraft.

Dieser Zustand bedeutet eine Dissoziation der Persönlichkeit, indem die archaischen Funktionen keine direkten Beziehungen zum Bewußtsein haben, also keine gangbaren Brücken existieren zwischen Bewußtsein und Unbewußtem. Je weiter daher die Selbstentäußerung geht, desto weiter schreitet auch die Archaisierung der unbewußten Funktionen. Damit wächst auch die Bedeutung des Unbewußten. Dann fängt das Unbewußte an, die gerichtete Funktion symptomatisch zu stören, und damit beginnt jener charakteristische circulus vitiosus, dem wir bei so manchen Neurosen begegnen: der Mensch versucht die unbewußt störenden Einflüsse durch besondere Leistungen der gerichteten Funktion zu kompensieren, welcher Wettlauf gegebenenfalls bis zum nervösen Zusammenbruch fortgesetzt wird. (GW 6, § 569 f.)

(2) Wenn wir uns nun erinnern, daß der Grund zur Stauung der Libido das Versagen der bewußten Einstellung war, so verstehen wir jetzt, inwiefern die durch Regression aktivierten unbewußten Inhalte wertvolle Keime sind: sie enthalten nämlich die Elemente zu jener anderen Funktion, welche durch die bewußte Einstellung ausgeschlossen war und die befähigt wäre, die versagende bewußte Einstellung wirksam zu ergänzen oder zu ersetzen. Wenn das Denken als Anpassungsfunktion versagt, weil es sich um eine Situation handelt, an die man sich nur durch Einfühlung anpassen kann, so enthält das durch Regression aktivierte unbewußte Material eben die fehlende Fühlfunktion, aber noch in embryonaler bzw. archaischer und unentwickelter Form. Gleicherweise wird beim entgegengesetzten Typus die Regression eine die versagende bewußte Einfühlung wirksam kompensierende Denkfunktion im Unbewußten aktivieren.

Dadurch, daß die Regression einen unbewußten Tatbestand aktiviert, konfrontiert sie das Bewußtsein mit dem Problem der Seele gegenüber dem Problem äußerer Anpassung. Es ist natürlich, daß das Bewußtsein sich gegen die Annahme der regressiven Inhalte sträubt, jedoch wird es durch die Unmöglichkeit der Progression doch schließlich dazu gezwungen, sich den regressiven Werten zu unterwerfen; mit anderen Worten: die Regression führt zur Notwendigkeit der Anpassung an die Seele, die psychische Innenwelt. (GW 8, § 65 f.)

Religion

Der Begriff der R. wird von Jung nicht im dogmatischen oder theologischen Sinne definiert, sondern als religiöse Erfahrung des Göttlichen und/oder des Überpersönlichen. Mit R. ist nicht ein bestimmtes Glaubensbekenntnis oder eine Konfession gemeint, sondern «die besondere Einstellung eines Bewußtseins, welches durch die Erfahrung des Numinosum verändert worden ist» (1). Das Numinose (R. Otto) und das Heilige sind das unbegreifliche Göttliche, das einen Menschen ergreift, und werden als Vertrauen und Schauder zugleich erweckende Macht erlebt. Die Mächtigkeit dieses Widerfahrnisses sieht Jung in folgenden Begriffen mit ihren positiven und/oder negativen Aussagen ausgedrückt: «Gott, Dämon, Teufel, Engel, Besessenheit u. a.». Als empirischer Psychologe geht Jung bei seiner Definition von Religion über die christlichen Konfessionen hinaus und bezieht auch die religiösen Gestalten wie Buddha, Mohammed oder Konfuzius ein. Religiöse Phänomene und Symbole kommen für Jung auch in antiken Mythen zum Ausdruck, wie z. B. in den Kulten von Attis, Kybele, Mithras und der Großen Mutter, um nur einige zu nennen. Aus den vielfältigen religiösen Erfahrungen, Träumen und Visionen der Menschen meint Jung eine «religiöse Funktion der Seele» nachweisen zu können (2). Alles was in den biblischen Schriften und christlichen Dogmen seinen Ausdruck und Niederschlag gefunden hat, besitzt eine Entsprechung in der religiösen Funktion der Seele. Die genannten Namen und Gottesbilder sind ein Ausdruck des religiösen →Archetypus, der jedem Menschen eingeprägt ist. Diese ursprüngliche Prägung ist eine Disposition in der Seele, die je nach der Zugehörigkeit zu einer Kultur und Religion die unterschiedlichsten Gottesbilder erscheinen läßt. Nach Jung kann es zu psychoneurotischen Erkrankungen kommen, wenn die Fragen der Religion und des Gottesbildes beim einzelnen ungeklärt und unbewußt bleiben. Für Jung sollten die Religionen «psychotherapeutische Systeme» sein, die sich in ähnlicher Weise mit Störungen der Seele befassen, wie dies die verschiedenen Therapiemethoden versuchen, wirken aber als «Konfessionen» häufig in der entgegengesetzten Richtung, indem sie die Menschen gegen die unmittelbare religiöse Erfahrung abschirmen (3).

(1) Ich möchte deutlich machen, daß ich mit dem Ausdruck «Religion» nicht ein Glaubensbekenntnis meine. Es ist indessen richtig, daß jede Konfession sich einerseits ursprünglich auf die Erfahrung des Numinosum gründet, andererseits aber auf «pistis», auf Treue (Loyalität), Glauben und Vertrauen gegenüber einer bestimmten Erfahrung von numinoser Wirkung und der daraus folgenden Bewußtseinsveränderung; die Bekehrung des Paulus ist ein schlagendes Beispiel dafür. Man könnte also sagen, der Ausdruck «Religion» bezeichne die besondere Einstellung eines Bewußtseins, welches durch die Erfahrung des Numinosum verändert worden ist. (GW 11, § 9)

(2) Wenn ich aber nachweise, daß die Seele natürlicherweise eine religiöse Funktion besitzt, und wenn ich fordere, daß es die vornehmste Aufgabe aller Erziehung (des Erwachsenen) sei, jenen Archetypus des Gottesbildes respektive dessen Ausstrahlungen und Wirkungen ins Bewußtsein überzuführen, da fällt mir eben gerade die Theologie in den Arm und überführt mich des «Psychologismus». Wenn in der Seele nicht erfahrungsgemäß höchste Werte (unbeschadet des ebenfalls vorhandenen *antinomon pneuma*) lägen, so würde mich die Psychologie nicht im geringsten interessieren, da die Seele dann nichts als ein armseliger Dunst wäre. Ich weiß aber aus hundertfacher Erfahrung, daß sie das nicht ist, sondern daß sie vielmehr die Entsprechung aller jener Dinge enthält, welche das Dogma formuliert hat, und einiges darüber hinaus, was eben die Seele befähigt, jenes Auge zu sein, dem es bestimmt ist, das Licht zu schauen. Dazu bedarf es unermeßlichen Umfangs und unauslotbarer Tiefe. Man hat mir «Vergottung der Seele» vorgeworfen. *Nicht ich – Gott selbst hat sie vergottet!* Nicht ich habe

der Seele eine religiöse Funktion angedichtet, sondern ich habe die Tatsachen vorgelegt, welche beweisen, daß die Seele «naturaliter religiosa» ist, das heißt eine religiöse Funktion besitzt: eine Funktion, die ich nicht hineingelegt oder -gedeutet habe, sondern die sie selber von sich aus produziert, ohne durch irgendwelche Meinungen oder Suggestionen dazu veranlaßt zu sein. (GW 12, § 14)

(3) Was man gewöhnlich und im allgemeinen «Religion» nennt, ist zu einem so erstaunlichen Grade ein Ersatz, daß ich mich ernsthaft frage, ob diese Art von Religion, die ich lieber als Konfession bezeichnen möchte, nicht eine wichtige Funktion in der menschlichen Gesellschaft habe. Sie hat den offensichtlichen Zweck, *unmittelbare Erfahrung zu ersetzen* durch eine Auswahl passender Symbole, die in ein fest organisiertes Dogma und Ritual eingekleidet sind. Die katholische Kirche erhält sie aufrecht durch ihre absolute Autorität, die protestantische «Kirche» (wenn man diesen Begriff noch anwenden kann) durch Betonung des Glaubens an die evangelische Botschaft. Solange diese beiden Prinzipien Wirksamkeit haben, sind die Menschen erfolgreich verteidigt gegen die *unmittelbare* religiöse Erfahrung. Ja sie können sich sogar, wenn ihnen trotzdem etwas Unmittelbares zustoßen sollte, an die Kirche wenden, denn diese kann entscheiden, ob die Erfahrung von Gott kam oder vom Teufel, ob man sie annehmen oder verwerfen soll. (GW 11, § 75)

Schatten

Jung geht in seiner Beschreibung und Definition des Sch. gelegentlich von der allgemeinen menschlichen Erfahrung aus, daß wir nicht nur gute und lichte Seiten haben, sondern auch Schattenseiten. Darunter werden alle dunklen Charakterzüge und dunklen Aspekte der Persönlichkeit verstanden. Es sind nicht nur die kleinen Schwächen und Schönheitsfehler, sondern alle inferioren Persönlichkeitsanteile, deren unterste Schichten sich kaum von der Triebhaftigkeit eines Tieres unterscheiden lassen (1). Zum Sch. gehören alle verdrängten, minderwertigen und schuldhaften Anteile der Person, die bisher unbewußt herrschten und der Integration ins Bewußtsein harrten. Dies ist ein schwieriges moralisches Problem und zugleich ein wichtiger Schritt zur Selbsterkenntnis (2).
Die Bewußtmachung des Sch. ist nicht nur in der Anfangsar-

beit der analytischen Psychotherapie eine wichtige Aufgabe, sondern darüber hinaus eine Lebensaufgabe für jeden Menschen. Häufig jedoch werden die eigenen Schattenanteile auf andere projiziert und an diesen irrtümlich bekämpft. Daher sind die Bewußtwerdung des Sch. und die Zurücknahme dieser Projektionen eine ernste Aufgabe (3). In unseren Träumen begegnen wir dem Schatten häufig in den gleichgeschlechtlichen Personen, indem Frauen gelegentlich von Prostituierten oder ähnlichen Gestalten träumen und Männer von betrunkenen Vagabunden, Einbrechern oder Außenseitern der Gesellschaft. Wenn diese dunklen Wesensseiten nicht wahrgenommen, oder aber radikal abgeblockt werden, können sie sich von der Ganzheit der Person abspalten und zu autonomen →Komplexen werden, die eine Neurose verursachen (4). In der Therapie muß dann versucht werden, die zurückgehaltenen Affekte zu lösen und in das ganzheitliche Erleben zu integrieren.

Neben dem individuellen und persönlichen Schatten gibt es noch den archetypischen oder überpersönlichen Sch. Bilder und Beispiele dafür sind Mephisto als der Sch. von Goethes Faust oder der Teufel als Sch. von Christus (s. a. das Böse).

(1) Es hat eben etwas Furchtbares an sich, daß der Mensch auch eine Schattenseite hat, welche nicht nur etwa aus kleinen Schwächen und Schönheitsfehlern besteht, sondern aus einer geradezu dämonischen Dynamik. Der einzelne Mensch weiß selten davon; denn ihm, als Einzelmenschen, kommt es unglaubwürdig vor, daß er irgendwo oder irgendwie über sich selber hinausragen sollte. Lassen wir diese harmlosen Wesen aber Masse bilden, so entsteht daraus gegebenenfalls ein delirierendes Ungeheuer, und jeder einzelne ist nur noch kleinste Zelle im Leib des Monstrums, wo er wohl oder übel schon gar nicht mehr anders kann, als den Blutrausch der Bestie mitzumachen und sogar nach Kräften zu unterstützen. Aus dumpfer Ahnung von diesen Möglichkeiten der menschlichen Schattenseite verweigert man dieser die Anerkennung. [...]. Eine dunkle Ahnung sagt uns, daß wir ja nicht ganz sind ohne dieses Negative, daß wir einen Körper haben, der, wie der Körper überhaupt, unweigerlich einen Schatten wirft, und daß wir diesen Körper leugnen. Dieser Körper aber ist ein Tier mit einer Tierseele,

d. h. ein dem *Trieb unbedingt gehorchendes,* lebendes System. Mit diesem Schatten sich zu vereinigen, heißt Ja sagen zum Trieb und damit auch Ja sagen zu jener ungeheuerlichen Dynamik, welche im Hintergrunde droht. Davon will uns die asketische Moral des Christentums befreien, auf die Gefahr hin, die Tiernatur des Menschen im tiefsten Grund zu stören. (GW 7, § 35)

(2) Der *Schatten* ist ein moralisches Problem, welches das Ganze der Ichpersönlichkeit herausfordert, denn niemand vermag den Schatten ohne einen beträchtlichen Aufwand an moralischer Entschlossenheit zu realisieren. Handelt es sich bei dieser Realisierung doch darum, die dunklen Aspekte der Persönlichkeit als wirklich vorhanden anzuerkennen. Dieser Akt ist die unerläßliche Grundlage jeglicher Art von *Selbsterkenntnis* und begegnet darum in der Regel beträchtlichem Widerstand. Bildet die Selbsterkenntnis eine psychotherapeutische Maßnahme, so bedeutet sie oft eine mühsame Arbeit, die sich auf lange Zeit erstrecken kann.
Eine genauere Untersuchung der den Schatten bildenden dunklen Charakterzüge resp. Minderwertigkeiten ergibt, daß dieselben eine *emotionale* Natur bzw. eine gewisse *Autonomie* besitzen und demgemäß von obsedierender oder – besser – *possedierender* Art sind. Die Emotion nämlich ist keine Tätigkeit, sondern ein Geschehnis, das einem zustößt. Affekte ereignen sich in der Regel an den Stellen geringster Anpassung und offenbaren zugleich den Grund der verminderten Anpassung, nämlich eine gewisse Minderwertigkeit und das Vorhandensein eines gewissen niederen Niveaus der Persönlichkeit. Auf dieser tieferen Ebene mit ihren kaum oder gar nicht kontrollierten Emotionen verhält man sich mehr oder weniger wie ein Primitiver, der nicht nur ein willenloses Opfer seiner Affekte ist, sondern dazu noch eine bemerkenswerte Unfähigkeit des moralischen Urteils besitzt. (GW 9/II, § 14 f.)

(3) Wenn man sich jemanden vorstellt, der tapfer genug ist, die Projektionen seiner Illusionen allesamt zurückzuziehen, dann ergibt sich ein Individuum, das sich eines beträchtlichen «Schattens» bewußt ist. Ein solcher Mensch hat sich neue Probleme und Konflikte aufgeladen. Er ist sich selbst eine ernste Aufgabe geworden, da er jetzt nicht mehr sagen kann, daß die *andern* dies oder jenes tun, daß *sie* im Fehler sind und daß man gegen *sie* kämpfen muß. Er lebt in dem «Hause der Selbstbesinnung», der inneren Sammlung. Solch ein Mensch weiß, daß, was immer in der Welt verkehrt ist, auch in ihm selber ist, und wenn er nur lernt, mit seinem eigenen Schatten fertig zu werden, dann hat er etwas Wirkliches für die Welt getan. Es ist ihm dann gelungen, wenigstens einen allerkleinsten Teil der ungelösten riesenhaften Fragen unserer Tage zu beantworten. (GW 11, § 140)

(4) Denn das Minderwertige und selbst das Verwerfliche gehört zu mir und gibt mir Wesenheit und Körper, es ist mein *Schatten.* Wie kann ich wesenhaft sein, ohne einen Schatten zu werfen? Auch das Dunkle gehört zu meiner Ganzheit, und indem ich mir meines Schattens bewußt werde, erlange ich auch die Erinnerung wieder, daß ich ein Mensch bin wie alle anderen. Auf alle Fälle ist mit dieser zunächst schweigenden Wiederentdekkung der eigenen Ganzheit der frühere Zustand, aus welchem die Neurose, d. h. der abgespaltene Komplex, hervorging, wiederhergestellt. Durch Verschweigen kann die Isolierung verlängert werden mit einer nur teilweisen Besserung der Schäden. Durch das Bekenntnis aber werfe ich mich der Menschheit wieder in die Arme, befreit von der Last des moralischen Exils. Die kathartische Methode bezweckt das *völlige Bekenntnis,* und zwar nicht nur die intellektuelle Feststellung eines Tatbestandes durch den Kopf, sondern auch die Auslösung der zurückgehaltenen Affekte, die Feststellung des Tatbestandes durch das Herz. (GW16, § 134)

Seele Die S. wird von Jung als höchste psychische Intensität auf kleinstem Raum definiert (Briefe II, 253 f.). Er unterscheidet die →*Psyche* als Gesamtheit aller bewußten und unbewußten psychischen Vorgänge von der S. als einen abgegrenzten Funktionskomplex. Die S. ist für Jung eine innere Einstellung und eine Beziehungsmöglichkeit zum Unbewußten (1). Sie beinhaltet eine Bilderfolge, «eine in Bildern ausgedrückte Anschaulichkeit der Lebenstätigkeiten». Die S. kann auch ganz allgemein als das Lebendige im Menschen und als das Lebensverursachende angesehen werden (2). Sie ist für Jung eine Wirklichkeit in dem Sinne, daß bestimmte Wirkungen von ihr ausgehen (3). Die Seele steht komplementär zum Bewußtsein und zum Charakter des Menschen, indem sie alles das enthält, was dort ausgespart wird. Zu dieser Wechseltätigkeit gehört auch der Geschlechtscharakter des Menschen, indem z. B. sehr männliche Männer innerlich starken seelischen Regungen ausgeliefert sind (→Anima) und besonders weibliche Frauen eine männliche Seele (→Animus) haben. Für Jung ist die S. nicht als ein bloßer Abklatsch physikalischer und chemischer Vorgänge zu begreifen, sondern sie übersetzt diese Vorgänge in Bilderfolgen, wie z. B. in den Träumen.

(1) **Ebensogut, wie uns die tägliche Erfahrung berechtigt, von einer äußeren Persönlichkeit zu sprechen, berechtigt sie uns auch, die Existenz einer inneren Persönlichkeit anzunehmen. Die innere Persönlichkeit ist die Art und Weise, wie sich einer zu den inneren psychischen Vorgängen verhält, sie ist die innere Einstellung, der Charakter, den er dem Unbewußten zukehrt. Ich bezeichne die äußere Einstellung, den äußeren Charakter als Persona, die innere Einstellung bezeichne ich als *Anima*, als *Seele*. In demselben Maße, als eine Einstellung habituell ist, ist sie ein mehr oder weniger festgefügter Funktionskomplex, mit dem sich das Ich mehr oder weniger identifizieren kann. Die Sprache drückt es plastisch aus; wenn jemand eine habituelle Einstellung gewissen Situationen gegenüber hat, so pflegt man zu sagen: er ist ein ganz *anderer,* wenn er dies oder jenes tut. Damit ist die Selbständigkeit des Funktionskomplexes einer habituellen Einstellung dargetan: es ist, wie wenn eine andere Persönlichkeit vom Individuum Besitz ergreifen würde, wie wenn «ein anderer Geist in ihn gefahren wäre». (GW 6, § 883)**

(2) **Seele ist das Lebendige im Menschen, das aus sich selbst Lebende und Lebenverursachende, darum blies Gott dem Adam einen lebendigen Odem ein, damit er lebe. Die Seele verführt die nicht lebenwollende Tätigkeit des Stoffes mit List und spielerischer Täuschung zum Leben. Sie überzeugt von unglaubwürdigen Dingen, damit das Leben gelebt werde. Sie ist voll von Fallstricken und Fußangeln, damit der Mensch zu Fall komme, die Erde erreiche, sich dort verwickle und daran hängen bleibe, damit das Leben gelebt werde; wie schon Eva im Paradies es nicht lassen konnte, Adam von der Güte des verbotenen Apfels zu überzeugen. Wäre die Bewegtheit und das Schillern der Seele nicht, der Mensch würde in seiner größten Leidenschaft, der Trägheit, zum Stillstand kommen. (GW 9/I, § 56)**

(3) **Die Seele kümmert sich wahrscheinlich nicht um unsere Wirklichkeitskategorien. Für sie scheint in erster Linie *wirklich* zu sein, was *wirkt.* Wer die Seele erforschen will, darf sie nicht mit seinem Bewußtsein verwechseln, sonst verhüllt er den Gegenstand der Forschung seinem eigenen Blick. Man muß im Gegenteil noch entdecken, wie verschieden die Seele vom Bewußtsein ist, um sie erkennen zu können. Nichts ist daher möglicher, als daß jenes, das für uns Illusion heißt, für sie Wirklichkeit ist, weshalb nichts inkommensurabler wäre, als die seelische Wirklichkeit an unserer Bewußtseinswirklichkeit zu messen. Für den Psychologen gibt es nichts Blöderes als den Missionarsstandpunkt, der die Götter der armen Heiden für Illusion**

erklärt. Aber leider wird immer noch dogmatisch gepfuscht, wie wenn unsere sogenannte Realität nicht ebenso illusionär wäre. Im Seelischen sind, wie überall in unserer Erfahrung, wirkende Dinge Wirklichkeiten, gleichgültig, welche Namen ihnen der Mensch gibt. Und diese Wirklichkeiten möglichst als solche zu verstehen, darum handelt es sich und nicht etwa darum, daß man ihnen andere Namen unterschiebt. So ist Geist für die Seele nicht weniger Geist, auch wenn man ihn Sexualität nennt. (GW 16, § 111)

Selbst

Mit dem Begriff des S. versucht Jung die Ganzheit der menschlichen Gesamtpersönlichkeit annähernd zu beschreiben (1). In der psychischen Ganzheit sind sowohl die bewußten als auch die unbewußten Anteile enthalten, die von dem S. als Mittelpunkt oder Zentrum der Persönlichkeit gesteuert und umfaßt werden. In dem Sinne ist das S. ein anordnender und archetypischer Faktor in der Bilderwelt der Seele. Dieses S. erscheint uns in vielgestaltigen bildhaften und symbolischen Ausdrucksformen. Schließlich sei das S. als ein psychodynamischer Faktor von besonderer Numinosität gekennzeichnet. Jung weist häufig darauf hin, daß sich das Bewußtsein nicht mit dem Selbst identifizieren darf, weil dies zu einer psychotischen Aufblähung und zu Größenphantasien vom Übermenschen führen kann, sondern daß das Ich mit dem Selbst in einer kompensatorischen Beziehung stehen oder eine sogenannte «Ich-Selbst-Achse» (Erich Neumann) bilden sollte.

Der tiefenpsychologische Begriff des S. ist ein Konstrukt und verweist auf bewußtseinstranszendente Beziehungsmöglichkeiten mit Gott und dem Kosmos, mit Kristallen und Tieren, mit dem Sein und allem Seienden (2). Weitere bildhafte und symbolische Ausdrucksformen sind alle archetypischen Bilder und Mandalas, die einen Mittelpunkt haben und das Selbst als Zentrum. Auch in personalen Gestalten kann das Selbst erscheinen, wie z. B. in einem besonderen Arzt, Helden oder Priester. Da das Selbst wie alle Archetypen paradox ist und einen antinomischen Charakter hat, können die Ge-

stalten und Personen weiblich und männlich in eins sein.
Ferner können die Erscheinungsformen des S. zugleich groß
und klein, hilflos und mächtig oder ein Kind und Greis sein.
Damit ist nicht gesagt, ob diese tatsächlich so sind oder ob es
sich bei den Erscheinungsformen um paradoxe Spiegelungen
im wahrnehmenden Subjekt handelt. Das Selbst ist eben ein
Grenzbegriff, der uns auch mit den begrenzten Möglichkeiten
menschlicher Erkenntnis konfrontiert.

Für die hier nur in Auswahl gebrachten Erscheinungsbilder
des S. sind ferner folgende zwei Aspekte wesentlich. Zum
einen die außerordentliche Wirkung, die auf die numinose
Ganzheit dieses Archetypus verweist. Er vermittelt das Gefühl von Zeitlosigkeit und von «Ewigkeit». Zum anderen ist
das S. mit dem Gottesbild und dem «inneren Christus» verbunden, so daß sie empirisch betrachtet nicht eindeutig unterschieden werden können. Wichtig ist für Jung schließlich
noch, daß zur Ganzheit des Selbst bzw. der Gottesbilder auch
die Integration des →Bösen gehört (3).

(1) *Selbst.* Als empirischer Begriff bezeichnet das Selbst den Gesamtum-
fang aller psychischen Phänomene im Menschen. Es drückt die Einheit und
Ganzheit der Gesamtpersönlichkeit aus. Insofern aber letztere infolge ihres
unbewußten Anteils nur zum Teil bewußt sein kann, ist der Begriff des S.
eigentlich zum Teil potentiell empirisch und daher im selben Maße ein
Postulat. Mit anderen Worten, er umfaßt Erfahrbares und Unerfahrbares
bzw. noch nicht Erfahrenes. Diese Eigenschaften hat er mit sehr vielen
naturwissenschaftlichen Begriffen, welche mehr Nomina als Ideen sind,
gemein. Insofern die Ganzheit, welche aus bewußten sowohl wie aus unbewußten Inhalten besteht, ein Postulat ist, ist ihr Begriff *transzendent,* denn
sie setzt das Vorhandensein von unbewußten Faktoren aus empirischen
Gründen voraus und charakterisiert damit eine Wesenheit, die nur zum Teil
beschrieben werden kann, zu einem anderen Teil aber pro tempore unerkennbar und unbegrenzbar bleibt. Da es praktisch Phänomene des Bewußtseins und des Unbewußten gibt, so hat das S. als psychische Ganzheit einen
bewußten sowohl als einen unbewußten Aspekt. Empirisch erscheint das S.
in Träumen, Mythen und Märchen in der Figur der «übergeordneten Persönlichkeit», wie König, Held, Prophet, Heiland etc., oder eines Ganzheits-
symboles wie Kreis, Viereck, quadratura circuli, Kreuz etc. Insofern es eine

complexio oppositorum, eine Vereinigung von Gegensätzen, darstellt, kann es auch als eine geeinte Zweiheit erscheinen, wie z. B. das Tao als Zusammenspiel von yang und yin, als das Brüderpaar oder als der Held und sein Gegenspieler (Drache, feindlicher Bruder, Erzfeind, Faust und Mephisto etc.); d. h. empirisch erscheint das S. als ein Spiel von Licht und Schatten, obschon es begrifflich als Ganzheit und darum als Einheit, in der die Gegensätze geeint sind, verstanden wird . [...]. Es erweist sich damit als eine *archetypische Vorstellung,* die sich von anderen Vorstellungen solcher Art dadurch auszeichnet, daß sie entsprechend der Bedeutsamkeit ihres Inhaltes und ihrer Numinosität eine zentrale Stellung einnimmt. (GW 6, § 891)

(2) Dieses «Etwas» ist uns fremd und doch so nah, ganz uns selber und uns doch unerkennbar, ein virtueller Mittelpunkt von solch geheimnisvoller Konstitution, daß es alles fordern kann, Verwandtschaft mit Tieren und mit Göttern, mit Kristallen und Sternen, ohne uns in Verwunderung zu setzen, ja ohne unsere Mißbilligung zu erregen. Dieses Etwas fordert auch all das, und wir haben nichts in Händen, das wir billigerweise dieser Forderung entgegensetzen könnten, und es ist sogar heilsam, diese Stimme zu hören. Ich habe diesen Mittelpunkt als das *Selbst* bezeichnet. Intellektuell ist das Selbst nichts als ein psychologischer Begriff, eine Konstruktion, welche eine uns unerkennbare Wesenheit ausdrücken soll, die wir als solche nicht erfassen können, denn sie übersteigt unser Fassungsvermögen, wie schon aus ihrer Definition hervorgeht. Sie könnte ebensowohl als «der Gott in uns» bezeichnet werden. Die Anfänge unseres ganzen seelischen Lebens scheinen unentwirrbar aus diesem Punkte zu entspringen, und alle höchsten und letzten Ziele scheinen auf ihn hinzulaufen. Dieses Paradoxon ist unausweichlich, wie immer, wenn wir etwas zu kennzeichnen versuchen, was jenseits dieses Vermögens unseres Verstandes liegt. (GW 7, § 398 f.)

(3) Dieser Archetypus des Selbst hat in jeder Seele auf die «Botschaft» geantwortet, so daß der konkrete Rabbi Jesus in kürzester Frist vom konstellierten Archetypus assimiliert wurde. So verwirklichte Christus die Idee des Selbst. Da man nun aber empirisch nie unterscheiden kann, was ein Symbol des Selbst und was ein Gottesbild ist, so treten diese beiden Ideen trotz aller Unterscheidungsversuche immer wieder vermischt auf, z. B. das Selbst als synonym mit dem inneren Christus johannëischer und paulinischer Prägung, oder Christus als Gott («dem Vater wesensgleich») oder der Atman als individuelles Selbst und zugleich als Wesen des Kosmos, oder Tao als individueller Zustand und zugleich als korrektes Verhalten der Weltereignisse. Psychologisch beginnt die «göttliche» Domäne unmittelbar jenseits des Bewußtseins, denn dort schon ist der Mensch der Naturordnung auf Gedeih und Verderb preisgegeben. Die ihm von dort entgegentretenden

Symbole der Ganzheit benennt er mit Namen, die je nach Zeit und Ort verschieden sind.

Psychologisch ist das Selbst definiert als die psychische Ganzheit des Menschen. Zum *Symbol des Selbst* kann alles werden, von dem der Mensch eine umfassendere Ganzheit voraussetzt als von sich selber. Daher besitzt das Symbol des Selbst keineswegs immer jene Ganzheit, welche die psychologische Definition erfordert, auch die Gestalt Christi nicht, denn dieser fehlt die Nachtseite der seelischen Natur, die Finsternis des Geistes und die Sünde. Ohne Integration des Bösen aber gibt es keine Ganzheit. (GW 11, § 231 f.)

Selbstverwirklichung

Sv. ist in der Jungschen Psychologie ein anderer Begriff für → Individuation. In diesem lebenslangen Prozeß zur Ganzwerdung und Heilung bezieht sich das menschliche Ich auf das umfassende →Selbst. Die Verwirklichung des Selbst ist damit kein Egoismus oder eine narzißtische Selbstbezogenheit, wie Kritiker aus Unkenntnis meinen (1). Indem sich der Mensch auf das Selbst als das «ganz Andere» beziehen lernt, wird er zugleich beziehungsfähiger für das Du und den Nächsten sowie offener für Gott. Das dem Menschen innewohnende Streben nach Sv. im ganzheitlichen Sinne ist eine zentrale ethische und religiöse Aufgabe im Leben.

Wichtige Schritte auf dem Wege der Sv. sind die Selbsterkenntnis, das Erwachen des Selbstwertgefühls sowie das Selbstbewußtsein und das Erkennen des eigenen Selbstbildes. Ein wesentlicher Aspekt der Selbsterkenntnis ist das von Angst und Schrecken begleitete Gewahrwerden der eigenen «Dunkelseiten» im Herzen und in der Seele (2). Jung nennt es die Einsicht in den «Schatten», der für moderne Menschen vieles von dem christlichen Begriff der «Sünde» beinhaltet. Statt diese Persönlichkeitsanteile zu verdrängen oder auf andere zu projizieren, verhilft die demütigende Selbsterkenntnis zur Annahme der Dunkelheit in sich selbst und zur Integration des Schattens. Das Erkennen und Anerkennen dieser

Dunkelseite läßt zugleich die positiven Seiten unseres Selbstbildes in einem helleren Lichte erscheinen. Das Selbstbild in dem hier gemeinten Sinne wird ebenfalls vom Selbst her bestimmt, was wiederum das egoistische Begehren des Ich ausschließt.

Ein Mensch, der auf dem Wege der Sv. ein neues Selbstbewußtsein erlangt, das eben nicht vom Bewußtsein beliebig ausgedacht wird, sondern vom Selbst her einleuchtend wird, bekommt zugleich ein tiefes Gefühl des Wertes, ein wertvoller Mensch zu sein. Ähnlich wie ein Christ seinen Wert daraus bezieht, ein von Gott angenommener und geliebter Mensch zu sein, so erfährt ein Mensch im fortwährenden Prozeß der Sv. ein Selbstwertgefühl. Die genannten Aspekte mögen aufgezeigt haben, daß sie Sv. mehr ist als nur ein Modewort. Damit soll auch den unwahren und schaurigen Behauptungen eines Theologie-Professors widersprochen werden, der vorgibt, daß durch die Sv. Menschen zur «Gottlosigkeit» verführt werden und «das Selbst zum Götzen wird, dem heute auch in Pfarrhäusern Menschenopfer dargebracht werden, blutig genug» (Deut. Pfarrerblatt, Jan. 1979, S. 8).

(1) **Individuation bedeutet: zum Einzelwesen werden, und, insofern wir unter Individualität unsere innerste, letzte und unvergleichbare Einzigartigkeit verstehen, zum *eigenen Selbst werden.* Man könnte «Individuation» darum auch als «Verselbstung» oder als «Selbstverwirklichung» übersetzten. [...].**
Man nennt Egoisten «selbstisch», was mit dem Begriff eines «Selbst», wie ich ihn hier handhabe, natürlich nichts zu tun hat. Dagegen scheint aber die Selbstverwirklichung im Gegensatz zu der Selbstentäußerung zu stehen. Dieses Mißverständnis ist ganz allgemein, indem man ungenügend zwischen Individualismus und Individuation unterscheidet. Individualismus ist ein absichtliches Hervorheben und Betonen der vermeintlichen Eigenart im Gegensatz zu kollektiven Rücksichten und Verpflichtungen. Individuation aber bedeutet geradezu eine bessere und völligere Erfüllung der kollektiven Bestimmungen des Menschen, indem eine genügende Berücksichtigung der Eigenart des Individuums eine bessere soziale Leistung erhoffen läßt, als wenn die Eigenart vernachlässigt oder gar unterdrückt wird. Die Eigenartigkeit des Individuums ist nämlich keineswegs als eine Fremdartigkeit seiner

Substanz oder seiner Komponenten zu verstehen, sondern viel eher als ein eigenartiges Mischungsverhältnis oder als gradueller Differenzierungsunterschied von Funktionen und Fähigkeiten, die an und für sich universal sind. Jedes menschliche Gesicht hat eine Nase, zwei Augen usw., aber diese universalen Faktoren sind variabel, und es ist diese Variabilität, welche individuelle Eigenart ermöglicht. Individuation kann daher nur einen psychologischen Entwicklungsprozeß bedeuten, der die gegebenen individuellen Bestimmungen erfüllt, mit anderen Worten, den Menschen zu *dem* bestimmten Einzelwesen macht, das er nun einmal ist. Damit wird er nicht «selbstisch» im landläufigen Sinne, sondern er erfüllt bloß seine Eigenart, was, wie gesagt, von Egoismus oder Individualismus himmelweit verschieden ist. (GW 7, § 266 f.)

(2) Wie es nun für den Zweck der Individuation, der Selbstverwirklichung, unerläßlich ist, daß sich einer davon zu unterscheiden weiß, als was er sich und andern erscheint, so ist es zu demselben Zweck auch nötig, daß er sich seines unsichtbaren Beziehungssystems zum Unbewußten, nämlich der Anima, bewußt wird, um sich von ihr unterscheiden zu können. Von etwas Unbewußtem kann man sich nicht unterscheiden. In der Frage der Persona ist es natürlich leicht, jemandem klar zu machen, daß er und sein Amt zwei verschiedene Dinge sind. Von der Anima dagegen kann man sich nur schwer unterscheiden, und zwar darum so schwer, weil sie unsichtbar ist. Ja, man hat sogar zunächst das Vorurteil, daß alles, was von innen komme, aus dem ureigensten Wesensgrund stamme. Der «starke Mann» wird uns vielleicht zugeben, daß er tatsächlich im «Privatleben» bedenklich disziplinlos sei, aber das sei eben *seine Schwäche,* mit der er sich gewissermaßen solidarisch erklärt. In dieser Tendenz liegt natürlich ein nicht zu verachtendes Kulturerbteil. Wenn er nämlich anerkennt, daß seine ideale Persona für die nichts weniger als ideale Anima verantwortlich ist, so sind seine Ideale erschüttert, die Welt wird zweideutig, er selber wird zweideutig. Ein Zweifel am Guten befällt ihn, noch schlimmer, ein Zweifel an seiner guten Absicht. Wenn man bedenkt, mit welch machtvollen historischen Voraussetzungen unsere privateste Idee einer guten Absicht verknüpft ist, so wird man begreifen, daß es im Sinne unserer bisherigen Weltanschauung angenehmer ist, sich einer persönlichen Schwäche anzuklagen, als Ideale zu erschüttern. (GW 7, § 310)

Subjektstufe

Bei der Traumdeutung auf der S. werden alle Traumfiguren als Abbilder innerpsychischer Faktoren und als subjektive Befindlichkeit des Träumers selber angesehen (1). Zunächst jedoch hat die Traumdeutung auf der Objektstufe zu erfolgen, und es sind alle dort beschriebenen Verstehens-möglichkeiten auszuschöpfen. Erst wenn die Einfälle er-schöpft sind und die Deutung in einen Leerlauf gerät, beginnt die Traumarbeit auf der S. Dabei betrachten wir alle Perso-nen, Objekte und Handlungen als Gestalten und Ausdrucks-formen der eigenen Seele. Im Sinne der Selbsterkenntnis läßt sich dann sagen: «Das bist Du!» oder «So bist Du!». Der Traum bildet innere und zumeist unbewußte Wesensseiten von uns selber ab. Der Träumer ist dann auf seiner Traum-bühne wohl der Regisseur, besetzt aber auch die verschieden-sten Rollen und produziert sowie projiziert damit unbewußte seelische Inhalte, die als Teilpersönlichkeiten zur Ganzheit des Träumers gehören (2). In der therapeutischen Praxis er-weist sich häufig die Traumdeutung auf der S. als sehr anre-gend und fruchtbar.

(1) *Subjektstufe.* Unter Deutung auf der S. verstehe ich diejenige Auffas-sung eines Traumes oder einer Phantasie, bei der die darin auftretenden Personen oder Verhältnisse als auf subjektive, gänzlich der eigenen Psyche angehörende Faktoren bezogen werden. Bekanntlich ist das in unserer Psyche befindliche Bild eines Objektes niemals dem Objekt absolut gleich, sondern höchstens ähnlich. Es kommt zwar durch die sinnliche Perzeption und durch die Apperzeption dieser Reize zustande, aber eben durch Vor-gänge, welche schon unserer Psyche angehören und vom Objekt bloß veran-laßt sind. Das Zeugnis unserer Sinne deckt sich zwar erfahrungsgemäß weitgehend mit den Qualitäten des Objektes, unsere Apperzeption aber steht unter fast unabsehbaren subjektiven Einflüssen, welche die richtige Erkenntnis eines menschlichen Charakters außerordentlich erschweren. Eine so komplexe psychische Größe, wie sie ein menschlicher Charakter darstellt, bietet zudem der reinen Sinnesperzeption nur sehr geringe An-haltspunkte. Seine Erkenntnis erfordert auch Einfühlung, Überlegung und Intuition. Infolge dieser Komplikationen ist natürlich das endliche Urteil immer nur von sehr zweifelhaftem Wert, so daß das Bild, das wir uns von einem menschlichen Objekte formen, unter allen Umständen äußerst sub-jektiv bedingt ist. Man tut darum in der praktischen Psychologie gut daran, wenn man das Bild, die *Imago* eines Menschen, streng unterscheidet von seiner wirklichen Existenz. Infolge des äußerst subjektiven Zustandekom-mens einer Imago ist sie nicht selten eher ein Bild eines subjektiven Funk-tionskomplexes als des Objektes selbst. Darum ist es bei der analytischen

Behandlung unbewußter Produkte wesentlich, daß die Imago nicht ohne weiteres als mit dem Objekt identisch gesetzt, sondern vielmehr als ein Bild der subjektiven Beziehung zum Objekt aufgefaßt wird. Dies ist die Auffassung auf der S. (GW 6, § 892)

(2) Die Auffassung auf der Subjektstufe soll selbstverständlich nicht übertrieben werden. Es handelt sich bloß um eine etwas kritischere Abwägung der Zugehörigkeiten. Was mir am Objekt auffällt, wird wohl wirkliche Eigenschaft des Objektes sein. Je subjektiver und affektiver dieser Eindruck aber ist, desto eher ist die Eigenschaft als eine Projektion aufzufassen. Dabei müssen wir aber eine nicht unwesentliche Unterscheidung vornehmen: nämlich zwischen der wirklich am Objekt vorhandenen Eigenschaft, ohne welche eine Projektion aufs Objekt nicht wahrscheinlich wäre, und dem Wert oder der Bedeutung bzw. der Energie dieser Eigenschaft. Es ist nicht ausgeschlossen, daß eine Eigenschaft auf das Objekt projiziert wird, von der beim Objekt in Wirklichkeit kaum Spuren vorhanden sind (z. B. die Projektion magischer Qualitäten in unbelebte Objekte). Anders liegt es bei den gewöhnlichen Projektionen von Charaktereigenschaften oder momentanen Einstellungen. In diesen Fällen ist es häufig so, daß das Objekt der Projektion auch eine Gelegenheit bietet, ja sie sogar herausfordert. Dieses letztere ist dann der Fall, wenn dem Objekt die Eigenschaft selber *unbewußt* ist; *dadurch wirkt sie auf das Unbewußte* des anderen. Denn alle Projektionen bewirken *Gegenprojektionen* da, wo dem Objekt die vom Subjekt projizierte Eigenschaft unbewußt ist, so wie eine «Übertragung» vom Analytiker mit einer «Gegenübertragung» beantwortet wird, wenn die Übertragung einen Inhalt projiziert, der dem Arzt selber unbewußt, aber trotzdem bei ihm vorhanden ist. (GW 8, § 519)

Symbol Die Symbole sind «Energietransformatoren» des psychischen Geschehens und des seelischen Erlebens des Menschen. Folgende Aspekte und Erfahrungen sind für das Verständnis des Symbols von grundlegender Bedeutung: Bildhaftigkeit; Psychodynamik; Symbolbildung; Ganzwerdung.

1. Bildhaftigkeit:
Ein Symbol ist ein «stehendes Bild», das in sich die verschiedensten Wesensmerkmale vereinigt. Im Unterschied zu «lau-

fenden Bildern» (wie z. B. im Kino, Fernsehen oder Traum) ist im Symbol die wesentliche Aussage in einem einzigen Bild zusammengefaßt (1). Ähnlich wie ein Baum in der Erde wurzelt und seine Krone in den Himmel wachsen läßt, so hat ein Symbol zugleich Anteil an allem Irdischen, Materiellen und Tiefen, und zugleich ist es ein Erscheinungsbild für etwas «Geistiges und Jenseitiges». Im Bild ist für den Menschen etwas abgebildet, was ihn fortwährend an sein Geschaffensein als «Bild Gottes» erinnert und/oder eine wesentliche Gestaltwerdung der Evolution darstellt. Die Bilder in unseren Träumen, Imaginationen und Phantasien sind Abbildungen der psychischen Energien. Daher haben die Symbole in ihrer Bildhaftigkeit die Funktion von «Energietransformatoren». Die Bildhaftigkeit und die Psychodynamik stehen in einer Korrelation zueinander und bedingen fortwährend einander. «Die Symbole haben Ausdrucks- und Eindruckscharakter zugleich, indem sie einerseits das innerpsychische Geschehen bildhaft ausdrücken und anderseits dieses Geschehen – nachdem sie Bild geworden sind, sich gleichsam in einen Bildstoff «inkarniert» haben – durch ihren Sinngehalt beeindrucken und dadurch den Strom des psychischen Ablaufs weitertreiben» (Jacobi, Die Psychologie von C. G. Jung, Walter, S. 144).

2. *Psychodynamik:*
Unter der Psychodynamik verstehen wir in der Tiefenpsychologie die Antriebskräfte der Seele sowie die verborgenen Beweggründe des Herzens. Die Bilder bilden die innere Wirklichkeit ab und setzen uns ins Bild über bisher unbekannte Seiten unserer Person. In unseren Tiefen werden wir in die Wirkstatt unserer Bilderwelt geführt. Die Sexualität, die tiefen geistigen Interessen des Menschen, sein Glaube und die Emotionalität sind die wesentlichsten Triebfedern der Psychodynamik.
Ein spezieller Aspekt der Psychodynamik eines Symbols ist

dessen Numinosität. Diese erlebt ein glaubender Christ bei der Eucharistie oder beim Abendmahl oder angesichts des gekreuzigten Christus. Auch der letzten Ölung (der Krankensalbung) oder anderen Sakramenten wohnt eine derartige Numinosität inne.

Die geistigen und seelischen Antriebskräfte haben ihren Ursprung und ihre Quelle in den Archetypen bzw. in der archetypischen Grundposition des Lebens. Die Archetypen als anordnende Faktoren haben einen energiegeladenen Bedeutungskern, aus dem die Psychodynamik hervorgeht.

3. Symbolbildung:
Der Psyche des Menschen wohnt die Fähigkeit zur Symbolbildung inne. Diese Funktion ist ein wichtiger Ausdruck für das gesunde und normale Seelenleben, indem beim fortwährenden Prozeß der Individuation in der Selbstverwirklichung die Traumsymbole den Menschen ins Bild setzen über sein wahres Selbstbild und das Selbst. Ein lebendiges Symbol stellt ein wesentliches Stück unseres unbewußten Seelenlebens dar und verbindet uns damit mit den tieferen Beweggründen unserer Seele und Person (2).

Die Fähigkeit des Menschen zur Symbolbildung ist besonders in therapeutischer Hinsicht von grundlegender Bedeutung. Die neurotische Dissoziation des Menschen und die vielfältigen Gegensätzlichkeiten im menschlichen Erleben können nicht durch den Willen, sondern nur durch das Symbol überwunden werden. Daher ist die Beachtung der Träume und die Traumarbeit wichtig, weil die Seele in den Träumen fortwährend Symbole produziert und dabei die krankmachenden Gegensätze «zusammenwirft» und verbindet.

4. Die Ganzwerdung:
Die therapeutische Funktion der Symbole dient letztlich der Ganzwerdung der Person. Dies ist ein allgemein menschlicher Auftrag unseres Lebens und geht weit über den ärztli-

chen und psychotherapeutischen Bereich hinaus. Diese Verwirklichung des ganzen Menschen, der fortwährende Individuationsprozeß, ist ein Weg und ein Unterwegssein zu einem fernen Ziel.

Die Ganzwerdung wird gefördert durch die archetypischen Bilder und Symbole, die das Bewußtsein und das Ich mit dem Selbst verbinden. Es können besondere Kreissymbole sein oder Vierecke mit einem Zentrum, sogenannte Mandalas, oder Personen, die das ganzheitliche Leben verwirklicht haben (wie z. B. Christus, Buddha oder die Göttinnen). Zur Ganzwerdung gehört ferner, daß ein Mensch mit allen vier typologischen Orientierungsfunktionen zu leben lernt (Denken, Fühlen, Empfinden, Intuition) und dabei insbesondere seine verdrängten Seiten, die sogenannte minderwertige Funktion, entwickelt und integriert (3). Zur Ganzwerdung trägt insbesondere der soziale Aspekt der lebendigen Symbole bei, indem sie eine größere Menschengruppe miteinander verbinden können. Je ursprünglicher, «stofflicher» und «faßbarer» ein Symbol ist, um so kollektiver und universaler kann seine Wirkung sein. Je abstrakter, differenzierter und spezifischer ein Symbol ist, um so mehr gewinnt es an Einmaligkeit und Einzigartigkeit und verliert damit zugleich seine universale Bedeutung.

(1) *Symbol.* Der Begriff eines S. ist in meiner Auffassung streng unterschieden von dem Begriff eines bloßen *Zeichens. Symbolische* und *semiotische* Bedeutung sind ganz verschiedene Dinge. [...]. Z. B. der alte Gebrauch, beim Verkaufe eines Grundstückes ein Stück Rasen zu überreichen, läßt sich vulgär als «symbolisch» bezeichnen, ist aber seiner Natur nach durchaus semiotisch. Das Stück Rasen ist ein *Zeichen,* gesetzt für das ganze Grundstück. Das Flügelrad des Eisenbahnbeamten ist kein S. der Eisenbahn, sondern ein Zeichen, das die Zugehörigkeit zum Eisenbahnbetrieb kennzeichnet. Das S. dagegen setzt immer voraus, daß der gewählte Ausdruck die bestmögliche Bezeichnung oder Formel für einen relativ unbekannten, jedoch als vorhanden erkannten oder geforderten Tatbestand sei. Wenn also das Flügelrad des Eisenbahnbeamten als S. erklärt wird, so wäre damit gesagt, daß dieser Mann mit einem unbekannten Wesen zu tun habe, das

sich nicht anders und besser ausdrücken ließe, als durch ein geflügeltes Rad. (GW 6, § 894)

(2) Das lebendige S. formuliert ein wesentliches unbewußtes Stück, und je allgemeiner verbreitet dieses Stück ist, desto allgemeiner ist auch die Wirkung des S., denn es rührt in jedem die verwandte Saite an. Da das S. einerseits der bestmögliche und für die gegebene Epoche nicht zu übertreffende Ausdruck für das noch Unbekannte ist, so muß es aus dem Differenziertesten und Kompliziertesten der zeitgenössischen geistigen Atmosphäre hervorgehen. Da das lebendige S. anderseits aber das Verwandte einer größeren Menschengruppe in sich schließen muß, um überhaupt auf eine solche wirken zu können, so muß es gerade das erfassen, was einer größeren Menschengruppe gemeinsam sein kann. Dies kann nun niemals das Höchstdifferenzierte, das Höchsterreichbare sein, denn das erreichen und verstehen nur die wenigsten, sondern es muß etwas noch so Primitives sein, daß dessen Omnipräsenz außer allem Zweifel steht. Nur wenn das S. dieses erfaßt und auf den höchstmöglichen Ausdruck bringt, hat es allgemeine Wirkung. Darin besteht die gewaltige und zugleich erlösende Wirkung eines lebendigen sozialen S. (GW 6, § 901)

(3) Das S. ist immer ein Gebilde höchst komplexer Natur, denn es setzt sich zusammen aus den Daten aller psychischen Funktionen. Es ist infolgedessen weder rationaler, noch irrationaler Natur. Es hat zwar eine Seite, die der Vernunft entgegenkommt, aber auch eine Seite, die der Vernunft unzugänglich ist, indem es nicht nur aus Daten rationaler Natur, sondern auch aus den irrationalen Daten der reinen inneren und äußeren Wahrnehmung zusammengesetzt ist. Das Ahnungsreiche und Bedeutungsschwangere des Symbols spricht ebensowohl das Denken wie das Fühlen an, und seine eigenartige Bildhaftigkeit, wenn zu sinnlicher Form gestaltet, erregt die Empfindung sowohl wie die Intuition. Das lebendige S. kann nicht zustandekommen in einem stumpfen und wenig entwickelten Geiste, denn ein solcher wird sich am schon vorhandenen S., wie es ihm das traditionell Bestehende darbietet, genügen lassen. (GW 6, § 903)

Symptom   Unter einem S. verstehen wir in der Tiefenpsychologie eine Krankheitserscheinung, die sich aus vielfältigen psychoneurotischen Anteilen, seelischen Verletzungen und Blockierungen in der psychischen Entwicklung zusammensetzt. Es wird angenommen, daß ein S. eine vorläufige Kompromißlösung darstellt zwischen dem Bewußtsein und dem Unbewußten, zwischen triebhaften Bedürfnissen und geistig-seelischen Interessen. Besonders wichtig ist es, die in den S.n zum Ausdruck kommende symbolische Botschaft zu verstehen. Während früher die Psychotherapie mit der «Bekämpfung» der S. angefangen hat (wie es in weiten Bereichen der Medizin geschieht), geht es jetzt neben der Analyse der S.e vor allem um die Behandlung und das Verständnis des ganzen Menschen (1).

Die psychoneurotischen Symptome werden von den gefühlsgeladenen Komplexen im Unbewußten verursacht (2). Da sich bestimmte seelische Energiefelder aus der Ganzheit der Person abgesondert haben und ein autonomes Eigenleben führen, können sie seelisch bedingte Funktionsstörungen im Körper verursachen, die mit anderen Worten auch als psychosomatische Störungen bezeichnet werden oder als Neurose (3). Symptome lösen sich in der Regel dann von selbst auf, wenn die mit ihnen zum Ausdruck gebrachten Konflikte bewußt gemacht und verarbeitet wurden. Dazu gehört ferner eine «Neuverteilung» der psychischen Energien, die bis dahin in den neurotischen Komplexen und Symptomen gefangen und gebunden waren. Für die Herstellung des psychischen Gleichgewichts und eine innere Balance sind →Symbole von grundlegender Bedeutung. Allgemeinverständlich können wir die Symbole als «Energietransformatoren» bezeichnen, mit deren Hilfe die früher in den Symptomen gebundenen psychischen Energien jetzt ins Leben integriert werden können. Dieser schwierige und leidvolle Weg vom Symptom zum Symbol ist ein wesentlicher Schritt in der Therapie.

(1) Sieht man genauer hin, so versteht man, daß nicht bei dieser *Neurose,* sondern bei diesem *Menschen* das vielleicht an sich absurde Heilmittel eben gerade das Richtige war, während es bei einem andern Menschen das Allerverkehrteste gewesen wäre. Gewiß weiß auch die allgemeine Medizin, daß es nicht nur Krankheiten, sondern kranke Menschen gibt, aber die Psychotherapie vor allem weiß es – oder sollte es schon längst wissen –, daß ihr Objekt nicht die Fiktion der Neurose, sondern die gestörte Ganzheit

eines Menschen ist. Gewiß hat auch sie es versucht, die sog. Neurose so zu behandeln wie ein ulcus cruris, wo es für die Behandlung völlig irrelevant ist, ob die Patientin die Lieblingstochter des Vaters war oder ob sie katholisch, reformiert oder sonst etwas ist, ob sie einen älteren oder jüngeren Mann geheiratet hat usw. Die Psychotherapie hat auch mit der Symptombekämpfung angefangen, wie die Medizin überhaupt. Trotz ihrer unbestreitbaren Jugendlichkeit als wissenschaftlich vertretbare Methode, ist sie doch so alt wie die Heilkunst überhaupt und hat stets, bewußt oder unbewußt, mindestens die Hälfte des Feldes der Medizin behauptet. Ihre wirklichen Fortschritte hat sie allerdings erst im letzten halben Jahrhundert gemacht und sich dabei wegen der nötigen Spezialisierung auf das engere Gebiet der Psychoneurosen zurückgezogen. Hier hat sie aber relativ rasch erkannt, daß die Symptombekämpfung, oder – wie es jetzt hieß – Symptomanalyse nur eine halbe Sache war, und daß es vielmehr um die Behandlung des ganzen seelischen Menschen geht. (GW 16, § 199)

(2) Alle unbewußten Inhalte, die sich der Bewußtseinsschwelle entweder von unten annähern oder nur wenig darunter gesunken sind, pflegen auf das Bewußtsein zu wirken. Diese Wirkungen sind – weil der Inhalt nicht als solcher im Bewußtsein erscheint – notwendigerweise mittelbare. Die meisten sogenannten *Fehlleistungen* des Bewußtseins gehen auf solche Störungen zurück, ebenso alle sogenannten *neurotischen Symptome,* die insgesamt – wie sich die Medizin ausdrückt – psychogener Natur sind (Ausnahmen sind sogenannte Schockwirkungen, wie durch Granatexplosionen usw.). Die mildesten Neurosenformen sind die Fehlleistungen des Bewußtseins – z. B. das Versprechen, das plötzliche Entfallen von Namen und Daten, unerwartete Ungeschicklichkeiten, die zu Verletzungen und ähnlichem führen, Mißverständnisse und sogenannte Erinnerungshalluzinationen – man meint, man habe so gesagt oder getan –, unrichtige Auffassungen von Gehörtem und Gelesenem usf. (GW 16, § 126)

(3) Denn *der Neurotische hat in sich die Seele eines Kindes,* das willkürliche Beschränkungen, deren Sinn es nicht einsieht, schlecht erträgt; er sucht zwar, sich die Moral zu eigen zu machen, gerät aber dadurch in eine tiefe Zerrissenheit und *Uneinigkeit mit sich selbst,* will einerseits sich unterdrücken, andererseits sich befreien – und diesen Kampf nennt man Neurose. Wäre dieser Konflikt in allen Stücken klar bewußt, so würden daraus natürlich nie neurotische Symptome entstehen; solche entstehen nur, wenn man die andere Seite seines Wesens und die Dringlichkeit ihrer Probleme nicht sehen kann. Nur unter dieser Bedingung kommt das Symptom zustande, das dann der nicht anerkannten Seite der Seele zum Ausdruck verhilft. Das Symptom ist somit ein indirekter Ausdruck für nicht aner-

kannte Wünsche, die, wenn bewußt, in heftigen Widerstreit zu unsern moralischen Anschauungen gerieten. Wie schon gesagt, entzieht sich diese Schattenseite der Seele der bewußten Einsicht, der Kranke kann daher nicht mit ihr verhandeln, sie korrigieren, sich damit abfinden oder darauf verzichten, denn er *besitzt* die unbewußten Triebregungen in Wirklichkeit gar nicht; sie sind vielmehr, verdrängt aus der Hierarchie der bewußten Seele, zu *autonomen Komplexen* geworden, die unter großen Widerständen durch die Analyse des Unbewußten wieder zur Botmäßigkeit gebracht werden können. (GW 7, S. 289)

Synchronizität

Mit dem Begriff S. beschreibt Jung ein sinnvolles zeitliches Zusammentreffen von zwei Ereignissen oder eines inneren mit einem äußeren, ohne daß diese kausal voneinander abhängig wären. Besonders wichtig bei dieser besonderen Art von Gleichzeitigkeit der Ereignisse ist ihre sinnvolle oder «sinngemäße Koinzidenz», wie Jung schreibt (1). Er unterscheidet drei Kategorien von Koinzidenzen,

1. das sinnvolle Zusammentreffen eines psychischen Zustandes mit einem objektiven, äußeren Ereignis,
2. das sinnvolle Zusammentreffen einer psychischen Erfahrung in Gestalt eines archetypischen Traumes im Zusammenhang mit räumlich entfernten Ereignissen,
3. das sinnvolle Zusammentreffen eines psychischen Zustandes mit zukünftigen Ereignissen (prophetische oder Wahrträume) (2).

Schließlich wendet Jung den Begriff der S. zur Deutung des zeitlichen und sinnvollen Parallelismus von psychischen und psychophysischen Ereignissen an und gibt damit die Anregung, die ungelösten Probleme der Psychosomatik unter diesem Gesichtspunkt zu studieren. Es geht dabei u. a. um die Gleichzeitigkeitsrelation von Leib und Seele, indem sich psychische Prozesse im Körper somatisieren und dabei körperliche Funktionsstörungen auslösen, und umgekehrt, daß somatische Krankheitsprozesse wie psychische Vorgänge ablaufen und zu bestimmten psychopathologischen Phänomenen führen. Über diesen Bereich hinaus nimmt Jung schließlich an, daß Materie und Psyche zwei verschiedene Aspekte ein und derselben Sache sind. Es wird in diesem Zusammenhang auch von einem «psychoiden Faktor» im Bereich des unbewußten Archetypus gesprochen. Psychoid heißt «seelenähnlich» und stellt den Versuch dar, die unanschaulichen Tiefenschichten des kollektiven Unbewußten zu beschreiben, die vor allem die synchronistischen Phänomene zu veranlassen scheinen.

(1) **Ich möchte... Ihnen zuerst jene Tatsachen skizzieren, welche unter dem Begriff der Synchronizität zusammengefaßt werden sollen. Dieser Terminus hat, wie sein Wortlaut zeigt, etwas mit Zeit bzw. mit einer Art von *Gleichzeitigkeit* zu tun. Statt letzteren Ausdruckes können wir uns auch des Begriffes der *sinngemäßen Koinzidenz* zweier oder mehrerer Ereignisse bedienen, wobei es sich um etwas anderes als Zufallswahrscheinlichkeit handelt. Zufällig ist ein statistisches, das heißt wahrscheinliches Zusammentreffen von Ereignissen, wie zum Beispiel die in Spitälern bekannte «Duplizität der Fälle». Derartige Gruppierungen können auch mehrere bis viele Glieder aufweisen, ohne deshalb aus dem Rahmen des Wahrscheinlichen und rational Möglichen herauszufallen. So kann es sich ereignen, daß jemand zufälligerweise auf die Nummer seines Trambahnbillets aufmerksam wird. Zu Hause angelangt, erhält er einen Telephonanruf, bei welchem die gleiche Nummer angegeben wird. Abends kauft er sich ein Theaterbillet, das wiederum die gleiche Nummer trägt. Die drei Ereignisse bilden eine Zufallsgruppe, die zwar nicht oft zustande kommen wird, jedoch wegen der Häufigkeit jedes ihrer Glieder durchaus innerhalb des Rahmens der Wahrscheinlichkeit liegt. (GW 8, § 959)**

(2) **1. Koinzidenz eines psychischen Zustandes des Beobachters mit einem gleichzeitigen, objektiven, äußeren Ereignis, welches dem psychischen Zustand ohne Inhalt entspricht, wobei zwischen psychischem Zustand und äußerem Ereignis kein Kausalzusammenhang ersichtlich und, unter Berücksichtigung der oben festgestellten psychischen Relativierung von Raum und Zeit, auch nicht einmal denkbar ist.**
2. Koinzidenz eines psychischen Zustandes mit einem entsprechenden (mehr oder weniger gleichzeitigen) äußeren Ereignis, welches aber außerhalb des Wahrnehmungsbereiches des Beobachters, also räumlich distant, stattfindet und erst nachträglich verifiziert werden kann.[...].
3. Koinzidenz eines psychischen Zustandes mit einem entsprechenden,

noch nicht vorhandenen, zukünftigen, also zeitlich distanten Ereignis, das ebenfalls erst nachträglich verifiziert werden kann. In den Fällen zwei und drei sind die koinzidierenden Ereignisse im Wahrnehmungsbereich des Beobachters noch nicht vorhanden, sondern sie sind insofern zeitlich vorausgenommen, als sie erst nachträglich verifiziert werden können. Aus diesem Grunde bezeichne ich derartige Ereignisse als *synchronistisch*, was nicht mit *synchron* zu verwechseln ist. (GW 8, § 974 f.)

Transzendente Funktion

Die TF. ist kein philosophischer Begriff und bezeichnet auch keine metaphysische Erfahrung, sondern ist eine psychische Funktion im Individuationsprozeß. Durch lebendige und die Gegensätze vereinigende Symbole wird durch die aktive →Imagination eine Synthese zwischen dem Bewußtsein und dem Unbewußten bewirkt und damit ein Übergang von einer bisherigen Einstellung zu einer Bewußtseinserweiterung. In diesem psychischen Prozeß kommt es zu einer kompensatorischen Beziehung zwischen dem Bewußtsein und dem Unbewußten, indem man sich den Einfällen aus dem Unbewußten überläßt und dabei vor allem gefühlsbetonte Inhalte auffindet (1). Durch die fortwährende Auseinandersetzung mit dem Unbewußten entsteht eine Gegensatzspannung, die sich in den Phantasievorgängen und in den Träumen mit ihren Symbolen löst und damit den Zwiespalt zwischen Bewußtem und Unbewußtem überbrückt. Diese Auseinandersetzung geschieht ganzheitlich und fördert die psychotherapeutische Behandlung sowie die Ganzwerdung der Person (2).

(1) **Die Antwort besteht offenbar darin, die Trennung zwischen Bewußtsein und Unbewußtem aufzuheben. Das geschieht nicht dadurch, daß die Inhalte des Unbewußten einseitig durch bewußte Entscheidung verurteilt werden, sondern vielmehr dadurch, daß ihr Sinn für die Kompensation der Einseitigkeit des Bewußtseins erkannt und in Rechnung gestellt wird. Die Tendenz des Unbewußten und die des Bewußtseins sind nämlich jene zwei Faktoren, welche die transzendente Funktion zusammensetzen. *Sie heißt***

transzendent, weil sie den Übergang von einer Einstellung in eine andere organisch ermöglicht, das heißt ohne Verlust des Unbewußten. Die konstruktive Methode setzt bewußte Erkenntnisse voraus, welche auch beim Patienten potentiell wenigstens vorhanden sind und deshalb bewußtgemacht werden können. Weiß der Arzt nichts von diesen Möglichkeiten, so kann er in dieser Hinsicht auch nichts aus dem Patienten entwickeln, es sei denn, daß Arzt und Patient gemeinschaftlich dieser Frage ein eigentliches Studium widmen, was in der Regel aber ausgeschlossen sein dürfte. (GW 8, § 145)

(2) Da die Auseinandersetzung mit der Gegenposition ganzheitlichen Charakter hat, so ist nichts davon ausgeschlossen. Alles steht in Diskussion, auch wenn nur Bruchteile bewußt sind. Das Bewußtsein wird durch Gegenüberstellung von bisher unbewußten Inhalten beständig erweitert oder – besser gesagt – könnte erweitert werden, wenn es sich um deren Integration bemühen wollte. Das ist natürlich keineswegs immer der Fall. Auch wenn genügend Intelligenz vorhanden ist, um die Fragestellung zu verstehen, so fehlt es doch an Mut und Selbstvertrauen, oder man ist geistig und moralisch zu träge oder zu feige, eine Anstrengung zu machen. Wo aber die nötigen Voraussetzungen vorhanden sind, da bildet die transzendente Funktion nicht nur eine wertvolle Ergänzung der psychotherapeutischen Behandlung, sondern verschafft dem Patienten den nicht zu unterschätzenden Vorteil, aus eigenen Kräften einen gewichtigen Beitrag an die ärztliche Bemühung zu leisten und in diesem Maße nicht vom Arzte und seinem Können in einer oft demütigenden Weise abhängig zu sein. Es ist ein Weg, sich durch eigene Anstrengung zu befreien und den Mut zu sich selbst zu finden. (GW 8, § 193)

Traumdeutung

Die Td. mit der Analyse der einzelnen Motive und Symbole sowie die Besprechung des T.sinnes mit dem Analysanden oder Patienten hat eine zentrale Stellung im therapeutischen Prozeß. Jung weist darauf hin, daß kein Psychologe oder Psychotherapeut durch die Anwendung einer T.theorie oder durch die Kenntnis der Symbolik einen T. ohne weiteres richtig verstehen und deuten kann (1). Für die richtige Td. ist die Mitarbeit des Träumers sehr wichtig, um die persönlichen Erfahrungen mit den Dingen oder Personen im T. richtig zu erfassen. Jung zeigt am Beispiel des T.bildes

Tisch, wie vielfältig die Erfahrungen damit sein können (2). Daher kann ohne die Mitwirkung des Träumers in der Regel kein T. zutreffend gedeutet werden.

Ein erster Schritt der Td. ist das Aufnehmen des Kontextes, vergleichbar mit der ärztlichen Diagnostik. Hierbei wird erkennbar, in welcher speziellen Lebenssituation und in welcher Konfliktlage der T. geträumt wurde. Wer sich in Analyse oder Therapie befindet, wird den jetzigen T. im Zusammenhang mit der bisherigen T.serie betrachten. Auch der derzeitige körperliche, geistige und seelische Zustand des Träumers, seine Erfahrungen am Arbeitsplatz und schließlich alle zwischenmenschlichen Beziehungen gehören zum Kontext.

Ein weiterer wichtiger Schritt in der Td. sind die Assoziationen (Einfälle) des Träumers. Zur weiteren Deutung wird dann Vergleichmaterial (→Amplifikation) aus Märchen, Mythen und weiteren Überlieferungen der Menschheit herangezogen. Hierzu ist die Fachkenntnis des Therapeuten wesentlich (3).

Während viele Menschen bei der Td. die Vorstellung haben, daß der Psychotherapeut aufgrund seiner Fachkenntnis die T.bilder nur zu übersetzen braucht, ähnlich wie ein Dolmetscher oder Übersetzer durch Kenntnis der Fremdsprache übersetzt, wird aus dem Gesagten deutlich geworden sein, daß nur durch die Mitarbeit des Träumers und seine überzeugte Zustimmung zu der gemeinsam erarbeiteten Deutung ein T. befriedigend entschlüsselt und gedeutet werden kann. Sollten sich trotz aufrichtigen Bemühens der Therapeut und/oder der Träumer dennoch in ihrer Deutung irren und den T.sinn und die innere Wahrheit nicht richtig erfaßt haben, so korrigieren und kompensieren die folgenden T.e die falsche Analyse.

(1) **Aus diesem Grund habe ich zu meinen Schülern immer gesagt: «Lernen Sie soviel wie möglich über Symbolik, aber vergessen Sie dann alles wieder, wenn Sie einen Traum analysieren.» Diesen für die Praxis bedeutsamen Ratschlag habe ich mir selber zur Regel gemacht; er erinnert mich immer**

daran, daß ich niemals den Traum eines andern Menschen gut genug verstehen kann, um ihn völlig richtig zu deuten. Ich versuche damit, den Strom meiner eigenen Assoziationen und Reaktionen einzudämmen, die sonst möglicherweise über die Unsicherheit und Unschlüssigkeit meines Patienten die Oberhand gewinnen könnten. Da es für einen Analytiker von größter Wichtigkeit ist, die spezielle Botschaft eines Traumes (den Beitrag, den das Unbewußte für das Bewußtsein leistet) so genau wie möglich zu vernehmen, ist es wesentlich, den Trauminhalt mit äußerster Gründlichkeit zu erforschen. (Der Mensch und seine Symbole, S. 56)

(2) Es ist das große Verdienst Freuds, der Traumforschung auf die Spur verholfen zu haben. Er hat vor allem erkannt, daß wir ohne den Träumer keine Deutung vornehmen können. Die Wörter, die einen Traumbericht zusammensetzen, haben eben nicht bloß *einen* Sinn, sondern sie sind vieldeutig. Träumt jemand von einem Tisch, so weiß man noch lange nicht, was der «Tisch» des Träumers bedeutet, obwohl das Wort «Tisch» unzweideutig genug zu sein scheint. Wir wissen nämlich eines nicht, und zwar, daß dieser «Tisch» gerade jener Tisch ist, an dem sein Vater saß, als er dem Träumer jegliche weitere finanzielle Hilfe versagte und ihn als Taugenichts aus dem Hause warf. Die blanke Oberfläche dieses Tisches starrte ihn als Symbol seiner katastrophalen Untauglichkeit im Bewußtsein des Tages sowohl wie im Traum der Nacht entgegen. Das ist, was unser Träumer unter «Tisch» versteht. Darum brauchen wir die Hilfe des Träumers, um die Vielfalt der Wortbedeutungen auf das Wesentliche und Überzeugende einzuschränken. Daß der «Tisch» einen peinlichen Hauptpunkt im Leben des Träumers bezeichnet, daran kann jeder zweifeln, der nicht dabei war. Der Träumer aber zweifelt nicht daran, auch ich nicht. Es ist klar, daß die Traumdeutung in allererster Linie ein Erlebnis ist, das zunächst nur für zwei Personen einwandfrei feststeht. (GW 8, § 539)

(3) Das Aufnehmen des Kontextes ist allerdings eine einfache, beinahe mechanische Arbeit, die nur *vorbereitende* Bedeutung hat. Die darauffolgende Herstellung eines lesbaren Textes, nämlich die eigentliche *Interpretation des Traumes,* ist dagegen in der Regel eine anspruchsvolle Aufgabe. Sie setzt psychologische Einfühlung, Kombinationsfähigkeit, Intuition, Welt- und Menschenkenntnis und vor allem ein *spezifisches Wissen* voraus, bei dem es ebensosehr auf ausgedehnte Kenntnisse wie auf eine gewisse «intelligence du cœur» ankommt. Alle diese Voraussetzungen, sogar die letztgenannte inbegriffen, gelten für *die Kunst der ärztlichen Diagnostik* überhaupt. Es bedarf durchaus nicht eines sechsten Sinnes, um Träume verstehen zu können. Aber es braucht mehr als geistlose Schemata, wie sie sich in vulgären Traumbüchlein finden oder sich fast stets unter dem Einfluß vorge-

faßter Meinungen entwickeln. **Die stereotype Auslegung von Traummotiven ist abzulehnen; gerechtfertigt sind nur spezifische, durch sorgfältige Kontextaufnahmen eruierbare Bedeutungen. Auch wenn man eine große Erfahrung auf diesem Gebiet besitzt, so ist man doch immer wieder genötigt, sich vor jedem Traum sein Nichtwissen einzugestehen und, auf alle vorgefaßten Meinungen verzichtend, sich auf etwas gänzlich Unerwartetes einzustellen. (GW 8, § 543)**

Traumdichtung

Unter TD wird die Fähigkeit der Seele verstanden, ähnlich wie ein Dichter aus den verschiedensten Erfahrungen die wesentlich erscheinenden Bilder zu Symbolen zusammenzufügen und zu verdichten. TD wird hier also nicht im Sinne der Psychoanalyse als Verschiebung und Verschlüsselung von schwer akzeptablen Gefühlen und Phantasien verstanden, sondern im Sinne des Kunstwerkes, in dem die wesenhaften Erfahrungen aus dem Alltäglichen herausgelöst und zu den besonderen und hellsten Augenblicken des Menschseins erhoben werden. Darin begegnet der Mensch einer umfassenden Ganzheit, die den vielen undurchsichtigen oder verwirrenden Ereignissen einen Sinn geben können. Das dichterische Schaffen scheint in vielem dem schöpferischen Geschehen in den Träumen abgelauscht zu sein.

Jung kommt in seinen Arbeiten über die Beziehungen der analytischen Psychologie zum dichterischen Kunstwerk auch auf die Träume zu sprechen. Er will sich dabei nicht in ästhetische und künstlerische Fragen einmischen, sondern ist an der psychologischen Deutung der bildnerischen Phänomene interessiert. Aus der praktischen Analyse von Künstlern oder aus dem Studium ihrer Biographien und Werke stieß Jung auf den schöpferischen Gestaltungsprozeß im Unbewußten und in den Träumen (1). Zu dem, was in den großen Dichtungen der Menschheit in Erscheinung tritt, ist aus den Träumen von Analysanden und Patienten das entsprechende Vergleichsmaterial beizutragen. Nach Jung schöpfen die Künstler wie die Träumer ihre Bilder und Visionen aus dem kollektiven Unbewußten (2). Die Dichtungen wie die Träume verhalten sich dabei häufig kompensatorisch zum «Zeitgeist» und zu den kollektiven Auffassungen und Überzeugungen, indem sie zum Ausdruck bringen, was in der Gesellschaft ausgespart oder unterdrückt wird. Daher versuchen fortwährend Dichter und Träumer das seelische Gleichgewicht herzustellen und sind damit dem Urerlebnis nahe.

(1) Es gibt viele solcher Urbilder, die aber alle solange nicht in den Träumen der einzelnen und nicht in den Werken der Kunst erscheinen, als sie nicht durch die Abweichung des Bewußtseins vom mittleren Weg erregt werden. Verirrt sich aber das Bewußtsein in eine einseitige und darum falsche Einstellung, so werden diese «Instinkte» belebt und senden ihre Bilder in die Träume der einzelnen und die Gesichte der Künstler und Seher, um damit das seelische Gleichgewicht wiederherzustellen.

So erfüllt sich das seelische Bedürfnis des Volkes im Werke des Dichters, und darum bedeutet das Werk dem Dichter in Tat und Wahrheit mehr als sein persönliches Schicksal, ob er sich dessen nun bewußt sei oder nicht. Er ist in tiefstem Sinne Instrument und deshalb unterhalb seines Werkes, weshalb wir von ihm auch niemals eine Deutung seines eigenen Werkes erwarten dürfen. Er hat sein Höchstes geleistet mit der Gestaltung. Die Deutung muß er anderen und der Zukunft überlassen. Das große Werk ist wie ein Traum, der trotz aller Offenkundigkeit sich selbst nicht deutet und auch niemals eindeutig ist. Kein Traum sagt: «du sollst» oder «das ist die Wahrheit»; er stellt ein Bild hin, wie die Natur eine Pflanze wachsen läßt, und es ist uns überlassen, daraus Schlüsse zu ziehen. Wenn einer einen Angsttraum hat, so hat er entweder zuviel Angst oder zuwenig, und wenn einer von einem weisen Lehrer träumt, so ist er entweder zu lehrhaft oder bedarf des Lehrers. Und beides ist subtil dasselbe, wessen einer nur dann inne wird, wenn er das Kunstwerk annähernd so auf sich wirken läßt, wie es auf den Dichter wirkte. Um seinen Sinn zu verstehen, muß man sich von ihm gestalten lassen, wie es den Dichter gestaltet hat. Und dann verstehen wir auch, was sein Urerlebnis war: er hat jene heilsame und erlösende seelische Tiefe berührt, wo noch kein einzelner zur Einsamkeit des Bewußtseins sich abgesondert hat, um einen leidensvollen Irrweg einzuschlagen; wo noch alle in derselben Schwingung begriffen sind, und darum Empfinden und Handeln des einzelnen noch in alle Menschheit hinausreicht. (GW 15, § 160 f.)

(2) Die praktische Analyse von Künstlern zeigt immer wieder aufs neue, wie stark der aus dem Unbewußten quellende Trieb künstlerischen Schaf-

fens ist, und ebenso, wie launisch und eigenmächtig er ist. Wie viele Biographien großer Künstler haben es nicht schon längst bewiesen, daß ihr Schöpferdrang so groß war, daß er sogar alles Menschliche an sich riß und in den Dienst des Werkes stellte, selbst auf Kosten der Gesundheit und des gewöhnlichen Menschenglücks! Das ungeborene Werk in der Seele des Künstlers ist eine Naturkraft, die entweder mit tyrannischer Gewalt oder mit jener subtilen List des Naturzweckes sich durchsetzt, unbekümmert um das persönliche Wohl und Wehe des Menschen, welcher der Träger des Schöpferischen ist. Das Schöpferische lebt und wächst im Menschen wie ein Baum im Boden, dem er seine Nahrung abzwingt. Wir tun daher gut daran, den schöpferischen Gestaltungsprozeß wie ein lebendiges Wesen anzusehen, das der Seele des Menschen eingepflanzt ist. (GW 15, § 115)

Traum-Ich

Das TI. ist das Verbindungsglied zwischen der unbewußten träumenden Seele und dem bewußten erkennenden Subjekt. Jung nimmt an, daß auch im Schlaf und beim Träumen das Ich nicht völlig erloschen ist, sondern in beschränktem Maße seine Funktionen wahrnimmt (1). Unser TI. ist meistens ein getreuliches Abbild unserer Person, d. h. wir erscheinen als Person im T. häufig so, wie wir wirklich zutiefst sind, und nicht, wie wir gern erscheinen möchten. Um die Kommunikation zwischen dem bewußten und wachen Ich einerseits und dem TI. zu fördern und zu stärken, kann man folgende Techniken und Übungen anwenden. Während viele Menschen mühelos ihre Träume behalten und sich selber handelnd darin erleben, gibt es andere, die erst mühsam eine Beziehung zwischen Ich und T. herstellen müssen. So kann z. B. das TI. angeregt und aktiviert werden, wenn man sich vor dem Einschlafen bewußt selber sagt: «Ich interessiere mich für meine Träume! Ich möchte einen Traum behalten!» Ferner sollte man Papier und Schreibzeug auf den Nachtschrank legen und sich vornehmen, gleich nach dem Erwachen den T. (zumindest in Stichworten) zu notieren. Gute und interessante Erfahrungen habe ich in der T.arbeit machen können, wenn die Träume gleich auf ein Diktiergerät oder Tonband gesprochen

wurden. Während das Aufschreiben häufig schon als Objekti-
vierung des T.es empfunden wird, kommt in dem spontanen
nächtlichen Erzählen des T.es im Klang der Stimme und bei
der nuancierten Beschreibung der Details viel herüber von
dem Urerlebnis.

Eine ganz besondere Aktivierung des TI. geschieht dadurch,
daß wir eine vorteilhafte und neuartige Verhaltensweise im T.
am Tage ausprobieren. Wer z. B. unter leichteren Formen
von Ängsten oder Unsicherheiten leidet und sich im T. als
mutig und stark erlebt, kann diesen neuen Lebensimpuls auch
in das Bewußtsein integrieren und am Tage mit Erfolg ausprobieren. Ähnliches geschieht in der analytischen Arbeit mit
einem(r) Therapeuten(-in), der (die) mit dem Träumer die
kleinen Schritte der Realisierung im Alltag genauestens erarbeitet.

Besonders wer ein «Nächtebuch» (Traumtagebuch) führt und
darin über längere Zeiträume seine Träume aufzeichnet,
kann genauer die Fähigkeiten und kreativen Möglichkeiten
seines TI. studieren und entsprechend seine bewußte Lebens-
gestaltung verändern. Was das TI. kann und vorgeprobt hat,
lernt unser bewußtes Ich durch die Nachahmung leichter, weil
das TI. entsprechend vorgeprägte Erlebnismuster gibt. Die
Beobachtung und Entwicklung des TI. und die Überführung
der geträumten Fähigkeiten ins bewußte Ich ist eine lohnende
Lebensaufgabe.

**(1) Der Traum ist ein psychisches Gebilde, welches ohne bewußte Motivie-
rung im schlafenden Zustande entsteht. Im Traumschlaf ist das Bewußtsein
allerdings nicht völlig erloschen, sondern es besteht noch eine geringe
Bewußtheit. So hat man in den meisten Träumen noch ein relatives Bewußtsein seines Ich, allerdings eines sehr beschränkten und eigentümlich verän-
derten Ichs, das man als Traum-Ich bezeichnet. Es ist nur ein Fragment oder
eine Andeutung des wachen Ich. Bewußtsein besteht nur insofern, als ein
psychischer Inhalt mit dem Ich assoziiert ist. Das Ich stellt einen psychischen
Komplex von besonders fester innerer Bindung dar. Da der Schlaf selten
ganz traumlos ist, so kann man auch annehmen, daß der Ichkomplex selten**

als Tätigkeit ganz erlischt. **Seine Tätigkeit ist in der Regel durch den Schlaf nur beschränkt. An dieses Ich assoziieren sich im Traum psychische Inhalte, die so an das Ich herantreten, wie zum Beispiel die realen äußeren Umstände, weshalb wir auch im Traum meistens in Situationen versetzt sind, welche keine Ähnlichkeit mit dem wachen Denken, sondern vielmehr mit Wirklichkeitssituationen haben. Wie die realen Menschen und Dinge in unser Blickfeld treten, so treten auch die Traumbilder wie eine andere Art von Realität in das Bewußtseinsfeld des Traum-Ichs. (GW 8, § 580)**

Trauminkubation

Unter Ti. wird hier die Reaktion der T.seele auf wichtige Ereignisse im Leben und auf grundlegende Lebensfragen verstanden. Ähnlich wie während des Tempelschlafes in der Antike von dem T.orakel eine Belehrung oder Heilung erbeten wurde (z. B. in Epidauros), erleben auch gegenwärtig viele Menschen, wie ein Problem während des Schlafes im T. «bebrütet» wird. Gewisse Abarten der Ti. sind die Erfahrungen, daß auf ungelöste Fragen vor dem Einschlafen und morgens beim Aufwachen oder schon während des Träumens eine Lösung vor Augen steht. Von vielen Schriftstellern und Wissenschaftlern wird bezeugt, wie sie im T. kreative Einfälle hatten oder sogar Entdeckungen geträumt haben (Kekulé träumte seinen Benzolring, oder Fälle in: «Dichter erzählen ihre Träume», hrsg. v. M. Kiessig).

In der Ti. wird die Seele durch eine gezielte Frage vor dem Einschlafen dazu veranlaßt, sich mit dem Problem zu beschäftigen und durch die T.inszenierung sowie die Kombination der verschiedensten Bilder und Motive uns eine verschlüsselte Antwort zukommen zu lassen. Auch wenn die T.bilder meistens keine Patentlösungen übermitteln (was gelegentlich aber geschehen kann), so geben die Bilder und Symbole doch zumindest eine Richtung für die zu suchende Lösung an. Wer durch eigene Analyse in der T.arbeit geschult ist, wer schon länger mit seinen Träumen arbeitet oder bei einem längeren

T.-seminar seine Probleme und Fragen «bebrütet», wird meistens andere Erfahrungen mit der Ti. machen als jemand, der es aus purer Neugier bloß mal so nebenbei ausprobieren will. Bei den zahlreichen Aspekten der T.psychologie berührt Jung den Begriff der Ti. nur scheinbar wie ein Randphänomen. Doch wer die Praxis der T.arbeit bei Jung z. B. in seiner Psychotherapie genauer studiert, wird viele Hinweise entdekken, die zutiefst mit der Ti. zu tun haben. Häufig ermutigt Jung seine Patienten(-innen) insbesondere in schwierigen Lebenssituationen oder bei neurotischen Verstrickungen, die Träume zu beachten oder sogar um eine Antwort oder Wegweisung in Träumen zu bitten. Kritiker oder Menschen mit wenig T.erfahrung sollten mit ihrem vorschnellen Urteil nicht meinen, daß dies ein Rückfall in archaische Orakeltechniken oder in primitive Geisteszustände sei. Auch wenn unser Ich die zentrale Instanz zur Deutung unserer Träume ist, so weiß das →Selbst «mehr», weil es aus den Quellen des Seins schöpft.

Traumserie Unter einer TS. verstehen wir Träume, die kontinuierlich in ein «Nächtebuch» (Traumtagebuch) eingetragen werden. Besonders während einer längeren Analyse in der Psychotherapie oder auch aus persönlichem Interesse zeigt eine TS. den inneren Entwicklungsprozeß über einen längeren Zeitraum auf. Beim späteren Durchlesen kann ein Träumer die Veränderungen seiner T.geschichten und die Wandlung seiner T.bilder bewußt anschauen und verfolgen. Von besonderem Nutzen kann auch sein, das Nächtebuch nur einseitig zu beschreiben und auf der gegenüberliegenden Seite verschiedene Spalten anzulegen, in die z. B. wichtige Ereignisse zum Kontext des T.es vermerkt werden. In eine weitere Spalte können die wichtigsten Bilder und Symbole eingetragen werden und deren Wandlung in anderen Träumen verglichen werden. Ferner sollten auch die Affekte und Gefühle vermerkt werden und die vernommene Botschaft. Nach meinen positiven Erfahrungen mit Selbsthilfegruppen in der T.arbeit vermögen es viele, in obiger Weise mit TS. umgehen zu lernen. Darüber hinaus erweist sich diese Methode in der analytischen Arbeit in der Therapie sowohl für den Analysanden als auch für den Therapeuten in vielerlei Hinsicht als sehr nützlich.

Die TS. ist für Jung eine wesentliche Hilfe und Kontrolle, den einzelnen T. nicht willkürlich zu deuten oder mit Spekulationen zu überfrachten (1). Am Beispiel einer TS. mit dem häufig vorkommenden Wassermotiv zeigt er, wie die Symbolik des Wassers im kollektiven Unbewußten die Bedeutung des Energie- und Lebensstromes hat (2).

(1) **Ich deute nicht gern einen Traum allein, denn ein einzelner Traum kann willkürlich interpretiert werden. Über einen einzelnen Traum kann man alle möglichen Spekulationen anstellen; aber wenn man eine Serie von vielleicht zwanzig oder hundert Träumen vergleicht, dann kann man interessante Dinge beobachten. Man sieht den Prozeß, der im Unbewußten Nacht für Nacht vor sich geht, sowie die Kontinuität der unbewußten Psyche, die sich über Tag und Nacht durchhält. Wahrscheinlich träumen wir überhaupt immer und merken dies bei Tag nur deshalb nicht, weil das Bewußtsein viel zu klar ist. Aber nachts, im Zustand des abaissement du niveau mental, kann der Traum durchbrechen und sichtbar werden. (GW 18, § 162)**

(2) **In einer über zwei Monate sich erstreckenden Traumserie eines meiner Patienten trat das Wassermotiv in 26 Träumen auf. Zuerst erschien es als eine aufs Land hereinbrechende Brandungswoge, im 2. Traum als Ausblick auf ein spiegelglattes Meer. Im 3. Traum befindet sich der Träumer am Ufer und sieht, wie der Regen aufs Meer fällt. Im 4. Traum ist eine Meerreise indirekt angedeutet, denn die Reise geht in ein fernes, fremdes Land. Im 5. ist es eine Reise nach Amerika; im 6. wird Wasser in ein Becken gegossen; im 7. Traum fällt der Blick auf eine grenzenlose Meeresfläche bei Morgenröte, im 8. befindet sich der Träumer auf einem Schiff. Im 9. unternimmt er eine Reise in ein fernes, wildes Land. Im 10. befindet er sich wieder auf einem Schiff. Im 11. fährt er einen Fluß hinunter. Im 12. geht er einen Bach entlang. Im 13. befindet er sich auf einem Dampfer. Im 14. hört er eine Stimme, welche ruft: «Dort geht der Weg ans Meer, wir müssen ans Meer.» Im 15. befindet er sich auf einem Schiff, das nach Amerika fährt. Im 16. ist er wieder auf einem Schiff. Im 17. fährt er im Auto zum Schiff. Im 18. macht er**

astronomische Ortsbestimmungen auf einem Schiff. Im 19. fährt er den Rhein entlang. Im 20. ist er auf einer Insel im Meer. Im 21. ist er wieder auf einer Insel. Im 22. fährt er mit seiner Mutter einen Fluß hinunter. Im 23. steht er am Meeresufer. Im 24. sucht er einen im Meer versunkenen Schatz. Im 25. erzählt ihm sein Vater vom Lande, wo das Wasser herkommt. Im 26. Traum endlich fährt er einen kleinen Fluß hinunter, der in einen größeren einmündet.

Dieses Beispiel illustriert die Kontinuität des unbewußten Themas, und zugleich zeigt es die Methode, wie solche Motive statistisch festgestellt werden. Durch vielfache Vergleichungen gelangt man nämlich zur Feststellung dessen, worauf das Wassermotiv eigentlich hinweist. Aus solchen und ähnlichen Reihen ergeben sich die Motivdeutungen. So bedeutet das *Meer* regelmäßig einen Sammel- und Ursprungsort alles seelischen Lebens, also das sog. *kollektive Unbewußte*. Das bewegte Wasser hat etwa die Bedeutung von Lebensstrom und Energiegefälle. Die allen Motiven zugrunde liegenden Ideen sind anschauliche Vorstellungen von *archetypischem Charakter,* d. h. symbolische Urbilder, über denen sich der menschliche Geist aufgebaut und differenziert hat. (GW 16, § 14 f.)

Traumstruktur Jung erkannte bei seiner langjährigen wissenschaftlichen Arbeit an den Träumen, daß allen vollständig erinnerten Träumen die gleichen strukturellen Merkmale eigen sind. Das dramatische Muster vieler Träume hat größte Ähnlichkeit mit einem klassischen Drama. Wegen dieser Entsprechung zwischen Drama und Traum werden viele Menschen von diesen klassischen Stücken besonders angerührt, weil etwas Ureigenes zur Sprache kommt. Die Beziehungen zwischen Drama und Traum wurden im antiken Griechenland besonders gepflegt, indem die Patienten in den damaligen «Psychosomatischen Kliniken», wie z. B. in Epidauros, neben den damaligen Behandlungsmethoden und den →Inkubationsträumen zusätzlich im benachbarten Amphitheater die seelischen Grundkonflikte bewußt nacherleben konnten. Wenden wir uns jetzt den einzelnen Aspekten der Tst. zu. Am Anfang eines jeden T.es werden Angaben über den Ort und den Zeitpunkt der Handlung gemacht. Ferner treten die handelnden Personen in Erscheinung. Statt dessen können es manchmal auch Dinge oder Tiere sein, die die Handlung maßgeblich bestimmen. Jung nennt diese verschiedenen Angaben über die Ausgangslage die *Exposition* des Traumes (1). In der praktischen T.arbeit und bei der →T.deutung können bei der Aufnahme des Kontextes und bei der Erhellung des «Sitzes im Leben» wichtige geschichtliche Erfahrungen aus der persönlichen Lebensgeschichte bewußtgemacht werden. Die Exposition erhellt die Geschichtlichkeit des T.es.

Der zweite Aspekt der Tst., den Jung die *Verwicklung* nennt, zeigt den Träumer in Gegensätzlichkeiten verwickelt, die sich aus den ungeklärten Problemen der Lebensgeschichte ergeben. Eine besondere Psychodynamik erhalten diese Probleme noch dadurch, daß zu den bewußten Erfahrungen die vielschichtige unbewußte Sichtweise der Seele hinzukommt. Das Unbewußte versucht ein bestimmtes Problem in einer Bilder- und Symbolsprache dem Bewußtsein verständlich zu machen.

In der dritten Phase des T.es treibt die T.handlung auf einen Höhepunkt zu, den Jung *Kulmination* oder Peripetie (Umschwung) nennt. Auf dem dramatischen Höhepunkt geschieht nun etwas Entscheidendes. Häufig erlebt sich der Träumer oder die Träumerin in eine schwierige Entscheidung gestellt. In ausweglos erscheinenden T.situationen wird mancher auf diesem dramatischen Höhepunkt angsterfüllt oder schweißgebadet erwachen.

Den Abschluß des T.es bildet die *Lysis* (Lösung), die nicht immer die erwünschte Patentlösung bietet. Das durch die T.arbeit erzeugte Resultat gibt dem Träumer und dem Therapeuten meistens wichtige Hinweise über die weitere Entwicklung und die notwendigen nächsten Schritte. Zu dem sinnvollen Abschluß eines T.es gehören insbesondere die →kompensatorische Funktion oder prospektive (vorausschauende) Hinweise über die künftigen Entwicklungsmöglichkeiten. Bei

der für viele Menschen verwirrend erscheinenden Vielfalt
und Vielgestaltigkeit der meisten Träume ist gerade das Erkennen der verschiedenen Strukturanteile eine erste Hilfe.

(1) Immerhin gibt es eine große Mehrzahl «durchschnittlicher» Träume, in
denen sich eine gewisse Struktur erkennen läßt; und zwar ist sie derjenigen
des *Dramas* nicht unähnlich. Der Traum beginnt zum Beispiel mit einer
Ortsangabe wie: «Ich bin auf einer Straße, es ist eine Allee»; oder: «Ich bin
in einem großen Gebäude, wie ein Hotel» usw. Dazu kommt häufig eine
Angabe über die *handelnden Personen*, zum Beispiel: «Ich gehe mit meinem Freund X spazieren in einer städtischen Anlage. Bei einer Wegkreu-
zung stoßen wir plötzlich auf Frau Y»; oder: «Ich sitze mit Vater und Mutter
in einem Eisenbahncoupé»; oder: «Ich bin in der Uniform, viele Dienstka-
meraden umgeben mich» und so weiter. Zeitangaben sind seltener. Ich
bezeichne diese Phase des Traumes als *Exposition*. Sie gibt den Ort der
Handlung, die handelnden Personen und häufig die Ausgangslage an.
Die zweite Phase ist die der *Verwicklung*. Zum Beispiel: «Ich bin auf einer
Straße, es ist eine Allee. In der Ferne taucht ein Automobil auf, das sich
rasch nähert. Es fährt merkwürdig unsicher, und ich denke, der Chauffeur
sei am Ende betrunken». Oder: «Frau Y scheint in großer Erregung zu sein
und will mir hastig etwas zuflüstern, was offenbar mein Freund X nicht
hören soll». Die Situation wird irgendwie kompliziert, und es tritt eine
gewisse Spannung ein, da man nicht weiß, was es jetzt geben soll.
Die dritte Phase ist die der *Kulmination* oder der *Peripetie*. Hier geschieht
etwas Entscheidendes, oder es schlägt etwas um, z. B.: «Plötzlich bin *ich* im
Wagen und anscheinend selber dieser betrunkene Chauffeur. Ich bin allerdings nicht betrunken, sondern seltsam unsicher und wie steuerlos. Ich kann
den rasch fahrenden Wagen nicht mehr halten und stoße mit Krach in eine
Mauer». Oder: «Plötzlich wird Frau Y leichenblaß und stürzt zu Boden».
Die vierte und letzte Phase ist die *Lysis*, die *Lösung* oder das durch die
Traumarbeit erzeugte *Resultat* (es gibt gewisse Träume, bei denen die vierte
Phase fehlt, was unter Umständen ein besonderes Problem bilden kann, das
hier nicht zu diskutieren ist). (GW 8, § 561 ff.)

Traumsymbol Die Ts.e sind ein Ausdruck der symbolbildenden Funktion der Psyche. In
den Ts.en geschieht eine Zusammen-
fügung der psychischen Energien mit den Bildgestalten und
Handlungen in den Träumen. Die Affekte, Emotionen und

Gefühle werden in den Ts.en ins Bewußtsein überführt und werden damit der Auseinandersetzung und Bearbeitung zugänglich gemacht. Jung hat diese symbolbildende Funktion der Psyche wegen der Überführung der psychischen Energien vom Unbewußten ins Bewußtsein auch →«transzendente Funktion» genannt. Nach Jung dient die symbolbildende Funktion der Träume nicht nur der Überleitung der Lebensenergien vom Unbewußten ins Bewußtsein und ermöglicht damit eine Entwicklung und das Wachstum der Persönlichkeit, sondern verbindet uns zugleich mit unserer Herkunft und der Entwicklungsgeschichte der Menschheit. Daher sind in den Ts.en nicht nur die persönlichen Lebenserfahrungen aufgehoben, sondern häufig auch die im kollektiven Unbewußten gespeicherten Erfahrungen aus der Menschheitsgeschichte (1). Während die Ts.e aus diesem Bereich und die archetypischen Symbole eine verhältnismäßig feststehende Bedeutung haben, sind für die individuelle T.symbolik unbedingt die Bewußtseinslage des Träumers und seine Erfahrungen zu beachten, die zur spezifischen Gestaltung der persönlichen T.symbolik beigetragen haben (2).

Über die vielfältige Funktion der Ts.e gibt H. Dieckmann folgende Zusammenfassung:

1. Das Taumsymbol ist ein im Unbewußten spontan entstehender Bedeutungsträger, der einen bestimmten, noch relativ unbekannten Inhalt optimal ausdrückt. Es übersetzt die unanschauliche instinktive Triebwelt in ein anschauliches Bild. Es kann dem Bewußtsein nähergebracht, in seinem Sinn geahnt und teilweise in das Ich integriert werden. Wird es in seiner Bedeutung völlig erfaßt und assimiliert, dann wird es als lebendiges Symbol überflüssig, verliert seinen Symbolcharakter und wird zum Zeichen, zur Allegorie oder zu einem bestimmten Bewußtseinsinhalt.

2. Das Traumsymbol ist ein Transformator der psychischen Energie, durch den die Libido von einem Erlebnisbereich in einen anderen überführt wird.

3. Es hat eine synthetische Funktion, indem es unvereinbare Gegensätze in einem Bild vereinigen kann und so auch die Gegensatzkonstellation zwischen dem Bewußtsein und dem Unbewußten zur Synthese bringt.

4. Es führt zu einer lebendigen Beziehung zwischen dem Ich und dem Unbewußten, wenn es vom Bewußtsein aufgenommen wird. Durch die Integration unbewußter Inhalte in das Bewußtsein entsteht aus der Fähigkeit der Psyche, Symbole zu bilden, die transzendente Funktion, die die kontradiktorischen Gegensätze der Bedürfnisse des Selbst und des Ich in Beziehung setzt (Psychologie des 20. Jh., Kindler, Bd. III. 2, S. 871).

(1) **Die symbolbildende Funktion unserer Träume ist ein Versuch, den ursprünglichen Geist des Menschen in das «fortschrittliche», differenzierte Bewußtsein zu bringen, wo er nie vorher war, weshalb er auch nie einer kritischen Selbstbetrachtung unterworfen werden konnte. Denn in längst vergangenen Zeiten bestand die ganze menschliche Persönlichkeit aus diesem ursprünglichen Geist. Als sich das Bewußtsein entwickelte, verlor der bewußte Geist den Kontakt zu einem Teil dieser primitiven psychischen Energie. Und der bewußte Geist hat den ursprünglichen Geist nie gekannt, weil dieser bei der Entfaltung seines sehr differenzierten Bewußtseins, welches allein ihn erkennen könnte, abgestreift wurde.**

Aber anscheinend hat das, was wir das Unbewußte nennen, primitive Kennzeichen bewahrt, die einen Bestandteil des ursprünglichen Geistes bildeten. Auf diese Merkmale beziehen sich die Traumsymbole ständig, als ob das Unbewußte versuchte, alles, wovon sich der Geist während seiner Entwicklung befreit hatte, wieder zurückzubringen – Illusionen, Phantasien, archaische Denkweisen, grundlegende Instinkte usw. (Der Mensch und seine Symbole, S. 98)

(2) **Wie es für die Deutung des Traumes unerläßlich ist, eine genaue Kenntnis der jeweiligen Bewußtseinslage zu haben, so ist es ebenso wichtig, hinsichtlich der Symbolik des Traumes, die philosophischen, religiösen und moralischen Überzeugungen des Bewußtseins in Betracht zu ziehen. Es ist praktisch unendlich viel ratsamer, die Symbolik des Traumes nicht semiotisch, d. h. nicht als Zeichen oder Symptom von feststehendem Charakter, sondern als wirkliches Symbol, d. h. als Ausdruck eines im Bewußtsein noch nicht erkannten und begrifflich formulierten Inhaltes und zudem als relativ**

zur jeweiligen Bewußtseinslage zu betrachten. Ich sage, es sei *praktisch* ratsam, so zu verfahren, denn theoretisch gibt es relativ feststehende Symbole, bei deren Deutung man sich aber aufs strengste hüten muß, sie auf inhaltlich Bekanntes und begrifflich Formulierbares zu beziehen. Gäbe es solche relativ feststehende Symbole nicht, so wäre auch gar nichts über die Struktur des Unbewußten auszumachen, denn es wäre dann ja nichts vorhanden, das sich irgendwie festhalten und bezeichnen ließe. (GW 16, § 339)

Typologie (die Typen)

Jung differenziert zwischen vier psychologischen Funktionstypen (→ Denken, Fühlen, Empfinden, Intuition) und zwei Einstellungstypen (Extraversion, Introversion), die anlagemäßig mitgegeben sind (1). Letztere bestimmen grundlegend unsere Einstellungsweisen und lenken unsere seelischen Energien (Libido) sowie unsere Lebensorientierung entweder auf die äußeren Objekte und die Realität (Extraversion) oder auf die subjektiven inneren Befindlichkeiten (Introversion). Während der Introvertierte vor allem von subjektiven Faktoren bestimmt wird und Schwierigkeiten hat mit der Anpassung an die Außenwelt, ergeht es dem Extravertierten umgekehrt. Der Einstellungstypus erfährt eine weitere Differenzierung nach dem Bewußtsein und dem Unbewußten. Ist das Bewußtsein eines Menschen z. B. extravertiert orientiert, verhält sich das Unbewußte dazu kompensatorisch und ist introvertiert. Bei dem Introvertierten verhält es sich natürlich umgekehrt. Im Verlaufe seines Lebens, besonders ab der Lebensmitte, sollte jeder Mensch zu seiner Ganzwerdung auch den kompensatorischen Anteil aus seinem Unbewußten entwickeln.

Die vier psychologischen Funktionstypen verhelfen dem Menschen zur Orientierung in der Welt und in den zwischenmenschlichen Beziehungen. Dabei vermittelt das Denken die Erkenntnis, «was» die Erfahrungen oder Dinge bedeuten, und das Fühlen sagt, «wie» sie sind. Das Empfinden registriert durch die Sinnesempfindungen, «daß» bestimmte Tatsachen vorliegen, und die Intuition ahnt ihren Sinn, «wozu» sie gegeben sind. Da diese vier Funktionstypen unter den jeweiligen Stichworten beschrieben werden, begnügen wir uns hier mit einigen kurzen Aussagen. Das Denken ermöglicht, die Vorstellungsinhalte und die vielfältigen Erfahrungen in einen begrifflichen Zusammenhang zu stellen. Das Fühlen ist eine wertende Funktion, die nach inneren Wertmaßstäben urteilt und bewertet. Das Empfinden beinhaltet alle Sinneswahrnehmungen und sinnlichen Empfindungen. Die Intuition ist ein Ahnungsvermögen, das die Fähigkeit verleiht, die Hintergründe bestimmter Situationen zu gewahren. Jeder Mensch hat nun eine sogenannte Hauptfunktion, die am besten entwickelt ist und hilfreich zur Lebensbewältigung zur Verfügung steht. Nach der paarweisen Zuordnung von Denken und Fühlen einerseits sowie Empfinden und Intuition andererseits ist damit die der Hauptfunktion gegenüberliegende Funktion die inferiore, d. h. unentwickelte und überwiegend unbewußte. Diese gilt es im Verlaufe des Lebens auf dem Wege der Individuation und Selbstverwirklichung zu entfalten. Dabei bildet das andere Funktionspaar jeweils die Hilfsfunktion. (Interessierte Leser(innen) finden den Jungschen Typentest in deutscher Sprache samt der Auswertungstabelle in H. Hark: «Religiöse Neurosen», Stuttgart 1984, S. 257 ff.) Welche Zusammenhänge zwischen der persönlichen Typologie und dem wissenschaftlichen Werk eines Menschen bestehen können, zeigt Jung an seinen diagnostischen Bemerkungen zu Freud (2).

(1) *Typus* ist ein den Charakter einer Gattung oder Allgemeinheit in charakteristischer Weise wiedergebendes Beispiel oder Musterbild. In dem engeren Sinne der vorliegenden Arbeit ist der T. ein charakteristisches Musterbild einer in vielen individuellen Formen vorkommenden allgemeinen *Einstellung*. Von den zahlreichen vorkommenden und möglichen Einstellungen hebe ich in der vorliegenden Untersuchung im ganzen *vier* heraus, nämlich diejenigen, die sich hauptsächlich nach den vier psychologischen Grundfunktionen orientieren, also nach Denken, Fühlen, Intuieren

und Empfinden. Insofern eine solche Einstellung *habituell* ist und dadurch dem Charakter des Individuums ein bestimmtes Gepräge verleiht, spreche ich von einem psychologischen T. Diese auf die Grundfunktionen basierten T., die man als *Denk-, Fühl-, Intuitions-* und *Empfindungs*-T. bezeichnen kann, lassen sich gemäß der Qualität der Grundfunktionen in zwei Klassen scheiden: in die *rationalen* und in die *irrationalen* T. Zu den ersteren gehören der Denk- und der Fühl-T., zu den letzteren der intuitive und der Empfindungs-T. Eine weitere Unterscheidung in zwei Klassen erlaubt die vorherrschende Libidobewegung, nämlich die *Introversion* und *Extraversion.* Alle Grundtypen können sowohl der einen wie der anderen Klasse angehören, je nach ihrer vorherrschenden mehr introvertierten oder mehr extravertierten Einstellung. Ein Denk-T. kann zur introvertierten oder zur extravertierten Klasse gehören, ebenso irgendein anderer T. Die Unterscheidung in rationale und irrationale T. ist ein anderer Gesichtspunkt und hat mit Introversion und Extraversion nichts zu tun. (GW 6, § 913)

(2) Meine Typologie beruht ausschließlich auf psychologischen Prämissen, welch letztere sich kaum mit physiologischen bzw. somatischen Eigenschaften zur Deckung bringen lassen. Somatische Kennzeichen bilden dauerhafte und sozusagen unveränderliche Tatbestände, psychologische dagegen unterliegen sowohl gewissen Veränderungen im Lauf der Persönlichkeitsentwicklung wie auch bei neurotischen Störungen. Wenn schon in gewissen Fällen die Zuteilung zu einem bestimmten Typus lebenslänglich gültig sein kann, so ist sie in anderen sehr häufigen Fällen von sehr vielen äußeren und inneren Faktoren dermaßen abhängig, daß die Diagnose nur für gewisse Zeiträume Geltung besitzt. Gerade Freud ist ein derartiger Fall. Aufgrund einer genauen Kenntnis seines Charakters halte ich ihn nämlich für einen ursprünglich introvertierten Gefühlstypus mit sog. minderwertigem Denken. Als ich ihn 1907 kennenlernte, war dieser ursprüngliche Typus bereits neurotisch verwischt. Bei der Beobachtung eines Neurotikers weiß man zunächst nicht, ob man den bewußten oder den unbewußten Charakter beobachtet. Freud bot damals, wie auch später, das Bild eines extravertiert orientierten Denkers und Empirikers. Seine Überschätzung des Denkens einerseits und mangelnde Verantwortlichkeit der Beobachtung anderseits erregten meinen Zweifel in puncto seines Typus. Die subjektive Überschätzung seines Denkens ist illustriert durch seinen Satz: «das muß doch stimmen, denn ich habe es ja gedacht.» Die mangelnde Verantwortlichkeit der Beobachtung zeigt sich z. B. in der Tatsache, daß keiner seiner «traumatischen» Hysteriefälle verifiziert wurde. Er verließ sich auf die Ehrlichkeit seiner hysterischen Patienten. Als ich Freud wegen eines neurotischen Symptoms 1909 ein Stück weit analysierte, stieß ich auf Spuren, die auf eine erhebliche Kränkung seines Gefühlslebens schließen ließen. Erfahrungsge-

mäß schlägt an solchen Punkten ein Gefühlstyp in das Denken als Gegen-
funktion um, und zwar mit der entsprechenden kompensierenden Überschätzung. (Briefe III, S. 75)

Übertragung

Mit Ü. wird in der analytischen Psychologie Jungs eine bestimmte Form der
Beziehung zwischen Therapeut und Pa-
tient während der psychotherapeutischen Behandlung verstanden. Während in der Praxis die Ü. des Patienten unlöslich
mit der →Gegenübertragung des Therapeuten verwoben ist,
beschreiben wir hier der Übersichtlichkeit willen zunächst
nur den ersten Aspekt dieses vielschichtigen emotionalen
Beziehungsmusters. Die Ü. beginnt nicht erst im Verlaufe des
genaueren Kennenlernens, sondern setzt sogleich nach der
ersten Begegnung zwischen Therapeut und Patient ein.
Aufgrund der besonderen Gefühlsbindungen werden frühere
Erfahrungen und Objektbeziehungen wieder lebendig. Indem sie auf den Therapeuten projiziert und übertragen werden, können sie wieder erlebt und bearbeitet werden. Die Ü.
ist eine spezifische Form der →Projektion, die ein allgemeiner psychischer Vorgang ist, in dem seelische Inhalte auf
andere Objekte übertragen werden (1). In jeder tiefergehen-
den therapeutischen Analyse dagegen werden viele Erinnerungen und Gefühle aus der Lebensgeschichte auf den Therapeuten übertragen und mit ihm verbunden. Dies ermöglicht
ein Bewußtwerden und Durcharbeiten der neurotischen
Schwierigkeiten (2). Die Ablösung der Ü. ist gelegentlich ein
schwieriger Prozeß, der sich nicht erzwingen läßt. Wenn das
Unbewußte des Patienten auf der Beibehaltung der Bindung
und Ü. zum Therapeuten beharrt, muß nach Jungs Auffassung die Behandlung weitergehen.
Nach Jungs grundlegender Arbeit zur «Psychologie der Übertragung» (1946) wurden in den letzten Jahrzehnten weitere
klinische Untersuchungen von Jungschen Therapeuten

durchgeführt, von denen oben einige Ergebnisse mitgeteilt werden. H. Dieckmann differenziert vier verschiedene Aspekte und Ebenen der Ü. (siehe →Gegenübertragung).

(1) Der psychologische Vorgang der Übertragung ist eine spezifische Form des allgemeineren Vorganges der Projektion. Es ist wichtig, diese beiden Begriffe zusammenzubringen und sich klar darüber zu sein, daß die Übertragung ein Spezialfall der Projektion ist – mindestens verstehe ich die Dinge in diesem Sinn. Natürlich ist jeder frei, den Ausdruck nach seinem Belieben zu verwenden.

Die Projektion ist ein allgemeiner psychologischer Mechanismus, der subjektive Inhalte irgendeiner Art auf ein Objekt überträgt. Wenn ich zum Beispiel sage: «Die Farbe dieses Zimmers ist gelb», so ist das eine Projektion, weil das Objekt an sich nicht gelb ist; gelb existiert nur in uns. Sie wissen, daß Farbe eine subjektive Erfahrung ist. So ist auch der Ton, den ich höre, eine Projektion, denn der Ton existiert nicht an sich; er ist nur in meinem Kopf ein Ton, er ist ein psychisches Phänomen, das ich projiziere.

Übertragung im speziellen Sinn ist ein Vorgang, der sich zwischen zwei Menschen abspielt, und nicht zwischen einem menschlichen Subjekt und einem physischen Objekt, wenn es auch Ausnahmen gibt; während der allgemeinere Mechanismus der Projektion, wie wir gesehen haben, sich genausogut auf physische Objekte beziehen kann. Der Projektionsmechanismus, durch den subjektive Inhalte auf das Objekt übertragen werden und als zu diesem gehörig erscheinen, beruht niemals auf einem Willensakt, und die Übertragung als Spezialform der Projektion bildet hiervon keine Ausnahme. Man kann nicht bewußt und absichtlich projizieren, weil man dann ja immer wüßte, daß man eigene subjektive Inhalte projiziert; in diesem Fall kann man sie aber nicht ins Objekt hineinverlegen, denn man weiß ja, daß sie zu einem selbst gehören. Bei Vorliegen einer Projektion ist der Anschein, mit dem man im Objekt konfrontiert ist, in Wirklichkeit eine Illusion; man nimmt aber an, daß das, was man im Objekt beobachtet, nicht subjektiven Ursprungs, sondern objektiv vorhanden ist. Daher wird die Projektion fallengelassen, wenn man feststellt, daß die scheinbar objektiven Tatsachen in Wirklichkeit subjektive Inhalte sind. Dann werden diese Inhalte der eigenen Psychologie zugeordnet, und man kann sie nicht mehr dem Objekt zuschreiben. (GW 18/I, § 312 ff.)

(2) Das Übertragungsphänomen ist das unausweichliche Kennzeichen jeder tiefer gehenden Analyse; denn es ist absolut notwendig, daß der Arzt in eine möglichst nahe Beziehung zu der psychologischen Entwicklung des Patienten tritt. Man könnte sagen, daß der Arzt im gleichen Maße, wie er

die innersten psychischen Inhalte des Patienten «versteht», das heißt assimiliert, seinerseits, als eine Figur, der Psyche des Patienten einverleibt wird.
Wenn ich sage «als eine Figur», so will ich damit andeuten, daß der Patient
den Arzt nicht wahrnimmt, wie er wirklich ist, sondern daß er in ihm eine
jener typischen Gestalten sieht, die in seiner Vorgeschichte so bedeutsam
waren. Mit diesen Erinnerungsbildern wird der Arzt kontaminiert, weil er
den Patienten veranlaßt, seine intimsten Geheimnisse zu offenbaren. Es ist,
als ob die Macht jener Erinnerungsbilder auf ihn überginge.
Die Übertragung besteht also aus verschiedenen Projektionen, welche als
Ersatz für eine wirkliche psychologische Beziehung stehen. Sie schaffen eine
Scheinbeziehung; doch in einem gewissen Zeitpunkt ist diese von großer
Bedeutung für den Patienten, wenn nämlich seine habituelle Anpassungs-
schwäche durch die in der Analyse notwendige vermehrte Beschäftigung mit
der Vergangenheit noch verstärkt wird. Daher ist eine plötzliche Unterbre-
chung der Übertragung immer mit äußerst unangenehmen und oft sogar
gefährlichen Folgen verbunden; denn der Patient gerät dadurch in eine
unerträgliche Beziehungslosigkeit. (GW 16, § 283)

Unbewußte, das

Das U. beinhaltet alle psychischen
Erfahrungen und Inhalte, die
nicht auf das Bewußtsein sowie
das Ich in wahrnehmbarer Weise bezogen sind. Die Annahme
des U. leitet sich ab von den Ursachen und Wirkungen seelischer Schwierigkeiten sowie psychoneurotischer Erfahrungen (1). Es gibt bei vielen Menschen eine geheime Angst vor
dem U., weil durch dessen Kräfte das Bewußtsein außer Kraft
gesetzt werden kann. Diese Angst kommt u. a. in der weit
verbreiteten Abwehr vor tiefenpsychologischen Verstehens-
möglichkeiten oder vor Geisteskrankheiten zum Ausdruck (2). Nach Jungs Auffassung wird in der Gegenwart
deswegen so viel von dem U. geredet, weil in diesem Bereich
der Seele ein starkes Leben und Bewegung herrschen. Nachdem das bildhafte Denken und viele Symbole abgestorben
sind, ist die darin aufgehobene Kraft ins U. abgesunken und
verursacht die Ängste und Unruhe bei vielen Menschen.
Jung unterscheidet zwischen einem persönlichen und dem
kollektiven Unbewußten. Während die oben genannten Er-

fahrungen dem Bereich des persönlichen U. zuzuordnen sind, so gibt es darüber hinaus in den Träumen und Phantasien der Menschen archetypische Bilder und mythologische Motive, die ohne historische Tradition aus einer Tiefe der Seele stammen, die das kollektive U. genannt wird (3). Wenn die Inhalte des kollektiven U. belebt und lebendig werden, kann das Bewußtsein des einzelnen verwirrt werden oder eine Massenhysterie sowie eine Psychose ausbrechen. Doch nicht nur krankhafte und psychopathologische Wirkungen gehen vom kollektiven U. aus, sondern auch neue Ideen, soziale, politische und religiöse Erneuerungen bilden sich dort. Wenn diese konstellierten und sich entwickelnden Inhalte dann von intuitiven Menschen wahrgenommen und zur Sprache gebracht werden, breiten sich solche neue Anschauungen und Ideen deswegen schnell aus, weil sie im kollektiven U. vieler Menschen bereitliegen. (4).

(1) *Unbewußte, das.* Der Begriff des U. ist für mich ein *ausschließlich psychologischer* Begriff, und kein philosophischer im Sinne eines metaphysischen. Das U. ist m. E. ein psychologischer Grenzbegriff, welcher alle diejenigen psychischen Inhalte oder Vorgänge deckt, welche nicht bewußt sind, d. h. nicht auf das Ich in wahrnehmbarer Weise bezogen sind. Die Berechtigung, überhaupt von der Existenz unbewußter Vorgänge zu reden, ergibt sich mir einzig und allein aus der Erfahrung, und zwar zunächst aus der psychopathologischen Erfahrung, welche unzweifelhaft dartut, daß z. B. in einem Falle von hysterischer Amnesie das Ich von der Existenz ausgedehnter psychischer Komplexe nichts weiß, daß aber eine einfache hypnotische Prozedur imstande ist, im nächsten Moment den verlorenen Inhalt vollkommen zur Reproduktion zu bringen. Aus den Tausenden von Erfahrungen dieser Art leitet man die Berechtigung ab, von der Existenz unbewußter psychischer Inhalte zu reden. Die Frage, in welchem Zustand sich ein unbewußter Inhalt befindet, solange er nicht ans Bewußtsein angeschlossen ist, entzieht sich jeder Erkenntnismöglichkeit. Es ist daher ganz überflüssig, darüber Vermutungen anstellen zu wollen. (GW 6, § 915)

(2) Die bedeutende Kraft der unbewußten Inhalte beweist immer eine entsprechende Schwäche des Bewußtseins und dessen Funktionen. Das Bewußtsein ist gewissermaßen von Ohnmacht bedroht. Dessen Gefährdung ist für den Primitiven einer der am meisten gefürchteten «magischen» Zu-

fälle. Es ist daher begreiflich, daß diese geheime Angst auch beim Kulturmenschen zu finden ist. In schlimmen Fällen ist es die geheime Angst vor
Geisteskrankheit, in weniger schlimmen die Furcht vor dem Unbewußten,
die auch der Normale verrät in seinem Widerstand gegen psychologische
Gesichtspunkte. Geradezu grotesk wird dieser Widerstand in der Art, wie
man den psychologischen Erklärungsversuch in künstlerischen, philosophischen und religiösen Dingen abwehrt, wie wenn die menschliche Seele
ausgerechnet mit diesen Dingen nichts zu tun hätte oder nichts zu tun haben
dürfte. (GW 16, § 374)

(3) Unsere bisherige Erfahrung von der Natur unbewußter Inhalte erlaubt
uns aber eine gewisse allgemeine Einteilung derselben. Wir können ein
persönliches U. unterscheiden, welches alle Acquisitionen der persönlichen
Existenz umfaßt, also Vergessenes, Verdrängtes, unterschwellig Wahrge-
nommenes, Gedachtes und Gefühltes. Neben diesen persönlichen unbewußten Inhalten gibt es aber andere Inhalte, die nicht aus persönlichen
Acquisitionen, sondern aus der ererbten Möglichkeit des psychischen Funk-
tionierens überhaupt, nämlich aus der ererbten Hirnstruktur stammen. Das
sind die mythologischen Zusammenhänge, die Motive und Bilder, die jederzeit und überall ohne historische Tradition oder Migration neu entstehen
können. Diese Inhalte bezeichne ich als *kollektiv unbewußt.* So gut wie die
bewußten Inhalte in einer bestimmten Tätigkeit begriffen sind, so sind es
auch die unbewußten Inhalte, wie uns die Erfahrung lehrt. Wie aus der
bewußten psychischen Tätigkeit gewisse Resultate oder Produkte hervorgehen, so gehen auch aus der unbewußten Tätigkeit Produkte hervor, z. B.
Träume und Phantasien. Es ist müßig, darüber zu spekulieren, wie groß der
Anteil des Bewußtseins z. B. an den Träumen sei. Ein Traum stellt sich uns
dar, wir erschaffen ihn nicht bewußt. Gewiß verändert die bewußte Reproduktion oder gar schon die Wahrnehmung vieles daran, ohne aber die
Grundtatsache der produktiven Regung von unbewußter Provenienz aus
der Welt zu schaffen.
Das funktionelle Verhältnis der unbewußten Vorgänge zum Bewußtsein
dürfen wir als ein *kompensatorisches* bezeichnen, indem der unbewußte
Vorgang erfahrungsgemäß das subliminale Material, das durch die Bewußtseinslage konstelliert ist, zutage fördert, also alle diejenigen Inhalte, welche, wenn alles bewußt wäre, am bewußten Situationsbild nicht fehlen
könnten. Die kompensatorische Funktion des Unbewußten tritt um so
deutlicher zutage, je einseitiger die bewußte Einstellung ist, wofür die
Pathologie reichliche Beispiele liefert. (GW 6, § 919 f.)

(4) Wir sind zwar gewohnt, tiefgreifende historische Veränderungen ausschließlich auf äußere Ursachen zurückzuführen. Ich glaube aber, daß die

äußeren Umstände öfters mehr oder weniger bloße Gelegenheiten sind, bei welchen die unbewußt vorbereitete, neue Einstellung zu Welt und Leben manifest wird. Durch allgemeine soziale, politische und religiöse Bedingungen wird das kollektive Unbewußte affiziert, und zwar in dem Sinne, daß alle diejenigen Faktoren, welche durch die herrschende Weltanschauung respektive Einstellung im Leben eines Volkes unterdrückt werden, sich allmählich im kollektiven Unbewußten ansammeln und dadurch seine Inhalte beleben. Meistens ist es dann ein Individuum oder mehrere von besonders kräftiger Intuition, welche diese Veränderungen im kollektiven Unbewußten wahrnehmen und sie in mitteilbare Ideen übersetzen. Diese Ideen breiten sich dann rasch aus, weil auch bei den andern Menschen parallele Veränderungen im Unbewußten stattgefunden haben. Es herrscht eine allgemeine Bereitschaft, die neuen Ideen aufzunehmen, obschon anderseits auch ein heftiger Widerstand dagegen besteht. Neue Ideen sind nicht bloß Gegner der alten, sondern sie treten auch meistens in einer Form auf, welche der alten Einstellung als mehr oder weniger unannehmbar erscheint. (GW 8, § 594)

Vaterarchetypus

Der Vaterarchetypus ist neben dem → Mutterarchetypus eine grundlegende Differenzierung des Elternarchetypus, in dem noch die Ganzheit der Gegensätze verbunden und aufgehoben ist (1). Die aufgespaltene und geteilte ursprüngliche Ganzheit führt zu einer Ambivalenz und Doppeldeutigkeit des Vaterarchetypus. Daher können in dem archetypischen Vaterbild Dunkles und Helles, Positives und Negatives nebeneinander bestehen. Auch die vielseitigsten Aktivitäten und Aggressionen, das Aufdringliche wie das «Eindringende», das Befruchtende und Über-Zeugende sowie das Destruktive, Zerstörerische und Furcht-erregende sind einige Wesensmerkmale des Vaterarchetypus.

Archetypische Bilder und Symbole für den Vaterarchetypus sind u. a. der Himmel und die Sonne, der Blitz und der Wind, der Phallus und die Waffen. Aus dem Bereich der Mythen und Märchen sind es u. a. der Magier, der Held, der Prinz. Aus dem Tier- und Pflanzenreich sind es alle männlichen

Tiere und Pflanzen. Hinter diesen beispielhaft genannten Symbolen steht der Vaterarchetypus als ein unanschaulicher anordnender Faktor, für dessen bewegende und gestaltlose Kraft der Geist-Wind und der Atem Ursymbole sind. Überall dort, wo Menschen von einer Be-Geisterung ergriffen werden oder eine geistig-emotionale Dynamik spüren, sind sie im Wirkungsfeld dieses Archetypus.

(1) Die Elternimago besitzt nämlich eine ganz außergewöhnliche Energie und beeinflußt das Seelenleben des Kindes in so hohem Maße, daß man sich fragen muß, ob man einem gewöhnlichen Menschen solch magische Stärke überhaupt zutrauen darf. Offenkundigerweise besitzt er sie zwar; aber die Frage drängt sich auf, ob sie auch sein wirkliches Eigentum sei. Der Mensch ist nämlich «im Besitze» vieler Dinge, die er sich nie erworben, sondern die er von seinen Ahnen ererbt hat. Er wird ja nicht als tabula rasa, sondern bloß als unbewußt geboren. Er bringt aber spezifisch menschlich organisierte, funktionsbereite Systeme mit, welche er den Millionen Jahren menschlicher Entwicklung verdankt. Wie der Wandertrieb und der Nestbauinstinkt des Vogels niemals individuell erlernt oder erworben werden, so bringt auch der Mensch bei seiner Geburt die Grundzeichnung seines Wesens und zwar nicht nur seiner individuellen, sondern auch seiner kollektiven Natur mit. Die ererbten Systeme entsprechen den seit der Urzeit prävalierenden menschlichen Situationen, das heißt, es gibt Jugend und Alter, Geburt und Tod; es gibt Söhne und Töchter, Väter und Mütter; [...].
Ich habe die kongenitale und präexistente Instinktvorlage, beziehungsweise das «pattern of behaviour», als *Archetypus* bezeichnet. Dieses Imago ist nun mit jener Dynamik ausgerüstet, welche wir dem individuellen Menschen nicht zutrauen können. Wäre diese Macht tatsächlich in unserer Hand und unserem Willen unterworfen, so wären wir von Verantwortlichkeit dermaßen erdrückt, daß niemand bei gesunden Sinnen es wagen könnte, Kinder zu haben. Die Macht des Archetypus wird aber nicht von uns kontrolliert, sondern wir selber sind ihr in unerwartetem Maße ausgeliefert. Es gibt viele, welche diesem Einfluß oder Zwang widerstehen, aber auch ebensoviele, welche sich mit dem Archetypus identifizieren [...].
Das Gefährliche ist eben diese unbewußte Identität mit dem Archetypus: sie hat nicht nur suggestiv-dominierenden Einfluß auf das Kind, sondern bewirkt in diesem auch dieselbe Unbewußtheit, so daß es einerseits dem äußeren Einfluß erliegt und andererseits sich von innen nicht dagegen wehren kann. Je mehr sich daher ein Vater mit dem Archetypus identifiziert, desto unbewußter und unverantwortlicher, ja desto psychotischer wird er. (GW 4, § 728 f.)

Vaterbild Das VB. eines Menschen setzt sich aus Erfahrungen und Vorstellungen verschiedenster Herkunft zusammen, die mit dem leiblichen Vater oder einem väterlichen Mann in der Herkunftsfamilie zu tun haben oder aus der eigenen archetypischen Disposition herrühren. Für den letztgenannten archetypischen und transpersonalen Aspekt sind die mythologischen Vorstellungen von Helden oder großen Führergestalten sowie die verschiedensten Gottesbilder einige Beispiele. Darüber hinaus kann der Seelenkern des Mannes, sein Selbst, auch als alter weiser Mann, als innerer Führer oder als magisch anmutender Naturgeist erscheinen. Schließlich sei noch die häufig in Träumen vorkommende Stimme genannt, die ein wegweisendes Wort spricht oder mit großer Überzeugungskraft eine Botschaft übermittelt. Alle diese Verlautbarungen in Bildern oder Worten können in positiver doer negativer Gestalt Abkömmlinge des VB. sein.

Die Bewußtwerdung und kritische Auseinandersetzung mit dem zumeist unbewußt wirksamen VB. ist ein wichtiger Schritt zur Selbsterkenntnis und zur Selbstverwirklichung. Bleibt das VB. unbewußt und damit unbearbeitet, können von demselben unkontrolliert positive wie negative Beeinflussungen und Wirkungen die eigene Lebenseinstellung verfremden.

Während die Identifikation mit dem Vater die persönliche →Individuation meistens beeinträchtigt und behindert, führt die Loslösung vom Vater zu einer Verselbständigung des Sohnes und der Tochter (1). Mit zunehmender Bewußtseinserweiterung und der Selbsterkenntnis im Verlaufe des Lebens verliert das VB. seine magische Macht und tritt in den Hintergrund. Bei der psychoneurotischen Entwicklungshemmung dagegen behalten die Elternbilder ihre Macht und können durch das transpersonale Gottesbild noch mächtiger werden. Zwischen dem VB. und dem Gottesbild bestehen in der patriarchalen Kultur und Religion vielschichtige Wechselbeziehungen. Während ursprünglich der V.-Archetypus eine Manifestation des Selbst war, kann er im Patriarchat zu einem «Gesetzgebergott» werden und im Gewissen als Über-Ich verinnerlichen.

(1) Der *Vater* bedeutet im allgemeinen den früheren Bewußtseinszustand, in welchem man noch Kind ist, d. h. abhängig von einer bestimmten, vorgefundenen Lebensform, einem *Habitus, der Gesetzescharakter hat.* Es ist ein hingenommener, unreflektierter Zustand, ein bloßes Wissen um ein Gegebenes ohne intellektuelles oder moralisches Urteil. Dies gilt individuell wie kollektiv.
Verschiebt sich der Akzent auf den *Sohn,* so ändert sich das Bild. Auf individuellem Niveau tritt die Änderung in der Regel dann ein, wenn der Sohn sich anschickt, an die Stelle des Vaters zu treten. Es kann dies nach archaischem Muster durch einen quasi-Vatermord geschehen, d. h. durch gewaltsame Identifikation mit dem Vater mit nachfolgender Beiseiteschiebung desselben. Das ist aber kein Fortschritt, sondern ein Beibehalten des ursprünglichen Habitus und daher von keiner Bewußtseinsdifferenzierung gefolgt. Es hat keine Loslösung vom Vater stattgefunden.
Die legitime Lösung besteht in einer bewußten Unterscheidung vom Vater und dem von ihm repräsentierten Habitus. Dazu ist ein gewisses Maß an Erkenntnis der eigenen Individualität erforderlich, zu welcher man ohne moralische Entscheidung nicht gelangen und welche man ohne ein gewisses Verständnis des Sinnes nicht festhalten kann. (GW 11, § 270 f.)

Vaterkomplex Beim VK. sind die lebensgeschichtlichen prägenden Erfahrungen mit dem Vater oder einem «Ersatzvater» sowie das der Seele innewohnende archetypische Vaterbild zum Brennpunkt des psychischen Geschehens geworden. Die starke Gefühlsbetonung des Komplexes kann sich einerseits positiv auswirken, indem er zu besonderen Leistungen motiviert, um wie sein Vater zu werden (1). Andererseits ist der Begriff überwiegend mit negativen Erfahrungen besetzt, weil ein negativ wirkender Vater die natürliche Entwicklung der Kinder beeinträchtigt und zu psychoneurotischen Störungen führt.

Der VK. hat eine besondere psychoenergetische Kraft, die aus der unbewußten →Identität mit dem archetypischen Vaterbild und dem V.-Archetypus erwächst (2). Während die Eltern von den Kindern ohnehin schon als übermächtig empfunden werden, bekommen sie durch die Berufung auf ein Gottesbild oder göttliches Gebot («Du sollst Vater und Mutter ehren»!) noch zusätzlich eine magische Stärke. Neben dieser geistigen Unterwerfung sind es vor allem die unzähligen Beeinflussungen oder Unterdrückungen der erwachenden und selbständigen Gefühlsbewegungen der Kinder, die zu dem VK. führen. Jung zählt zahlreiche fragwürdige Erziehungsmaßnahmen auf, die Kinder zu «leibeigenen Puppen machen».

Der VK. hat seine positiven oder negativen Auswirkungen sowohl im individuellen als auch im transpersonalen Bereich, wie z. B. in den verschiedenen Religionen der Gott-Vater einen Sohn hat, der Gottheit und Menschheit miteinander versöhnt. Im persönlichen Bereich gibt es die vielfältigsten Ausprägungen des Komplexes, «seines Vaters Sohn oder Tochter» zu sein und die bewußten Forderungen sowie die unbewußten Wünsche zu erfüllen. Neben den ausgesprochenen Werten sind es vor allem auch die Phantasien der Väter und ein bestimmtes →Vaterbild, die eine prägende Wirkung auf die Kinder ausüben.

(1) **Es ist mir zunächst aufgefallen, daß eine gewisse Art von Vaterkomplex einen sozusagen «geistigen» Charakter hat, d. h. vom Bilde des Vaters gehen Aussagen, Handlungen, Tendenzen, Antriebe, Meinungen usw. aus, denen man das Attribut «geistig» wohl nicht verwehren kann. Bei Männern führt ein positiver Vaterkomplex nicht selten zu einer gewissen Autoritätsgläubigkeit und zu einer ausgesprochenen Unterwerfungsbereitschaft gegenüber allen geistigen Satzungen und Werten, bei Frauen zu lebhaften geistigen Aspirationen und Interessen. In den Träumen ist es eine Vaterfigur, von der entscheidende Überzeugungen, Verbote und Ratschläge ausgehen. Die Unsichtbarkeit dieser Quelle wird oft dadurch betont, daß sie nur aus einer autoritären Stimme besteht, welche endgültige Urteile fällt. Es ist darum meist die Figur eines *alten Mannes,* welche den Faktor «Geist»**

symbolisiert. Gelegentlich ist es auch ein «eigentlicher» Geist, nämlich der eines Verstorbenen, der diese Rolle spielt. (GW 9/I, § 396)

(2) Die Möglichkeiten des Archetypus, im Guten wie im Bösen, übersteigen die menschliche Reichweite um ein Vielfaches, und ein Mensch kann solche Spannweite nur dadurch erreichen, daß er sich mit dem Dämon identifiziert, beziehungsweise sich von diesem ergreifen läßt, wobei aber der Mensch verloren geht. Die schicksaldeterminierende Kraft des Vaterkomplexes entstammt dem Archetypus, und dies ist der wirkliche Grund, warum der consensus gentium anstelle des Vaters eine göttliche oder dämonische Gestalt setzt, denn der individuelle Vater verkörpert unvermeidlicherweise den Archetypus, der dessen Bild die faszinierende Kraft verleiht. Der Archetypus wirkt wie ein Resonator, der die vom Vater ausgehenden Wirkungen, insofern sie mit dem vererbten Typus übereinstimmen, ins Übermäßige steigert. (GW 4, § 744)

Warnträume

Unter WT. werden hier T.e verstanden, die im voraus in ihren Bildern und Symbolen eine Warnung andeuten, z. B. vor kommenden Schicksalsschlägen. Obwohl es kein spezieller Fachbegriff der Jungschen Tiefenpsychologie ist, wurde er hier aufgenommen, weil Jung sich dazu wiederholt geäußert hat. Für die betreffenden Träumer(-innen) erscheinen die WT. meistens im nachhinein wie ein wunderbares Vorauswissen der Seele. Jung nimmt an, daß viele Krisen unseres Lebens eine lange unbewußte Vorgeschichte haben, die sich warnend in den T.en ankündigen können (1).
In der Praxis der T.arbeit ist es meistens sehr schwierig, eindeutige Deutungskriterien für einen WT. zu finden. Jung beschreibt diese Schwierigkeit in einem Brief an J. Kirsch über den unerwarteten Tod seiner engen Mitarbeiterin Toni Wolff (Briefe II, 334). Ähnlich wie es für die wesentlichen Fragen unseres Lebens meistens keine eindeutigen Antworten gibt, so sollten wir dies auch nicht unbedingt von den T.en erwarten. Dennoch beschäftigen in unserer computergesteuerten Gesellschaft und in vielen Lebensbereichen so rationali-

stisch orientierten Zeit gerade die WT. viele Menschen. In meinem Wirkungsfeld sind mir mehrere Beispiele bekannt, wie einerseits ein beachteter und verstandener WT. Menschenleben bewahrte und andererseits das In-den-Wind-Schlagen dieser Botschaft in einen tragischen Tod führte. Aufgrund der genannten Erfahrungen wird derartigen T.en eine prophetische Funktion zugesprochen. Jung äußert sich demgegenüber zurückhaltend und spricht von der prospektiven (vorausschauenden) Funktion der Träume und meint damit eine «Vorauskombinierung der Wahrscheinlichkeiten» künftiger Ereignisse (2).

(1) Träume kündigen manchmal Situationen an, lange bevor diese wirklich eintreten. Dies kann man nicht unbedingt als Wunder bezeichnen. Viele Krisen in unserem Leben haben eine lange unbewußte Geschichte. Wir nähern uns ihnen Schritt für Schritt, ohne der Gefahren gewahr zu werden. Doch was wir mit dem Bewußtsein nicht wahrnehmen, wird häufig vom Unbewußten erkannt und durch Träume mitgeteilt.

Träume warnen uns oft auf diese Weise; aber ebensooft scheinen sie es nicht zu tun. Deshalb sollte man sich nicht auf eine gütige Hand verlassen, die uns immer rechtzeitig vor Gefahren zurückhält. Oder, um es positiver auszudrücken: Es scheint, als ob eine gütige Macht manchmal am Werk sei, manchmal aber auch nicht. Die mysteriöse Hand kann sogar den Weg ins Verderben zeigen; Träume erweisen sich mitunter als Fallen, jedenfalls scheint es so. Sie verhalten sich oft wie das delphische Orakel, das dem König Krösus sagte, wenn er den Halys-Fluß überschritte, würde er ein großes Königreich zerstören. Als er den Fluß überschritten und dann in der Schlacht eine vollständige Niederlage erlitten hatte, entdeckte er, daß sein eigenes Reich gemeint gewesen war. (Der Mensch und seine Symbole, S. 51 f.)

(2) Die prospektive Funktion dagegen ist eine im Unbewußten auftretende Antizipation zukünftiger bewußter Leistungen, etwa wie eine Vorübung oder wie eine Vorausskizzierung, ein im voraus entworfener Plan. Sein symbolischer Inhalt ist gelegentlich der Entwurf einer Konfliktlösung, wofür Maeder betreffende Belege gibt. Die Tatsächlichkeit solcher prospektiver Träume ist nicht zu leugnen. Es wäre ungerechtfertigt, sie prophetisch zu nennen, indem sie im Grunde genommen ebensowenig prophetisch sind wie eine Krankheits- oder Wetterprognose. Es handelt sich bloß um eine Vor-

auskombinierung der Wahrscheinlichkeiten, die gegebenenfalls allerdings mit dem wirklichen Verhalten der Dinge auch zusammentreffen kann, aber nicht notwendigerweise zusammentreffen und in allen Einzelheiten übereinstimmen muß. Nur in diesem letzteren Falle dürfte man von Prophetie sprechen. Daß die prospektive Funktion des Traumes der bewußten Vorauskombinierung gelegentlich bedeutend überlegen ist, ist insofern nicht erstaunlich, als der Traum aus der Verschmelzung unterschwelliger Elemente hervorgeht, also eine Kombination aller derjenigen Wahrnehmungen, Gedanken und Gefühle ist, welche dem Bewußtsein, um ihrer schwachen Betonung willen, entgangen sind. Außerdem kommen dem Traum noch die unterschwelligen Erinnerungsspuren zu Hilfe, welche das Bewußtsein nicht mehr wirksam zu beeinflussen vermögen. Hinsichtlich der Prognosenstellung ist daher der Traum gelegentlich in einer viel günstigeren Lage als das Bewußtsein. (GW 8, § 493)

Die Gesammelten Werke
von C. G. Jung

Herausgegeben von Lilly Jung-Merker und Elisabeth Rüf

umfassen folgende Bände

Walter-Verlag

Erinnerungen, Träume, Gedanken
von C. G. Jung

Aufgezeichnet und herausgegeben
von Aniela Jaffé
419 Seiten mit 8 Seiten Abbildungen. 4. Auflage,
Sonderausgabe Broschur

Der Mensch und seine Symbole

von C. G. Jung und Marie-Louise von Franz,
Joseph L. Henderson, Jolande Jacobi und Aniela Jaffé.
320 Seiten mit 505 Abbildungen, 12. Auflage,
Leinen, Sonderausgabe, 10. Auflage, Broschur

Aniela Jaffé

C. G. Jung · Bild und Wort
Eine Biografie

Sonderausgabe 240 Seiten mit 205 Abbildungen,
Leinen

Walter-Verlag